LA COMPAGNIE DES OMBRES

DU MÊME AUTEUR
AUX ÉDITIONS LES BELLES LETTRES

Le Menteur magnifique.
Chateaubriand en Grèce

Les Derniers Jours.
La fin de l'empire romain d'Occident

MICHEL DE JAEGHERE

LA COMPAGNIE DES OMBRES

À quoi sert l'histoire ?

Paris
Les Belles Lettres
2016

www.lesbelleslettres.com
Retrouvez Les Belles Lettres sur Facebook et Twitter.

ISBN : 978-2-251-44600-4

MALATESTA : Mânes des hommes illustres, mes modèles, mes idoles, donnez-moi un signe, faites-moi comprendre que vous m'acceptez parmi vous. Pompée, César, à moi ! à moi ! [...] Mais rien : pas un geste, pas un signe... Ah ! ils s'effacent ! – Alors, que je m'efface moi aussi.

Henry de Montherlant,
Malatesta, acte IV, scène IX.

À Louis-Joseph

~ *Le regard intérieur* ~

Le Musée national romain du palais Massimo alle Terme, à Rome, abrite, dans ses collections de sculpture, la statue d'une Muse pensive. Elle date du temps de Marc Aurèle ; on ignore à quel art elle était vouée. Est-elle Érato, Thalie, Calliope, Melpomène ? Elle est représentée sous les traits d'une jeune fille assise, le coude posé sur le genou, s'effleurant de l'extrémité des doigts le menton. La position serait celle de l'étude si elle n'était tendue, et comme frémissante, le visage, le beau front penchés en avant. Les yeux sont grands ouverts, écarquillés, immenses. Mais le regard est comme inversé : tourné vers l'intérieur. Elle embrasse le monde, mais elle ne se contente pas de l'observer : elle se l'approprie pour en faire l'objet d'une méditation silencieuse. Elle en paraît comme absorbée.

C'est ainsi que je m'imagine Clio. L'histoire est trop souvent traitée comme un cadavre par des médecins légistes si attentifs aux organes qu'ils prélèvent sur le corps dont ils font l'autopsie que leur échappe son mystère, ce qui lui donnait sa vie même. Elle est, ailleurs, considérée comme le divertissement d'un jour, l'occasion d'une promenade sans enjeu. Les textes réunis ici comme en un recueil de nouvelles voudraient s'inscrire dans une autre tradition, celle d'une histoire méditative : une histoire tournée vers la recherche de ce qu'elle a à nous dire d'essentiel, de vital sur nous-même. Ils se proposent de convoquer les ombres du passé pour nous donner à contempler ce qui n'est pas mort avec elles. Nous doutons aujourd'hui que l'histoire puisse être maîtresse de vie : magistra vitae, *disait Cicéron. Nous voulons croire que nous n'avons plus rien à apprendre d'elle. Il nous manque d'avoir, à l'école de la Muse pensive, les yeux ouverts sur ce qui fait échapper ses protagonistes à leur condition mortelle ; ce qui leur donne leur part d'éternité.*

LE COLLOQUE
~ AVEC LES MORTS ~

Virgile avait fait descendre Énée aux Enfers pour y retrouver son père et recevoir de lui sa dernière leçon. Cicéron avait promis à Scipion une éternité bienheureuse, consacrée tout entière au commerce des héros qui avaient, avant lui, eu la gloire de poser les assises de la puissance romaine. Fontenelle avait fait converser les morts illustres de l'Antiquité avec ceux de l'histoire moderne. Le dialogue avec les morts mérite mieux que la baraque de cartomancienne à laquelle le renvoient nos contemporains. Il correspond à ce que Simone Weil appelle l'un des besoins naturels de l'âme.

Notre temps a démultiplié, à l'infini, notre capacité de communiquer avec les vivants. Nous expédions en un infime instant nos textes, nos photographies, nos films, nos images virtuelles de l'autre côté de la planète. Nous faisons partager à toute la terre les instantanés de nos émotions. Nous sommes devenus, à notre corps défendant, des citoyens du monde. Le tourisme de masse et la mondialisation de l'information nous ont rendus familiers des mœurs et des usages de toutes les nations. Nous sommes abreuvés de leurs nouvelles. Nous pleurons les victimes des tremblements de terre, des ouragans qui ont désolé nos antipodes. Nous serrons les poings avec les opposants à d'improbables dictatures, nous vibrons aux discours de dissidents dont nous ne connaissons pas les véritables convictions. Nous sommes saturés de crimes commis au cours des guerres que se livrent des peuples dont nos grands-parents ne savaient pas les noms.

Nous avons entamé un dialogue sans limite avec les hommes de notre temps. Il nous donne le sentiment d'une amplification inouïe de nos connaissances, de notre intelligence, de notre faculté de compréhension. Il nous grise de l'illusion de notre omniscience, acquise sous les couleurs du divertissement. Elle ne se résume guère qu'à une succession d'impressions que rendent éphémères l'abondance et le rythme des informations, notre indifférence foncière à l'égard d'une actualité que démodent sans cesse de nouveaux rebondissements.

Le dialogue avec les morts semble échapper, seul, à la curiosité universelle, parce qu'il correspond à de tout autres exigences, qu'il est le fruit d'un effort absorbant. Il s'établit par la fréquentation des livres d'histoire, des grands textes, des documents. Par la méditation de leurs leçons. Il ne se contente pas d'une attention superficielle : il suppose qu'on franchisse la barrière de langues parfois mortes depuis longtemps ; que l'on s'acclimate à des habitudes, des institutions, des coutumes, des mœurs, des religions qui nous surprennent ; dont nous ne sommes pas sûrs de comprendre toujours la signification. Qu'on entre en familiarité avec des mentalités qui nous sont étrangères. Il demande qu'on accepte de poursuivre longuement une recherche imparfaite, incertaine, qui nous laisse dans le doute et l'insatisfaction. Nous ne comprenons pas toujours ce que les morts nous disent. Nous sommes sujets aux contresens comme le seraient deux hommes conversant du haut de deux falaises, de part et d'autre d'un gouffre dont on ne verrait pas le fond : l'écho ne leur renvoie que des bribes de réponses, sans qu'il leur soit possible de se faire confirmer la justesse de l'interprétation que chacun d'entre eux a faite de cris presque indistincts.

Reste que ce même dialogue est seul susceptible de répondre aux questions que nous nous posons, parce qu'il nous offre seul de connaître ceux qui nous ont faits ce que nous sommes, dont nous sommes les héritiers, qui ont façonné le monde dans lequel nous vivons. Il nous permet seul d'abolir non seulement l'espace, mais le grand adversaire que nous impose notre condition, le temps, en offrant l'immortalité au trésor de sagesse que recèle leur expérience. Il nous délivre de l'immédiateté des images sensibles pour nous permettre d'exercer, dans une liberté que garantit la distance, notre réflexion et notre discernement. Il fait resurgir sous nos yeux l'essentiel en imposant, un instant, le silence aux futilités du présent.

Il est aujourd'hui déclassé par l'indifférence de nos modernes, disqualifié par leur sentiment que les prestiges de la culture technicienne rendent inutiles les enseignements que les générations précédentes demandaient à l'école des siècles ; par le complexe de supériorité de la modernité triomphante, le narcissisme qui est la marque propre de l'individualisme contemporain, la conviction qu'une époque qui a prodigué le confort dans des proportions jamais connues auparavant n'a décidément rien à apprendre des hommes, des sociétés, des institutions qui l'ont précédée sur la terre ; que le seul intérêt, tout anecdotique, de l'histoire est d'y repérer, au fil des siècles, les personnages, les principes ou les comportements qui ont, prophétiquement, « annoncé notre temps ». De nous y retrouver, au fond, nous-mêmes, pour nous y contempler avec émerveillement.

Ce mépris s'est traduit depuis cinquante ans par la rupture de transmission à l'école, la perte de repères de plusieurs générations de lycéens. Nous avons libéré nos enfants du poids des morts, parce qu'il entravait, croyait-on, leur plein épanouissement. Nous les avons engagés à être eux-mêmes. Nous leur avons inspiré de la commisération pour ce qui est ancien, dépassé, *vintage*. Nous avons prétendu leur « apprendre à apprendre » sans les encombrer de connaissances. Nous avons jeté le discrédit sur l'érudition pour saluer l'avènement du technicien. Nous avons cru les préparer aux défis de demain ; nous avons fabriqué des amnésiques sans perspectives, sans références, sans points de comparaison : nous les avons livrés sans défense à la tyrannie du présent.

Le même mépris se manifeste désormais par la dispersion de la curiosité vers des innovations auxquelles ne nous lie aucun véritable attachement, l'invasion d'une réalité virtuelle venue supplanter l'histoire dans sa mission de nourrir nos rêves, substituer l'apparence lissée et cohérente d'une surréalité sans consistance à un passé cabossé, lacunaire, comme support de l'imaginaire et de la réflexion. Elles font de chacun de nous, de proche en proche, une monade sans appartenance et sans liens, un « premier homme » étranger au réel.

Le paradoxe est que le dialogue avec les morts est récusé aussi par nombre d'universitaires. Les progrès de la recherche ont conduit les historiens du XXe siècle à une conception toujours plus scientifique de leur discipline. L'histoire a répudié l'approche littéraire qui avait prévalu depuis la Renaissance pour convoquer à son chevet bien d'autres sciences : l'archéologie, l'épigraphie, la numismatique, la linguistique, la critique littéraire, la stratigraphie, la biologie, l'anthropologie, la médecine, les neurosciences ; l'étude du climat aussi bien que celle des sols ; l'histoire ne se contente plus de recouper des textes : elle date dorénavant des échantillons, des fragments au carbone 14 ; elle radiographie les palimpsestes, reconstruit les monuments par la modélisation en trois dimensions de leurs plans ; elle tire des conclusions de l'observation du rythme de croissance d'arbres centenaires, reconstitue le régime alimentaire de morts ensevelis depuis plus de cinquante mille ans.

Ce progrès indiscutable s'est payé par une spécialisation à outrance qui a incliné l'histoire vers la condition d'une science de laboratoire. Il a condamné les experts à se détourner de l'art de la synthèse et à se cantonner toujours plus au cadre étroit de leur période, à l'analyse toujours plus pointue de leurs documents pour s'en tenir avec prudence à ce qu'ils savaient de certain. Il les a conduits à un grand scepticisme sur notre capacité à tirer parti de la connaissance de mondes qui leur ont paru de plus en plus lointains au fur et à mesure qu'ils en scrutaient les plus infimes détails sous la loupe de leur microscope.

La prise de conscience de notre impotence à faire revivre le passé avec une perfection inaccessible s'est dès lors traduite par l'abandon de la méditation des « exemples » qui était, durant l'Antiquité, au Moyen Âge et jusqu'au temps des Lumières, le cœur même du métier de l'historien. On tient désormais au contraire en suspicion toute entreprise qui s'efforcerait de discerner, dans l'histoire, les invariants qui sont propres à la nature humaine, et rendent son étude féconde pour les hommes de tous les temps. On veut croire qu'il y a, entre les morts et nous, un fossé infranchissable qui prive de pertinence les comparaisons. On doute qu'il existe même une nature humaine qui nous justifie de chercher, dans l'histoire, d'utiles précédents.

Or, s'il y a bien péché d'anachronisme à encombrer les morts avec les préjugés, les tabous, les préoccupations des vivants ; à décrire le passé sans tenir les distances qu'imposent d'incommensurables différences, dans les mentalités tout autant que dans les situations ; s'il y a risque de se priver, par là, d'entendre ce que disent les morts, les documents, parce qu'on est obsédé par le bruit que font, autour de soi, les vivants ; d'être tenté de placer, au forceps, une grille d'explication manichéenne sur une histoire multiple, nuancée et complexe, il n'empêche qu'il y a confusion des moyens et des fins lorsque, justement soucieux de fuir cette pente, l'historien se retranche dans sa tour d'ivoire ; lorsqu'il met en avant le caractère partiel, divers, relatif de sa documentation pour s'interdire d'en faire matière à réflexion. Il y a, dans les pensées, les désirs, les aspirations de ceux dont nous reconstituons l'existence par l'assemblage du puzzle que forment des témoignages partiaux, incomplets, contradictoires, une part de mystère qui échappera toujours à notre connaissance. Mais il en va de même des êtres que nous croisons quotidiennement. Nous n'en avons pas pour autant renoncé à les aimer, à les écouter, les comprendre. À nous enrichir de leur commerce, de leur fréquentation. Faudrait-il exiger des morts plus de certitudes que nous n'en demandons aux vivants ?

Alèthéia : les Grecs avaient le même mot pour désigner la vérité et la lutte contre l'oubli qui empêche de la reconnaître, enfouie au fond de soi. L'histoire est un dévoilement. Elle fait lever des ombres venues de la profondeur des âges pour nous faire partager les leçons tirées de la pratique de notre condition. Elle a pu devenir une science, peut-être. S'en tenir pour autant à la froide objectivité d'un collectionneur de papillons punaisant, avec une rigueur méthodique, ses spécimens sur sa planche de démonstration, et consignant avec un soin maniaque les spécificités de leurs caractères en s'interdisant comme abusive toute tentative de généralisation, de classement (il n'y a, à la vérité, pas deux papillons qui soient absolument pareils), c'est passer à côté de ce qui l'a justifiée, pendant tant de siècles ; nous priver de l'essentiel de ce que nous lui demandons : d'enrichir nos âmes blessées au milieu des vivants par un fructueux colloque en compagnie des ombres.

LA PROFONDEUR
~ DES ÂGES ~

Le pharaon inconnu

Les parois de leurs temples sont couvertes de reliefs qui racontent leur gloire, mais nous savons peu de choses en réalité de leurs vies. Nous les avons vus, de leurs chars, saisir par les cheveux leurs ennemis. Nous avons assisté à leurs offrandes mille fois répétées à des dieux impassibles et muets. Nous avons contemplé leurs statues colossales, le cobra sur le front, les épaules frappées de cartouches, un papyrus au poing. Nous avons déchiffré leurs monogrammes, nous avons violé jusqu'à l'intimité de leurs tombeaux, nous avons exposé leurs momies dans des vitrines, sans que se dissipe leur mystère. Des trois mille ans de leur histoire, n'émerge qu'une part infime : quelques décennies, quelques siècles dont on discerne un peu plus que les contours ; quelques figures qui se détachent d'une fresque dont des pans entiers restent dans la pénombre. Qui sait ce que furent les règnes d'Ouserkaf ou de Chepseskarê, de Montouhotep, d'Amenemhat, de Néchao, de Bocchoris ? Ils ne sont pour nous guère plus que des noms sur une liste.

Cela n'enlève rien à l'attirance qu'exercent sur nous les pharaons. Au contraire. La folie de l'Égypte n'aura cessé de grandir depuis deux siècles. Elle atteint des sommets aujourd'hui, nourrie de l'éblouissement que suscitent les splendeurs de l'art qui sont parvenues jusqu'à nous, aussi bien que du vertige que communique la pensée de ce qui a disparu. L'Égypte est une Atlantide, un continent englouti dont ce qu'il reste de vestiges nous laisse abasourdis. « Nul autre pays au monde, remarquait déjà Hérodote, ne contient autant de merveilles, et nul autre pays ne présente autant d'ouvrages qui défient toute description. »

L'égyptomanie contemporaine ne va pas cependant sans quelques contresens. Ce qui attire l'Occidental moderne vers les anciens habitants de l'Égypte, c'est parfois la réduction de leurs mythes à leur caricature : une spiritualité bon marché, où l'abondance des dieux décourage toute construction théologique, laissant croire au néophyte qu'il participe à une initiation progressive à une connaissance inaccessible, l'entretenant dans l'illusion que les images obscures qui émergent d'un chaos de superstitions contradictoires sont autant de voies d'accès à une vie intérieure dispensatrice de bien-être et d'harmonie, en même temps qu'étrangère à tout dogmatisme. Toute une littérature de troisième main s'est greffée là-dessus, qui dénature profondément les leçons de l'égyptologie, quand elle n'en fait pas le décor d'intrigues dignes d'*Alerte à Malibu*.

L'ancienne Égypte mérite mieux que cette réduction du passé à notre mesure. C'est un monde clos, une histoire qui a un commencement et une fin, source inépuisable pour la méditation, la curiosité ou la rêverie. Le prestige de l'Antiquité s'y conjugue avec le romantisme des ruines, la stupeur que provoquent les constructions colossales, la poésie d'une religion où le désir d'immortalité s'accorde au sentiment de la nature. Avec leurs murs couverts d'inscriptions, leurs dieux à tête de chacal, d'ibis ou de faucon, la forêt de symboles de leurs grandes salles hypostyles, leurs chapiteaux ouverts en forme de corolles, qui donnent une grâce délicate aux plus monumentales de leurs colonnades, leurs meurtrières conçues pour laisser la lumière frapper le visage des statues, ses temples se dressent au cœur des palmes d'un jardin exotique. Le Nil leur tient lieu d'avenue processionnelle. Ils donnent au visiteur le sentiment qu'ils sont dépositaires d'un secret venu du matin du monde, dont il n'est pas jusqu'à l'hermétisme de leurs hiéroglyphes qui ne contribue à renforcer le prestige.

La leçon de l'Égypte, c'est en réalité celle-là même que lui a enseignée le Nil, avec ses terres fertiles fécondées par le miracle de la crue, le désert tout proche, et le soleil qui naît et qui meurt chaque jour sur la ligne de l'horizon : que la vie est par essence fragile, qu'elle n'est que l'antichambre de la vie divine, que rien de grand ne se fait qu'en respectant ses cycles. La civilisation égyptienne tient sa force d'avoir conjugué le pouvoir à la durée, aux recommencements, dans une continuité sans pareille, sans exemple en dehors de la Chine. Elle est fille du temps à un point qui paraît impensable à nos esprits bornés par le culte de l'éphémère, la hantise du qu'en-dira-t-on, la soif de résultats rapides. Bien malin qui pourrait attribuer à tel ou tel pharaon la construction des grands sanctuaires de Karnak ou de Louqsor. Tel pylône, telle salle, est l'œuvre d'Hatshepsout, tel autre d'Akhenaton ou de Ramsès. Ici, une colonne témoigne de la présence d'un péristyle venu s'y adosser après plusieurs siècles. Là, un temple est relégué à la condition de bâtiment d'angle d'une cour par les agrandissements successifs.

Un symbole : à l'entrée de la salle hypostyle du temple de Karnak, les égyptologues ont renoncé à identifier la statue monumentale d'un souverain, tant les cartouches et les inscriptions dont elle est gravée donnent des indications contradictoires. Il n'est plus Thoutmosis, Séthi Ier ou Ramsès II : il est LE pharaon, ancré dans une tradition, inscrit dans une lignée, qui n'aura cessé de bâtir, sous différents visages, pendant des millénaires. Les hommes ont oublié son nom ; son œuvre a triomphé du temps.

L'enfant roi

C'est le plus célèbre de tous les pharaons de l'ancienne Égypte : son visage nous est familier entre tous. C'était pourtant, dit Christiane Desroches Noblecourt, « un petit pharaon de rien du tout ». Il est mort prématurément : il avait à peine 18 ans. Et des péripéties de ses neuf années de règne, il faut bien avouer que nous ne savons à peu près rien.

Toutankhamon résume par la seule évocation de son nom les prestiges et la fascination qu'exerce sur nous l'Égypte. Les témoignages somptueux d'une histoire éclatante y voisinent avec des zones d'ombre au sein desquelles les archéologues progressent à tâtons. À trois mille trois cents ans de distance, nous disposons d'un nombre ahurissant de représentations de son visage ; nous pouvons contempler les objets de sa vie quotidienne, ses bijoux, ses jeux de société, ses vêtements, son lit ou ses boîtes à onguent ; nous connaissons l'état de ses dents. Nous ne savons pourtant pas même qui étaient ses parents, à quelle date situer sa naissance, ni son avènement. On dispute pour savoir s'il succéda à Akhenaton, Néfertiti, Semenkharê, Mérytaton. On ne sait s'il participa aux campagnes militaires menées de son vivant par le vice-roi Houÿ en Nubie. Il ne reste rien des palais élevés pendant son règne, que quelques fragments disparates frappés de cartouches qui portent son nom. Nous ignorons s'il est mort de mort naturelle ou s'il a été assassiné par les représentants de l'un ou l'autre des clans qui se disputaient la conduite des affaires à Thèbes. « Le mystère de sa vie nous échappe, a pu écrire Howard Carter. Les ombres se meuvent, mais les ténèbres ne sont jamais tout à fait dissipées. »

Quand l'archéologue anglais avait entrepris de rechercher sa tombe, dans la Vallée des Rois, au début du XXe siècle, plus d'un égyptologue avait tenté de le convaincre d'y renoncer en avançant le fait que l'on n'était même pas sûr qu'un pharaon ait jamais véritablement régné sous ce nom. Tout a changé au milieu de l'après-midi du 26 novembre 1922, avec la saisissante apparition offerte à Carter et à Lord Carnarvon, son commanditaire, lorsqu'ils eurent fait céder l'ultime cloison qui les séparait de l'antichambre de la tombe du jeune pharaon : « D'abord je ne vis rien ; l'air chaud qui s'échappait de la chambre faisait clignoter la flamme de la bougie. Puis à mesure que mes yeux s'accoutumaient à l'obscurité, des formes se dessinèrent lentement : d'étranges animaux, des statues et partout le scintillement de l'or. Pendant quelques secondes je restai muet de stupeur. Et lorsque Lord Carnarvon demanda enfin : *"Vous voyez quelque chose ?"*, je ne pus que répondre : *"Oui, des choses merveilleuses !"* »

Pour la première fois dans l'histoire de la découverte des antiquités égyptiennes, une tombe royale était mise au jour presque intacte, avec le mobilier funéraire destiné au dernier voyage du pharaon. Un trésor comme on n'en avait jamais vu. Des coffres recouverts de feuilles d'or. Des centaines de bijoux. Des dizaines de statues. Des dieux, des serviteurs, un bestiaire enchanté de bois précieux, d'or et de pierreries. Des flacons d'albâtre sculpté, des trônes recouverts d'or et de pâte de verre ; des chars d'apparat, des barques funéraires, des chapelles. Et reposant au cœur de ces mille merveilles, dans trois sarcophages successifs, la momie recouverte d'un masque d'or d'un pharaon adolescent.

L'enfant roi avait eu le privilège de naître à l'apogée de la création artistique égyptienne. Au carrefour de traditions contraires. Les témoignages de la stylisation amarnienne, du temps d'Akhenaton, voisinaient dans sa tombe avec ceux du classicisme du Nouvel Empire et ceux du réalisme figuratif de la fin du règne d'Aménophis III. Comme en un raccourci de ce que la civilisation pharaonique avait produit de plus raffiné, de plus grand.

Ces splendeurs constituent aujourd'hui le cœur des collections du Musée archéologique du Caire. Nous croyons les connaître, parce que les photos du masque d'or n'ont guère cessé de faire le tour du monde depuis sa découverte. Nous ne les avons en réalité jamais vues, quand même nous avons eu le privilège de les contempler in situ. Parce que nous les avons aperçues dans le demi-jour de vitrines exiguës. Parce qu'il fallait compter avec la bousculade, les hurlements des guides, le ballet des amateurs de *selfies*. Parce que la méditation solitaire devant l'effigie d'un pharaon enfant en pâte de verre, le visage d'ébène d'un captif ou un scarabée de lapis-lazuli n'est pas prévue dans les horaires impartis à la visite par la dictature des tour-opérateurs.

L'histoire de Toutankhamon, nous croyons, de la même manière, l'avoir déjà mille fois entendue. Parce que l'Égypte a fait depuis deux décennies la fortune de colporteurs de légendes sans scrupules, romanciers polygraphes ou demi-savants des revues de vulgarisation scientifique. Elle est pourtant d'une richesse inouïe : l'occasion d'une réflexion sur nos origines qui surplombe d'assez haut les délires marchands de l'égyptomanie. Elle se déroule pour partie dans chacune des trois capitales de l'Égypte pharaonique, à Thèbes, à Tell el-Amarna, à Memphis. Elle est à l'épicentre de son histoire religieuse, liée à l'hérésie qui fit entrer en crise le polythéisme, comme à la restauration du culte traditionnel ; elle touche aux règnes glorieux de la dynastie des Aménophis et des Thoutmosis comme à ceux des Ramsès et des Séthi.

Il y a plus. Thoutmosis III a bien pu faire graver son effigie sur les hauts murs des temples. Aménophis III a couvert l'Égypte de monuments de pierre. Ramsès II l'a parsemée de colosses qui nous disent la gloire qui fut la sienne. Nous mesurons ce que put être leur puissance, et l'effroi qu'ils devaient inspirer à leurs ennemis. Toutankhamon nous est plus proche et plus précieux, en dépit (ou à cause, peut-être) de sa destinée interrompue. De lui seul, nous connaissons le regard d'enfant roi « à l'expression triste et calme », le sourire figé dans une éternelle jeunesse par une mort inattendue. De lui seul, contemplant ses jouets, ses effigies, et jusqu'aux plus prosaïques des objets de sa vie quotidienne, nous pouvons partager, aussi, la mélancolie.

LES DERNIERS FEUX

Elle avait connu l'invasion et la défaite ; elle avait été occupée par ses ennemis. Dépossédée de la puissance qui avait suscité la crainte et l'admiration de ses adversaires, fait d'elle le premier royaume de son temps. Ses vassaux avaient secoué le joug d'une domination millénaire. Des empires l'avaient soumise à leur hégémonie. Des immigrants à la peau noire l'avaient envahie. Elle s'était morcelée en mille principautés, chefferies. Des prétendants sans grandeur s'étaient disputé le pouvoir sans vrai souci de son avenir. Elle avait dû, plus d'une fois, se résoudre à subir la férule de souverains d'origine étrangère. Elle avait, pourtant, survécu.

On a longtemps arrêté l'histoire de l'Égypte ancienne à la fin du Nouvel Empire, au XIe siècle avant J.-C. De la mort du dernier des Ramsès à celle de Cléopâtre, qui avait signé son assujettissement définitif à la puissance romaine, en 30 avant J.-C., le pays était lentement sorti, disait-on, de l'histoire. Il n'était pas utile de s'appesantir sur les épisodes qui avaient ponctué cette interminable agonie. Cette Égypte tardive avait bien pu durer mille ans : sa destinée se résumait à une décadence irrésistible. L'Égypte avait dû renoncer au splendide isolement qui avait fait de l'Ancien et du Moyen Empires un sujet de fascination pour les nations qui avaient entendu parler de ses monuments et de ses temples, les rares voyageurs qui avaient mesuré sa grandeur à la hauteur impressionnante de ses colosses et de ses murs, au nombre de ses dieux, à l'éclat de ses fêtes, à la splendeur de ses rites. Elle avait perdu le rayonnement qu'elle avait connu lorsque, impériale et triomphante, elle avait mené ses armées à la conquête du Proche-Orient ou jusqu'au cœur de l'Éthiopie. Pharaon n'était plus redouté de ses voisins. Son pays était successivement passé aux mains de dynasties libyennes et koushites. Thèbes avait été mise à sac par les armées assyriennes ; Memphis était tombée entre les mains du roi des Perses. Conquise par Alexandre à son tour, l'Égypte était revenue en partage à l'un de ses fidèles. Sous les trompeuses apparences de la royauté pharaonique, elle était devenue une colonie grecque. Ainsi passent les grandeurs humaines : il n'est pas nécessaire de le dire aux enfants.

À qui serait resté à cette lecture traditionnelle de l'histoire, convaincu que l'Égypte avait donné, en deux mille ans, tout l'éclat de son génie, et qu'elle s'était ensuite misérablement survécu, la splendide galerie de pierre que forment les chefs-d'œuvre sculptés, tout au long de son dernier millénaire par ceux qu'Hérodote avait décrit, en son temps, comme « les plus religieux des hommes », apporte un cinglant démenti. À l'heure où l'on dispute pour savoir s'il est admissible, acceptable, d'établir une hiérarchie entre les civilisations, les cultures, elle offre au contraire la plus formidable des leçons de science politique.

Ce dont elle témoigne, en effet, avant tout, c'est de l'incroyable capacité de résistance que peut avoir la culture lorsqu'elle est enracinée dans l'âme d'un peuple, lorsqu'elle est parvenue à une maturité qui lui donne d'atteindre à l'expression de la beauté avec une efficacité singulière. L'Égypte tardive était peut-être un « roseau brisé », comme l'avait décrété le roi assyrien Sennachérib avec mépris. Son histoire était devenue chaotique. De la côte phénicienne à la Nubie, elle n'avait cessé d'exercer son charme. David et Salomon, dans leur gloire, tels que les ont campés les Hébreux dans le livre des Rois, au VIIe siècle avant J.-C., n'avaient trouvé d'autre modèle pour leurs hymnes, leurs livres de sagesse, leur administration. Le prestige des artistes égyptiens resterait tel, au VIe, que les grands rois perses les feraient venir jusqu'au cœur de leur empire pour décorer leur palais de

Suse. Les souverains macédoniens héritiers d'Alexandre feraient bâtir plus tard encore dans la vallée du Nil, à Kom Ombo, à Edfou, des temples gigantesques couverts de hiéroglyphes.

Les pharaons libyens du xe siècle avant notre ère avaient donné, les premiers, l'exemple de cette acculturation : leurs architectes s'étaient mis à l'école de la plus ancienne tradition égyptienne. Les pharaons noirs qui avaient conquis à leur tour l'Égypte depuis le pays de Koush s'étaient fait faire eux-mêmes des effigies dignes des Ramsès ; ils avaient adopté les canons du Moyen Empire, recopié les antiques inscriptions, manifesté leur dévotion pour les divinités traditionnelles. Et c'est un souverain arrivé dans les fourgons de l'ennemi, installé par les Assyriens, qui avait été, divine surprise, l'artisan de la renaissance saïte, ce renouveau qui vit l'Égypte rompre pendant plus d'un siècle avec la spirale de son abaissement pour renouer, sous Psammétique (664-610 avant J.-C.), avec les grandes heures de l'histoire du pays.

Il n'est pas vrai que l'art ne soit que la seule expression d'une suprématie politique. Moins encore qu'il se résume à la condition de superstructure du pouvoir économique. Sans doute Périclès, Auguste, Louis XIV, dominèrent-ils leur siècle, suscitant, par leur mécénat, leurs commandes, un foisonnement artistique qui ferait rayonner leur civilisation au-delà de leurs frontières. Libyens, nubiens, assyriens, perses ou macédoniens, les conquérants de l'Égypte se moulèrent au contraire, tout au long du dernier millénaire avant J.-C., dans les codes, les usages, les coutumes du pays qu'ils avaient conquis. Parce qu'ils avaient mesuré, sans doute, devant la résistance des populations autochtones, leur attachement indéfectible à leurs traditions, leur culture, que leur domination était à ce prix. Parce qu'ils avaient été, surtout, subjugués par leur supériorité écrasante, et qu'ils n'avaient pas imaginé plus grand honneur que de se couler dans les mœurs du vaincu.

La leçon est de celles qui valent qu'on s'y arrête. Elle s'adresse à tous les peuples menacés par la défaillance de leurs institutions politiques. Déclassés par une histoire sur laquelle ils n'ont plus de prise. Elle leur ouvre les ressources de la résistance spirituelle. Elles sont infinies.

Dans leur raffinement, leur beauté, leurs détails exquis, leurs prouesses, les objets, les monuments, les statues, les bijoux qui nous sont parvenus nous délivrent en outre un autre message, plus subversif encore. Dans un monde désormais sans frontières, l'Égypte avait subi de multiples influences étrangères : elle avait résisté à la tentation du cosmopolitisme. Elle était restée profondément égyptienne. L'évolution qui se lit au fil des siècles est certes ponctuée « de glissements, d'innovations, d'emprunts » (Jean Leclant). Elle dessine un retour toujours plus décidé, plus profond vers la source d'inspiration première. Comme si, au contraire des mots d'ordre de la civilisation moderne, la société qui avait ainsi réussi, pendant un millénaire, à franchir les obstacles, les chemins de traverse, en préservant son âme, son identité, sa manière d'être dans les tribulations d'un sort contraire, n'y était parvenue que tendue vers le passé, son modèle, son paradis perdu. Comme si, dans les épreuves qui lui avaient fait perdre sa puissance, son statut et jusqu'à son autonomie, elle avait obscurément compris que c'est en lui que résidaient les chances d'une renaissance future ; dans la fidélité à ce qu'elle se devait à elle-même qu'elle trouverait les forces qui lui permettraient d'affronter l'avenir.

Les enfants du miracle

Ce n'est pas là que tout a commencé, bien sûr. On bâtissait en Égypte des pyramides, quand les Grecs étaient encore plongés dans les ténèbres de la préhistoire. Pharaon faisait édifier ses temples des millions d'années et sculpter des statues gigantesques à son effigie, qu'ils érigeaient des citadelles qui feraient, par comparaison, figure de châteaux forts rupestres. Les astronomes chaldéens observèrent, avant eux, les mouvements du ciel. Les Phéniciens leur fournirent les caractères de leur écriture. L'épopée de Gilgamesh fut couchée par écrit mille ans avant les poèmes d'Homère.

N'empêche que c'est là que prit forme, en quelques siècles, un mode de pensée qui allait marquer notre appréhension du monde pour toujours. Là que seraient jetés les fondements de la civilisation dont nous sommes issus. Celle qui ferait prévaloir la raison critique, la recherche d'une vérité objective sur toutes les explications magiques. C'est en Grèce que, dans la foulée, s'épanouirent, à défaut de toujours naître, les mathématiques aussi bien que l'art politique, la rhétorique, l'histoire, la philosophie, le théâtre, la poésie épique, les beaux-arts, l'architecture classique.

Le phénomène a eu une ampleur telle qu'il a longtemps été considéré comme le fruit d'un miracle inexplicable. Il plonge en réalité ses racines dans l'histoire.

Car sans l'effondrement du monde mycénien, l'aventure n'aurait, sans doute, pas pris le même tour. Agamemnon aurait pu continuer de dormir sous son masque d'or, au cœur de la forteresse de pierres cyclopéennes que ses ancêtres avaient bâtie. La vie urbaine se fût, longtemps encore, pressée au pied des citadelles de quelques chefs de guerre. La vie sociale eût été cantonnée à une élite de guerriers réunis autour d'un roi concentrant, derrière les murailles infranchissables de son palais, tous les attributs d'un pouvoir revêtu d'un caractère sacré. La Grèce serait restée une province de l'Orient méditerranéen.

Tout change lorsque s'efface, au XIIe siècle avant J.-C., cette civilisation palatiale. Ce sont d'abord les siècles obscurs, le recul brutal des conditions de la vie matérielle. Les rois ont disparu en même temps que leurs royaumes riches en or. Avec eux, pour quatre siècles, l'écriture. Restent face à face les communautés villageoises et l'ancienne aristocratie. C'est souvent l'instabilité et la tyrannie, la misère, à l'image d'Ithaque livrée aux luttes fratricides des prétendants au trône d'Ulysse. Mais nul n'est plus assez fort pour imposer, à long terme, un pouvoir absolu. Vient le temps où il faut composer, débattre. Trouver entre tribus un nouvel équilibre qui permette de former une communauté sans subir la loi injuste du plus fort. Ce sera, à l'issue de longs siècles de tâtonnements, l'invention, décisive, de la cité, la *polis*. Une communauté politique définie par la recherche d'un bien commun au terme d'un débat contradictoire. Une ville dont le centre n'est plus la citadelle mais l'agora, où se discutent les affaires publiques. Une patrie dont on hérite comme du bien suprême, parce qu'elle est l'apanage de tous.

Comme l'a souligné Jean-Pierre Vernant dans son maître livre, *Les Origines de la pensée grecque*, le tournant va très au-delà de la seule répartition du pouvoir politique. Car de la souveraineté de la parole naissent bientôt la rhétorique, l'art de la persuasion, la sophistique. Avec eux, une conception du monde où la recherche du vrai prend soudain la première place, en même temps qu'un art politique qui fait un idéal de l'unité obtenue par la mesure, le compromis. « En devenant les éléments d'une culture commune, souligne-t-il, les connaissances, les valeurs, les techniques mentales sont elles-mêmes portées sur la place publique, soumises à critique et à controverse. Elles ne sont plus conservées, comme gages de puissance, dans le secret de traditions familiales ; leur publication nourrira des exégèses, des interprétations diverses, des oppositions, des débats passionnés. Désormais, la discussion, l'argumentation, la polémique, deviennent les règles du jeu intellectuel, comme du jeu politique. »

La philosophie, comme recherche du Beau, du Bien et du Vrai, connaissance de soi-même et des fins dernières, n'aura, en définitive, pas d'autre origine. La science naît en Ionie, au VIe siècle avant J.-C., de l'idée que la nature obéit à des règles rationnelles, qu'il importe de découvrir ; qu'elle répond à un ordre dont les lois sont accessibles à l'intelligence humaine, à l'image de celles qui régissent la vie publique.

Parce que l'objectif n'est pas de disposer, comme y aspiraient les monarchies orientales, de sujets obéissant aveuglément, mais d'hommes libres, conscients de leurs devoirs vis-à-vis de leur communauté, et prêts à offrir leur temps, leurs talents et s'il le faut leur vie pour leur patrie, la formation dispensée par les Grecs se propose de guider le libre arbitre de l'individu pour le convaincre qu'il ne s'accomplira qu'en se donnant à plus haut et plus grand que lui. Elle consiste en une éducation de la liberté qui vise à le façonner comme un potier pétrit l'argile, comme un sculpteur creuse la pierre pour en délivrer la forme, pour lui faire donner le chef-d'œuvre qui, sans lui, y seraient restés enfouis. Tous leurs arts porteront bientôt la marque de cette ambition, avec leur statuaire ennemie de tout hiératisme, idéalisant le corps humain dans ses proportions comme dans sa liberté de mouvement, et présentant des dieux semblables aux hommes pour inviter les mortels à la perfection ; leur architecture à hauteur d'homme, visant à l'harmonie plutôt qu'au colossal ; leur littérature explorant les méandres du cœur.

Le miracle tient à ce que les Grecs ne se contentèrent pas de tirer ainsi les fruits de leurs choix politiques. À l'image d'Ulysse dont la figure prend forme dans les épopées que chantent les aèdes, l'esprit d'aventure et le sens du commerce, la recherche de métaux précieux, la pression de la démographie sur des terres compartimentées, peu propices à l'agriculture extensive, les lancent dès le VIIIe siècle avant J.-C. sur la mer violette. Les fait toucher aux rives de la mer Noire, au Proche-Orient, à l'Égypte, à l'Afrique, à l'Espagne autant qu'à la Sicile et à l'Italie du Sud. Ils y multiplient les rencontres, ils en rapportent des produits, ils y engrangent des connaissances. L'alphabet phénicien leur permet bientôt de renouer avec l'écriture. Elle leur offre, partant, de fixer non plus comme autrefois les titulatures des officiers royaux ou les provisions consignées dans les entrepôts du souverain, mais bien les opinions et les idées nouvelles.

La cité devient le lieu où ces découvertes sont rapportées, disséquées, hiérarchisées, triées, débattues. Où s'opère la merveilleuse alchimie qui préside à la fois à la transmission des valeurs ancestrales et à la remise en cause des habitudes obsolètes. Où l'enracinement dans un profond patriotisme ne fait pas obstacle à l'assimilation de ce que l'étranger peut apporter de meilleur. Où sans renoncer aux plus anciennes appartenances, sans déracinement, sans cosmopolitisme, la tradition devient, soudain, critique.

L'ultime paradoxe tient à ce que c'est alors même qu'au VIe siècle avant J.-C. la raison s'imposait ainsi au cœur de l'identité grecque que les poèmes d'Homère furent, sur l'ordre de Pisistrate, définitivement couchés par écrit. Que les dithyrambes dionysiaques alternant processions, chants et danses en l'honneur des divinités de la plus ancienne mythologie donnèrent naissance au théâtre. Et qu'à l'emplacement où avaient été autrefois construits les palais de leurs rois, les Grecs firent couronner leurs villes d'acropoles dédiées au culte de leurs dieux. Comme s'ils avaient compris que le mystère de la condition humaine laissait place à des questions auxquelles la réponse ne pouvait être donnée que sous le voile du mythe. Et que le triomphe de la raison sur les forces obscures de la pensée magique ne pouvait avoir, pour autant, toujours réponse à tout.

LE TOMBEAU DE JACQUELINE DE ROMILLY

C'est un petit livre qui a les couleurs d'un testament spirituel. Il a été écrit par la plus grande de nos hellénistes, il y a quarante ans. Il était resté, de son vivant, inédit ; il pourrait avoir été rédigé hier. Nous en devons la découverte post mortem à l'amitié, à la piété, de Bernard de Fallois. C'est une voix qui vous vient d'outre-tombe sans avoir rien perdu de son élégance et de son charme, de sa gravité familière.

Ce que je crois : on ne trouvera pas, sous ce titre, de profondes visées surnaturelles. Jacqueline de Romilly n'y parle pas de sa foi, de ses doutes ou de ses espérances sur le mystère de la mort et la vie éternelle. Vingt années séparent la rédaction de ces pages de la grâce qui la conduirait, un jour, à la pleine conversion au baptême qu'elle avait reçu, pendant la guerre, pour échapper à la persécution nazie. Dans le sillage du grand ébranlement de Mai 68, et devant la crise qui secouait l'enseignement, la culture et, au-delà, la société tout entière, elle y marquait bien plutôt un temps de réflexion, une pause : comme s'il lui avait semblé nécessaire de faire le point sur ce qui lui paraissait menacé par l'emballement de la modernité, l'hypertrophie de l'individualisme utilitaire, la démission des intelligences devant le prétendu sens de l'histoire.

C'est un petit livre testamentaire. Jacqueline de Romilly y défendait moins ses opinions personnelles que « le dépôt » qu'avait laissé en elle, « jour après jour, une vie consacrée à la Grèce ancienne ». Elle l'avait convaincue que l'expérience des Grecs pouvait jeter sur nos difficultés, nos échecs, nos crises existentielles une clarté singulière, parce que la découverte toute neuve de l'écriture, jointe à une propension exceptionnelle à tenter d'expliquer l'univers, leur avait donné d'explorer les dilemmes de l'aventure humaine avec une fraîcheur sans pareille. À l'école de Platon, la vie droite leur était apparue comme une longue éducation destinée à nous préparer à regarder en face tout l'éclat du soleil.

En quelques pages lumineuses, où se lit l'empreinte laissée par la fréquentation de Thucydide, d'Euripide, d'Homère, Jacqueline de Romilly y évoque la force du lien civique, ce miracle qui peut faire du sentiment d'appartenance, lorsqu'il est pleinement vécu, ressenti, quand il devient « une amitié plus large, sans limite », comme ce put être le cas, pour elle, en temps de guerre, « le contraire d'une aliénation » alors même qu'il exige d'austères disciplines : la maîtrise de soi, le respect du bien commun, le sens du sacrifice. Elle y chante la magie de la littérature qui repousse à l'infini les limites de l'expérience humaine et nourrit la vie intérieure de ses « illuminations fugaces et fuyantes » ; la fécondité des grands mythes « éprouvés par des générations d'hommes, exprimés et réexprimés dans leur force toujours nouvelle », qui nous emportent sur leurs ailes. Elle y confesse, plus encore, sa certitude que la restauration du lien social n'est pas à chercher ailleurs que dans une éducation qui cultive l'amour de la liberté, la passion de la justice, le respect de la vie humaine. « On ne naît pas homme au sens plein du terme : on apprend à le devenir, avec peine, écrit-elle. [...] Si l'Église, la famille, l'école renoncent en même temps à transmettre et à fortifier [ces] valeurs, elles sombreront, et nous avec. »

Sans doute Jacqueline de Romilly ne se doutait-elle pas, en écrivant ce petit livre, qu'elle finirait sa vie, bien plus tard, aveugle comme Œdipe, comme Homère. Cela n'en rend que plus émouvantes les pages qu'elle consacre au bonheur de voir la lumière. Non « le soleil écrasant à qui l'on rend hommage dans l'hébétude de l'été », mais celle qu'ont célébrée les anciens Grecs parce qu'elle revêtait d'or les marbres et « le sourire innombrable des vagues marines » (Eschyle). Celle qu'elle contemplait elle-même au pied de la montagne

Sainte-Victoire, quand l'ombre des platanes dansait en taches légères sur un pan de mur blond dans la gloire du petit matin. Les Grecs, souligne-t-elle, ont inventé la tragédie pour nous apprendre que l'homme n'est qu'« un fantôme et une ombre inconsistante ». Que sa condition le voue parfois à des malheurs insignes. Mais l'admirable est qu'ils n'aient jamais oublié, dans le même temps, les joies que réserve aussi l'existence : Antigone regrette le bonheur perdu au bord de la tombe où elle a accepté d'être enterrée vivante pour qu'il ne soit pas dit qu'ont été méconnues les lois non écrites, inébranlables, des dieux ; le sourire d'Andromaque rappelle les douceurs de la paix alors même que la mort d'Hector s'annonce imminente ; « Adieu, douce lumière », chante Iphigénie en marchant vers le sacrifice. Aristophane évoque les feux de l'automne et les fêtes des vendanges au cœur de la guerre du Péloponnèse : « tout est d'or, tout étincelle ». Cela donne toute sa dimension à la méditation de Jacqueline de Romilly sur l'histoire humaine. Contre tous les déterminismes, qui lui apparaissent comme autant d'expédients propres à justifier nos renoncements, elle proclame que l'on peut, que l'on doit, tirer des leçons de l'histoire. En nous offrant le récit de ses moments de plénitude, comme le tableau de ses désordres, elle est l'école de notre liberté. Elle nous fait discerner les causes des malheurs publics, les permanences de la nature humaine, le jeu funeste des passions contraires. Elle nous donne ainsi l'occasion d'exercer la discipline dans laquelle se fondent, à ses yeux, « toutes les vertus grecques » : l'effort permanent de comprendre et de transmettre. « Apprendre et comprendre, écrit-elle, se désignaient par le même mot ; pardonner et comprendre aussi. Et, en grec, dans ce pays qui sait si bien nous rappeler la joie de “voir la lumière”, cela s'appelait aussi “voir clair”. » Apprendre, discerner, comprendre, pardonner, contempler, transmettre : cette recherche fervente, dit Jacqueline de Romilly, « a rempli ma vie ». Son livre est beaucoup plus que la confession d'une illustre universitaire : c'est un bréviaire de la Civilisation.

AU PAYS D'ALEXANDRE

Alexandre n'est pas né nulle part. On cherche en vain sa tombe ; on sait parfaitement où il a vu le jour : à Pella, dans le palais du roi Philippe de Macédoine, son père, en 356 avant J.-C. Alexandre était macédonien, et le dire ne relève pas de la petite histoire, d'une simple curiosité pour les hasards de la naissance. C'est souligner une donnée essentielle de son épopée. Par son régime – la monarchie –, sa position, son étendue, par sa prospérité, par sa démographie, le royaume du Nord était prédisposé, plus qu'aucun des micro-États du monde de la *polis*, à faire autour de lui l'unité grecque et à se donner les moyens de la conquête. La Macédoine avait été, aux marges de la Grèce, le boulevard des invasions. Elle avait sacrifié, bien avant Alexandre, l'indépendance de ses cités à l'unité de commandement sans quoi la diplomatie n'est qu'un vain tâtonnement, la persévérance à la guerre, un défi de tous les instants. Roi guerrier, despote animé d'une ambition insatiable, Philippe avait forgé, avec la phalange, l'instrument militaire des victoires de son fils. Une population consistante, des mines d'or, des forêts, des plaines agricoles l'avaient doté des richesses sans lesquelles il n'est pas d'hégémonie qui tienne. Alexandre allait être le plus illustre des Grecs. Il ne l'a été que parce qu'il était macédonien et ce paradoxe a longtemps troublé les historiens modernes. L'homme qui avait vengé l'incendie d'Athènes par Xerxès, le stratège qui avait mis un terme à la puissance perse en écrivant (et de quelle manière !) le dernier acte de l'affrontement qu'avaient ouvert les guerres médiques par le triomphe définitif des armes helléniques, rendu indiscutable son hégémonie sur les Grecs, là où Athènes, Sparte, Thèbes, s'étaient entrechoquées pendant un siècle sans jamais parvenir à rendre leur domination pérenne ; le conquérant qui avait répandu l'hellénisme dans le sillage de ses victoires, des déserts de Libye à la plaine de l'Indus et de la mer d'Azov au golfe Persique, assurant, Rome aidant, pour huit siècles, la suprématie de la civilisation grecque, et lui permettant de marquer, au-delà, toute l'histoire européenne, cet homme-là était lui-même issu d'une marche frontière dont on avait peine à admettre qu'elle ait véritablement fait partie du monde grec !

Démosthène avait statué là-dessus dans sa *Troisième philippique,* dénonçant dans le roi de Macédoine un homme « qui non seulement n'est pas un Grec et n'a rien de commun avec les Grecs, mais n'est pas même un Barbare d'une origine honorable, misérable Macédonien, issu d'un pays où l'on ne pouvait acheter naguère un esclave honnête ».

Le trait relevait de la polémique entre adversaires en temps de guerre. Il avait le même sérieux que les dessins de Hansi représentant, il y a quelque cent ans, le soldat prussien en voleur d'horloge, coupant à l'occasion les mains des petits enfants. Il n'en a pas moins été pris au sérieux pendant des siècles par un public d'autant plus dépendant de la seule tradition littéraire que faisaient cruellement défaut les preuves archéologiques du contraire : envoyé en Macédoine par Napoléon III, l'archéologue Léon Heuzey avait dû lui-même faire son deuil de l'espoir de découvrir des monuments spectaculaires. « Dans un pays tant de fois ravagé, avait-il constaté, le voyageur ne peut se flatter de l'espoir de voir tout à coup surgir devant ses yeux au passage d'un col de montagne, au détour d'un rideau de rochers, des colonnades encore debout, des ruines pittoresques, comme celles de la Sicile ou de la Grèce méridionale. »

Des collines de Macédoine, de ses forêts ombreuses, de ses plaines, sur ses rives plantées d'oliviers, ses rochers battus par l'écume de la mer, n'émergeaient aucun fût de colonne, aucun temple, auxquels put s'accrocher l'imagination de l'amateur, de l'antiquaire. Chateaubriand n'avait pas visité le royaume de Philippe et d'Alexandre lors de son voyage en Grèce : il n'avait pas eu le loisir d'y inventer, pour ses lecteurs nourris des humanités classiques, des ruines romantiques, comme celles qu'il avait prétendu découvrir à Sparte, à Tégée, à Mycènes. Prolongée jusqu'en 1912, l'occupation ottomane avait fait le reste. On voulut oublier que le grec était la langue véhiculaire de l'armée qui conquit l'Empire perse. Qu'on jouait, à Pella, les tragédies d'Euripide au ve siècle avant J.-C. (c'est en Macédoine que furent créées *Les Bacchantes*). Qu'Aristote était natif de Chalcidique, et qu'il avait été le précepteur du Conquérant. Que les plus prestigieux artistes de l'histoire de la peinture grecque – Philoxénos d'Érétrie, Aristide de Thèbes – s'étaient pressés à la cour de Philippe. Qu'Alexandre ne laissait sculpter son portrait qu'à Lysippe. Qu'il s'était fait peindre par Apelle. Que la ville sainte du pays, Dion, était consacrée à Zeus olympien. Que Philippe était lui-même pythagoricien. Qu'il avait été initié aux mystères d'Éleusis. Qu'il importa en Macédoine le principe d'auto-administration des cités qui était devenu la marque distinctive de l'identité grecque.

Les faits étaient de peu de poids au regard de la réputation qu'avait figée, une fois pour toutes, le dernier orateur d'Athènes. Le royaume d'Alexandre semblait condamné à rester à l'écart de l'admiration suscitée par le pays du miracle grec, *terra incognita* jusque pour les philhellènes.

La spectaculaire mise au jour, en 1977, du tombeau inviolé de Philippe II et de la nécropole d'Aigai, avec ses trésors d'orfèvrerie, ses couronnes d'or, ses armes précieuses, sa vaisselle d'argent, ses bijoux fabuleux, ses fresques, la fantastique moisson des découvertes récoltées, dans son sillage, dans les tombes macédoniennes, purent passionner les historiens, les savants. Elles ne rencontrèrent qu'un faible écho dans une opinion dont le siège était fait depuis des siècles.

Les mille merveilles que recèlent, à Thessalonique, à Vergina, à Dion, à Pella, Aiani ou Amphipolis, les musées de Grèce du Nord ont pourtant de quoi emporter la conviction des plus sceptiques. Ce qu'ils présentent est en effet beaucoup plus qu'une collection de curiosités archéologiques, précieux jalons de l'histoire de l'art où se découvre, réfracté, le royaume du Conquérant. Plus encore qu'un trésor qui remet en question toutes les idées reçues sur la « semi-barbarie » prétendue de la Grèce du Nord. Les masques d'or y voisinent certes avec les couronnes de lierre, les céramiques polychromes, les mosaïques, les bronzes précieux, les statuettes funéraires. Ce qui s'y lit est pourtant d'une autre portée, d'une autre ampleur.

Soucieux de donner du crédit aux légendes qui leur attribuaient une ascendance argienne, et de procurer à leur lignée le lustre qu'autorisait la possession de riches gisements aurifères, les rois de Macédoine avaient entendu renouer, au VIe siècle avant J.-C., avec les plus prestigieuses et les plus anciennes des traditions mycéniennes en adoptant des rites funéraires qui voulaient que les membres de l'aristocratie guerrière fussent ensevelis le visage couvert d'or.

Philippe alla plus loin, en choisissant un mode de crémation et d'inhumation des cendres qui reprenait les fastes et les cérémonies qu'avait décrits Homère dans ses poèmes. Lui et les siens se firent enterrer dans des tombes imitées de l'architecture des sanctuaires, entourés de mille trésors. Uniques dans toute la Grèce, ces coutumes nous valent aujourd'hui de découvrir, enfouies sous d'impressionnants tumuli, des œuvres d'art qui, laissées à l'air libre, ont disparu partout ailleurs. Les tombes macédoniennes redécouvertes au XXe siècle viennent nous offrir de contempler, sous terre, l'exemple unique de temples grecs qui ont conservé leur polychromie d'origine, et de murs peints à fresque dont les peintures pompéiennes n'ont été que les héritières. Les objets qui y ont été ensevelis pour permettre au défunt de présider un banquet éternel, de prier ses dieux ou d'utiliser, dans l'au-delà, ses panoplies guerrières, nous permettent d'admirer une orfèvrerie qui a été pillée, là où elle était restée dans les palais et dans les sanctuaires. L'ouverture aux artistes de la Grèce du Sud et des îles de la mer Égée qui prévalut en Macédoine au IVe siècle avant J.-C., la naissance, à la même époque, de l'art hellénistique, ce premier baroque promis à devenir le langage artistique du monde gréco-romain, font dès lors de ces tombes le réceptacle d'œuvres d'art qui renvoient à toute l'histoire grecque, de l'époque de la guerre de Troie à celle des royaumes des diadoques, de la royauté héroïque chantée par l'*Iliade* à la conquête romaine.

La Macédoine était considérée comme un désert archéologique : c'était le compendium de tout ce que la Grèce avait produit de merveilles. À l'heure où l'état chaotique des finances des Grecs est sur toutes les lèvres, il nous fait mesurer l'ampleur d'une tout autre dette : celle que les peuples d'Europe ont contractée à l'égard de leurs ancêtres. Elle fait de nous, à jamais, d'insolvables débiteurs.

LES SOLDATS DE L'ÉTERNITÉ

C'est l'une des plus somptueuses aventures archéologiques de l'Histoire. Une armée de fantômes qui dormaient sous la terre depuis plus de deux mille ans. Des milliers de soldats en terre cuite, alignés en ordre de bataille pour traverser le temps. C'est en creusant un puits d'irrigation à Xi'an, dans la province du Shaanxi, qu'en mars 1974 des paysans les découvrirent en voyant apparaître une coiffe, un visage, des bras, une armure ; le premier émissaire d'une foule immense : plus de 7 000 statues, grandeur nature, armées de haches, de lances, de flèches, de hallebardes, ensevelies pour accompagner dans l'au-delà le fils du ciel. La planète découvrait, abasourdie, le mausolée d'un tyran sans pareil : Shi Huangdi, le premier empereur de Chine, qui avait régné sur le Céleste Empire au temps de nos guerres puniques, au IIIe siècle avant J.-C.

« Brûler des livres et élever des monuments, c'est la tâche habituelle des princes ; ce qu'il y a de remarquable avec Qin Shi Huangdi, c'est l'échelle sur laquelle il a œuvré », disait de lui Jorge Luis Borges. Destin hors du commun. Chef de guerre sanguinaire, souverain impitoyable, bâtisseur visionnaire, il avait mis au pas les féodaux, imposé l'unité des poids et des mesures, dressé la Grande Muraille, uniformisé l'écriture. Terrorisant ses conseillers, brûlant les livres, enterrant vivants ses ennemis, il avait cru dompter par la terreur la malice de la nature humaine : sa dynastie ne lui a survécu que quatre ans à peine. Il nous a légué son grand œuvre : l'immense nécropole qu'il avait passé sa vie à construire.

La tombe de Shi Huangdi est une ville : la réduction du domaine où l'empereur entendait régner après sa mort. Éternellement. Un tumulus abrite sa sépulture, au centre d'un palais souterrain rempli de joyaux, d'objets rares, parcouru de fleuves de mercure, éclairé par des torches qui devaient diffuser une lumière perpétuelle, défendu par des arbalètes conçues pour tirer des flèches sur les intrus. Tout un complexe devait être consacré, en surface, au culte du disparu. On devait y vénérer ses vêtements, ses cannes, ses costumes. Sous la terre, fosses et galeries reconstituaient les mille et une dépendances de la résidence impériale. Les cercueils des oiseaux et des animaux rares qui peuplaient son jardin d'agrément voisinent avec les fosses où reposent par centaines, les membres brisés, les chevaux de ses écuries, sous la garde de palefreniers de terre cuite. Des princes, des princesses sont enterrés non loin de là aussi, avec des objets d'or, d'argent, de jade, des vêtements de soie qui indiquent leur statut. Certains avaient été exécutés. D'autres avaient demandé eux-mêmes le privilège de suivre leur maître jusqu'au bout.

Protégeant les remparts de la nécropole, l'armée était enfouie plus loin, dans d'immenses galeries de terre, en ordre de marche, face à l'est, aux royaumes combattants que l'empereur avait, sa vie durant, réduit à sa merci. Trois rangées de soldats tenaient lieu d'avant-garde, deux rangs flanquaient l'armée, trois rangs fermaient la marche. « Les mouvements de cette terrifiante machine de guerre, raconte l'historien Lothar Ledderose, auraient été contrôlés par les signaux sonores de tambours et de cloches qu'on a retrouvés sur le site. Au premier roulement du tambour, l'armée magique s'ébranlait ; au second, elle chargeait. Au son de la cloche, elle stoppait, et quand la cloche sonnait à nouveau, elle faisait retraite. »

Certains fantassins portent une armure de cuir. Ils tiennent une hallebarde ou une lance à la main droite. Des archers sont agenouillés. D'autres attendent, debout, l'ennemi. Les officiers ont de longues tuniques. Certains sont coiffés de couvre-chefs. D'autres arborent de somptueux chignons.

Ce qui frappe immanquablement le visiteur de Xi'an, ce n'est pas seulement la beauté solennelle de leur alignement, la monumentalité sans pareille de cette armée chargée de perpétuer la guerre au royaume des ombres. C'est la variété de ces figures hiératiques. Le luxe des détails, le raffinement des coiffures, la gravité des expressions. C'est plus encore, peut-être, l'art avec lequel, en changeant ici le trait d'un sourcil, la courbe d'une moustache, la nature d'une coiffe, la position d'une main, les concepteurs de l'armée enterrée ont su faire échapper leur œuvre à la monotonie à quoi semblait les condamner le travail à la chaîne.

Rien ne leur était plus étranger, sans doute, que ces préoccupations esthétiques. 700 000 hommes avaient été réquisitionnés pour construire la nécropole. Un grand nombre d'entre eux étaient des forçats, esclaves, prisonniers de guerre ou condamnés de droit commun, dirigés par des contremaîtres, d'habiles artisans. Shi Huangdi avait exigé que l'armée soit réaliste, qu'elle paraisse vivante, pour qu'elle soit efficace. Qu'elle joue le rôle surnaturel qui lui avait été confié. Il voulait qu'elle soit grande, parce qu'elle devait être puissante afin de lui permettre d'achever sa quête ; il lui importait moins qu'elle soit belle. Sa mission était d'une autre nature : d'être éternelle. Le paradoxe est que c'est sa beauté involontaire qui lui fait atteindre, aujourd'hui, son objet même : échapper à la mort, à l'usure du temps, à l'oubli.

À L'ÉCOLE DE ROME

Elle nous est à la fois inaccessible et familière. Il nous semble parfois que nous avons tout reçu d'elle. Le rythme de nos phrases et les principes de notre droit. L'architecture de nos églises et la structure de nos institutions. La culture de la vigne et le plan de nos villes, le tracé de nos routes et le goût des humanités, l'éloquence ou la poésie, la courbe que dessinent nos toits de tuiles, les espaliers de nos collines. Nous ne savons guère comment nous appellerions nos palais sans le Palatin.

De ses rues populeuses, de ses monuments couverts de marbre et d'or, de ses arcs de triomphe, de ses voies triomphales, de ses demeures princières, de ses temples, de ses aqueducs, il ne reste pourtant que des vestiges défigurés par les ravages du temps, et il nous faut bien des lectures, bien des efforts, pour en reconstituer l'aspect en imagination. Le cirque Maxime est un grand terrain vague ; le Palatin, un jardin romantique ; le Forum, un dédale de ruines minérales, parcouru par des colonies de touristes casquettifères ; le Capitole n'est qu'un grand nom. Du sanctuaire de Jupiter très bon, très grand, de celui qui abritait les oies sacrées de Junon, on ne trouve pas la trace, sur une colline désormais magnifiée par les palais de Michel-Ange. Le temple de Vénus et de Rome est une immense esplanade, une abside de brique monumentale, où s'appuie la cour d'un couvent ; celui d'Antonin et Faustine a été transformé en église. Pour retrouver l'exèdre du théâtre de Pompée, le premier à avoir été édifié en pierre, il faut suivre la courbe d'une ruelle : des immeubles de sept étages ont été construits sur ses structures.

Ses sous-sols servent de caves aux restaurants. Bernin a dressé ses fontaines au cœur du cirque de Domitien, piazza Navona. Le théâtre de Marcellus abrite de splendides appartements. Les papes du Moyen Âge et de la Renaissance ont transformé le mausolée d'Hadrien en forteresse et en résidence princière. On regarde le soir tomber sur la ville depuis une élégante loggia là où se dressait le quadrige de bronze de l'empereur, au cœur d'un bosquet de cyprès.

Il faut s'asseoir, un moment, sous la voûte du Panthéon, goûter, sous sa coupole de pierre volcanique, la fraîcheur et l'ombre, pour renouer avec le décor qui fut celui des anciens Romains. Flâner, à Termini, sous la voûte de Santa Maria degli Angeli e dei Martiri, pour retrouver, presque intacte, la grande aula des thermes de Dioclétien, avec ses colonnes de pierre monumentales, ses murs couverts de marbre. Pénétrer, via Ostiense, dans l'une des tours de la muraille de brique dont Aurélien avait ceint la cité pour la mettre à l'abri des incursions barbares, oublier, un instant, qu'ils ont gagné la partie depuis longtemps. Parcourir à la fin du jour, via Appia, la plus délicieuse des promenades sur des pavés rendus luisants par le passage des siècles, tandis que les grands pins allongent leurs silhouettes sur les reliefs des tombeaux.

Cette ville avait été beaucoup plus qu'une cité : le cœur d'un monde. Un village de cabanes devenu une mégalopole, la plus grande qu'on ait jamais vue sous le ciel : sans doute plus d'un million d'habitants. La capitale d'un empire qui afficha, un temps, l'ambition d'étendre ses frontières à toute la terre. Le siège d'une puissance qui se proclamait elle-même éternelle. « D'autres, je le crois, seront plus habiles à donner à l'airain le souffle de la vie et à faire sortir du marbre des figures vivantes, proclamait, dans son *Énéide,* le prince de ses poètes ; d'autres sauront mieux plaider la cause de l'innocence, mesurer au compas le mouvement des cieux et marquer le cours des astres. Toi, Romain, souviens-toi d'imposer aux peuples ton empire. Tes arts sont d'édicter les lois de la paix entre les nations, de dompter les superbes, d'épargner les vaincus. »

Au-delà du fleuve, les luxueux jardins du Janicule dominaient le quartier populeux du Trastevere, avec ses portefaix, ses tanneurs, ses potiers. Dans la boucle du Tibre, le Champ de Mars alignait les portiques, les galeries marchandes, les temples. À l'est, les collines couvertes de jardins décorés de statues inspirées de tout ce que l'art grec avait offert de modèles – le Pincio, le Cælius, le Quirinal, le Viminal, l'Esquilin – formaient un arc de cercle au-dessus d'une petite dépression, que l'on avait eu grand-peine à assainir en asséchant ses marais : le Forum romain. De là, rayonnaient des routes qui conduisaient en Gaule, en Espagne, en Grèce, en Afrique, en Asie Mineure, en Égypte, jusqu'au pays des Scythes ou aux portes de l'Inde. Il n'est pas vrai que tous les chemins menaient à Rome. La vérité est qu'ils en partaient.

Là, s'ébrouait tout un peuple que Sénèque et Juvénal nous ont décrit avec un mélange d'ironie, de férocité, de tendresse : marchands de quatre-saisons, tireurs de cartes ou diseurs de bonne aventure ; bateleurs, joueurs de balle, chercheurs de querelles, mendiants professionnels, avec leur bâton, leur besace ; philosophes barbus, filous pris sur le fait ; marchands de boissons et vendeurs de saucisses vantant leur marchandise ; ivrognes prompts à faire la tournée de bars louches, nymphes de cabaret, captateurs d'héritage, histrions, faussaires ou gladiateurs ; épileurs signalant aux chalands leur présence d'un glapissement de fausset. Deux cent cinquante mille spectateurs s'entassaient, les jours de spectacle, au Grand Cirque. On entendait leurs cris jusqu'à Ostie. Cinquante mille se bousculaient sur les gradins du Colisée. Des rixes éclataient parfois entre les supporters des équipes rivales qui se mesuraient dans la poussière du stade, sur les planches de l'amphithéâtre, et il arrivait que l'on relève autant de victimes dans les tribunes que sur l'arène.

« Quant à la populace qui n'a ni feu ni lieu, écrit Ammien Marcellin, tantôt elle passe la nuit dans les cabarets, tantôt elle dort à l'abri de ces tentures dont Catulus, étant édile, s'avisa le premier, par un raffinement emprunté à la mollesse campanienne, de couvrir nos amphithéâtres ; ou bien elle se livre avec fureur au jeu de dés, retenant son haleine qu'elle chasse ensuite avec un bruit dont l'oreille est choquée ; ou bien encore (et c'est là le goût qui domine) on la voit du matin au soir, bravant le soleil et la pluie, s'exténuer en débats sans fin touchant les moindres circonstances du mérite ou de l'infériorité relative de tel cheval ou de tel cocher [...]. C'est une chose tout à fait étonnante, que de voir une plèbe innombrable, l'esprit envahi par une sorte de passion brûlante, suspendue à l'issue d'une course de chars. Ces futilités et d'autres semblables ne permettent pas que l'on fasse à Rome rien qui soit digne de mémoire ou rien qui soit sérieux. »

Là, convergeaient aussi tous les peuples de l'empire : astrologues chaldéens, cabaretiers syriens, médecins grecs, porteurs mèdes, gardes du corps berbères qui écartaient sans ménagement la foule devant les litières des grands personnages. Les vieux Romains, parfois (ceux au moins que leur condition obligeait à s'entasser, en ville, dans des *insulae* de six étages), s'y sentaient étrangers sur le sol de leur propre patrie.

Là, cohabitaient – hors du *pomerium* – tous les cultes, dans une bigarrure de rites, un mélange détonnant de superstition et de scepticisme où les prêtres d'Isis voisinaient avec les dévots de l'Aphrodite syrienne, des Baals de Commagène ou de la Grande Mère phrygienne.

Là, ne régnaient plus guère, passé l'âge héroïque d'autres idoles que les jeux, la luxure et l'argent.

C'est un monde lointain, disparu, englouti. S'il nous est familier, ce n'est pas seulement pour les trésors du patrimoine qu'il nous a transmis. Ses fresques, sa jurisprudence, sa littérature, ses mosaïques, son architecture, ses statues. Dans le silence de ses ruines, il nous semble parfois qu'il nous parle de nous.

Le secret de la Sibylle

Les esprits étroits y verront un exercice de basse propagande. L'inscription dans la pierre d'une inaltérable volonté de puissance. Le délire narcissique d'un souverain jamais lassé de faire reproduire, partout, son image. La tentative dérisoire de doter un intrigant parvenu au faîte du pouvoir au terme d'une impitoyable guerre civile de la sérénité et de l'éternelle jeunesse d'un dieu de l'Olympe.

Les mille et un portraits dont Auguste inonda les provinces, autant que les chefs-d'œuvre suscités par la célébration de son avènement dans la littérature, la sculpture, l'orfèvrerie, les arts décoratifs, l'architecture monumentale, témoignent en réalité de ce qui fonda, en définitive, la solidité d'un régime improvisé par un bricolage approximatif des institutions, le cumul hasardeux des magistratures et des commandements, le non-dit permanent d'une monarchie sans nom. Ils illustrent ce qui fut, d'abord, une révolution culturelle : l'ancrage du nouveau régime dans la conviction qu'en rétablissant la concorde civile, aussi bien qu'en consolidant la paix aux frontières ou en réinventant l'urbanisme romain, Auguste avait fait advenir sur terre l'âge d'or qu'avaient chanté les poètes, ouvert une nouvelle ère pour le genre humain.

Les stoïciens expliquaient le déroulement de l'histoire par l'incessante activité d'un souffle divin, énergie créatrice dont la dilatation engendrait l'univers par sa condensation en air et en eau ; feu vital qui finirait cependant par absorber les autres éléments pour ressusciter l'intégrité de sa puissance ordonnatrice au terme d'une immense conflagration, avant de reformer un nouveau monde qui connaîtrait la même succession d'événements. Les néopythagoriciens en tenaient, comme Platon, pour un renouvellement plus paisible du cosmos. Ils le considéraient comme une conséquence d'une loi astronomique : celle qui voulait que le mouvement immuable des planètes les conduise, au terme d'une « grande année » dont les astronomes et les mages chaldéens étaient parvenus à calculer la durée, à se retrouver à leur place initiale, ramenant la nature à sa forme originelle, et l'histoire à l'âge d'or qu'avait décrit Hésiode. Deux traits résumaient les vertus de ce recommencement : la Paix et le retour de la Justice parmi les hommes.

Le déclenchement des guerres civiles avait, à l'agonie de la République, semblé rendre improbable l'accomplissement de ces prophéties rassurantes. Des armées rivales s'étaient disputé le pouvoir ; les Romains s'étaient entre-tués sur les champs de bataille ; les proscriptions avaient levé le frère contre le frère, le fils contre le père.

Jusque dans la période tragique que traversait l'histoire romaine, un oracle avait pourtant nourri l'espérance des plus pieux des Romains : celui que contenaient les « livres sibyllins ».

Dans le climat d'effervescence mystique qui avait vu naître, au VIIe siècle avant J.-C., l'enthousiasme prophétique en Grèce, s'étaient développées les pratiques de divination intuitive, non plus fondées, comme l'avait été, avant elles, l'art des devins de l'âge héroïque, sur l'interprétation conjecturale de symboles et de signes inintelligibles par le commun, mais sur les révélations reçues par un petit nombre de médiums sous la forme d'oracles abscons. De la nature sensible de la femme, nombre de peuples de l'Antiquité avaient déduit l'idée que certaines d'entre elles pouvaient être l'instrument docile de l'esprit divin. Les Grecs n'y firent pas exception. À côté des prophètes (Minos et Rhadamanthe, Épiménide de Phaestos, Bakis de Béotie,

Orphée, bien d'autres, et jusqu'à Pythagore, tel au moins que l'avaient indéfiniment exalté ses disciples), apparut la sibylle. Forgée non loin de Troie, sur la côte asiatique de la mer Égée, à une époque qu'on peut situer entre la rédaction des poèmes homériques (elle est ignorée de l'*Iliade,* comme de l'*Odyssée,* à la fin du VIIIe siècle avant J.-C.) et celle des œuvres d'Héraclite (qui la considérait déjà comme ancienne au VIe siècle avant J.-C.), sa figure répondait à l'attrait des Grecs d'Asie Mineure pour les hallucinations orientales en même temps qu'à leur désir de disposer d'une prophétesse capable de rivaliser avec celle de Delphes. Au contraire des pythies, qui se succédaient, bien réelles, dans le sanctuaire d'Apollon, la sibylle était une créature imaginaire, venue d'un passé lointain. Empruntant certains traits à Manto, la fille de Tirésias, d'autres à Cassandre, telle que l'avaient campée les poètes du cycle troyen, sa légende faisait d'elle une créature surhumaine, une nymphe à laquelle Apollon aurait accordé le don de prévoir l'avenir. Trois villes se disputaient, au commencement, l'honneur de l'avoir vu naître : Gergis, Marpessos, Érythrées. Elle fut bientôt revendiquée, écrit Auguste Bouché-Leclercq, « partout où se rencontraient les cultes générateurs de l'intuition divinatoire, le désir d'inscrire dans les traditions locales, aussi loin que possible dans le passé et à l'abri de tout contrôle, des souvenirs analogues à ceux dont se paraît l'oracle de Pytho » (*Histoire de la divination dans l'Antiquité*).

Le type se démultiplia dès lors en Ionie, sur le littoral asiatique, puis en Grèce, au Proche-Orient, en Italie, à Cumes. Varron en établit au Ier siècle avant J.-C. la liste canonique en fixant définitivement leur nombre à dix. À la différence de l'oracle de Delphes, leurs patries ne pouvaient cependant produire aux yeux des pèlerins éblouis le spectacle de leur prophétesse assise sur son trépied de bronze. Censées avoir vécu en des temps immémoriaux, les sibylles n'étaient attestées que par les grottes obscures qui leur auraient servi de refuge, et par les recueils de livres chresmologiques, où avaient été consignées leurs prophéties, et dont les prédictions relatives aux événements déjà survenus garantissaient le sérieux.

Entrés au contact de cet univers légendaire à travers les Étrusques et lors de leur conquête de la Grande Grèce (l'Italie méridionale), les Romains ne doutèrent pas que les prophétesses avaient discerné la singularité de leur destin. Ils rassemblèrent les textes où le fruit de leurs hallucinations avait été recueilli. Conservés au secret dans le temple de Jupiter sur le Capitole, ces livres sibyllins étaient réputés avoir été acquis par le roi Tarquin l'Ancien. On racontait que la sibylle de Cumes était venue lui proposer neuf livres, où tout l'avenir de Rome était inscrit, en lui demandant 300 philippes. Rebuté par l'énormité de la somme, le roi l'avait d'abord éconduite. La sibylle avait alors brûlé devant lui trois livres, en lui demandant la même somme pour les six livres subsistant. « Tarquin, écrit Varron, avait cru que la femme était de plus en plus folle ; mais quand celle-ci eut à nouveau brûlé trois autres livres, tout en s'obstinant à demander le même prix, le roi fut ébranlé, et acheta les derniers pour 300 pièces d'or. » En 83 avant J.-C., les livres saints avaient cependant disparu dans l'incendie du Capitole. On les avait reconstitués en collectant des oracles dans les cités grecques du sud de l'Italie et de la Sicile. Ils avaient été placés sous la protection du dieu des prophéties, Apollon Pythien.

Revisitant dans une perspective toute pythagoricienne la succession des temps, ces textes divisaient l'histoire en « siècles ». Le premier avait été celui de Saturne et de l'âge d'or ; le dernier serait celui d'Apollon : siècle de fer au terme duquel s'achèverait l'un des grands cycles de l'histoire, et reviendrait l'âge d'or des premiers commencements.

C'est à cette renaissance que Virgile consacra en 40 avant J.-C. sa quatrième *Églogue*. Au lendemain de la conclusion de la paix de Brindes entre Octave et Antoine, en octobre, le poète proclama, au cœur d'une ode consacrée à la naissance du fils de son ami Pollion, sa certitude que les malheurs présents – l'abîme creusé par l'assassinat de César, la reprise des guerres civiles, les proscriptions sanglantes – ne seraient que les prémices du grand renouvellement du monde. « Nous voici arrivés, écrit-il, au dernier âge prédit par la sibylle de Cumes. La longue chaîne des siècles recommence. Déjà, revient la Vierge, et revient le règne de Saturne ; déjà, une nouvelle race d'hommes descend du haut des cieux. Daigne seulement, chaste Lucine, protéger l'enfant dont la naissance va marquer le terme de l'âge de fer et le retour des vertus de l'âge d'or ; déjà règne ton frère Apollon. »

La fin des guerres civiles avait bientôt donné à la prophétie de la sibylle une consécration éclatante. Rome avait triomphé de ses propres démons. Hésiode avait décidément eu tort de conjuguer à l'imparfait l'âge d'or. Les contemporains du triomphe d'Octave crurent assister à son avènement. Lui-même fit son protecteur personnel d'Apollon Pythien. Enterrant sous sept mètres de remblai la maison qu'il s'était fait construire, simple particulier, près de la cabane de Romulus, sur le mont Palatin ; rachetant, alentour, celles de ses voisins, il fit édifier en surplomb un palais dont le cœur était occupé par un temple dédié au dieu des prophéties. L'édifice, en marbre de Carrare, était rempli de chefs-d'œuvre de la sculpture grecque, surmonté d'une statue représentant le Soleil sur un quadrige d'or. Octave y fit déposer les livres sibyllins. Consacré en 28 avant J.-C., l'année même où le sénat lui avait octroyé le titre de *princeps*, il était flanqué d'une réplique de l'autel de la fondation de Rome, et de deux bâtiments de dimensions plus modestes : une bibliothèque grecque et latine dans laquelle se tiendraient désormais les séances du sénat, et sa propre demeure, bâtie sur le modèle d'un temple. Les dieux, les oracles, les chefs-d'œuvre des arts et des lettres, les pères conscrits formaient ainsi comme une couronne d'or autour du nouveau maître.

Varron venait alors de dater, dans ses *Antiquités*, la fondation de Rome de 753 avant J.-C. On proclama qu'à l'image de l'année solaire, la grande année des Chaldéens durait trois cent soixante-cinq ans. La première échéance avait coïncidé avec la guerre contre Véies, qui avait bien failli être fatale à la puissance romaine. Mais Rome avait renoué avec la victoire grâce à l'apparition d'un nouveau fondateur, le dictateur Camille, qui avait dissuadé ses concitoyens d'abandonner la Ville, et les avait conduits à la victoire. La deuxième échéance, celle des sept cent trente ans, coïncidait avec l'avènement d'un nouveau Romulus, dont la domination avait vocation à s'étendre à toute la terre. Les propagandistes du nouveau régime s'empressèrent de dire, et l'on feignit de croire, que le poème de Virgile avait annoncé lui-même la naissance du prince grâce auquel l'heureux temps était revenu sur la terre. Le poète se garda de démentir cette interprétation.

Mieux encore : diffusée en 19 avant J.-C. à la mort de Virgile, son *Énéide* chanterait, cette fois, Auguste à livre ouvert : « Le voici, c'est lui, cet homme qui, tu le sais, t'a été si souvent promis, César Auguste, fils d'un dieu : il fera renaître l'âge d'or dans les champs du Latium où jadis régna Saturne, il reculera les limites de son empire plus loin que le pays des Garamantes et des Indiens, jusqu'à ces contrées qui s'étendent au-delà des signes du zodiaque, au-delà des routes de l'année et du soleil, là où Atlas, qui porte le ciel, fait tourner sur son épaule la voûte parsemée d'étoiles étincelantes. » Rattachant désormais la fondation de Rome à l'incendie de Troie, et la maison du prince à la race des rois d'Ilion, elle proclamerait l'éternité promise à la domination romaine. « La ville dont Jupiter porte déjà l'image sous sa paupière et que les nations contempleront un jour au-dessus d'elles, couronnée de tours comme Cybèle, la mère des dieux, y lit-on, est vraiment la Ville éternelle. » Répondant à Vénus, qui se lamente des traverses que rencontre son fils à la tête des Troyens fugitifs, le père des dieux le déclare au premier livre du poème : « Romulus, gorgé de lait à l'ombre fauve de sa nourrice la louve, continuera la race d'Énée, fondera la ville de Mars et nommera les Romains de son nom. Je n'assigne de borne ni à leur puissance ni à leur durée : je leur ai donné un empire sans fin. »

Lorsqu'il fit célébrer, en 17 avant J.-C., des jeux séculaires, Auguste associa aux divinités chtoniennes, qu'on vénérait tous les cent dix ans selon une tradition héritée des Étrusques, la triade capitoline et surtout le couple d'Apollon et Diane, symbole de l'avènement de l'ère nouvelle. Une corporation de prêtres, les *quindecemviri sacris faciundis,* fut chargée de prouver qu'ils s'étaient tenus à chaque siècle depuis le temps du roi Numa. Au caractère d'expiation qu'ils avaient conservé jusqu'alors (on y immolait des bœufs noirs et des victimes de couleur sombre sur une crevasse du Champ de Mars d'où s'exhalaient parfois des feux souterrains, disait-on, pour calmer les divinités infernales, demander la fécondité des femmes et la fertilité des champs), on substitua la célébration de Rome, de son passé, de ses victoires. Le dernier jour des jeux, dont on avait réglé le détail en consultant les livres sibyllins, un chœur de neuf jeunes filles et de neuf jeunes garçons exécuta le chant séculaire composé par Horace. « Déjà, proclamait-il, le Mède redoute ses mains puissantes et tremble devant les faisceaux romains ; les Scythes, les Indiens, naguère si fiers, viennent ici chercher des lois. Déjà, la bonne foi, la paix, l'honneur, l'antique chasteté, la vertu longtemps oubliée, osent reparaître et ramènent avec elles l'abondance à la corne toujours pleine. » C'était, une fois encore, annoncer la naissance d'un âge d'or qui verrait Rome occupée à donner la paix aux nations.

Le thème se déploierait bientôt sur la frise de pierre de l'Ara Pacis, cet autel érigé par le sénat en l'honneur d'Auguste, en 13 avant J.-C., pour célébrer la paix retrouvée. Sur l'élégante frise extérieure du monument, court le cortège d'une procession qui renoue avec les Panathénées de la cella du Parthénon. Auguste y est représenté, la tête couverte de lauriers, parmi les prêtres, les augures, les flamines précédant ses nombreux familiers. En parallèle, une frise de pierre alterne le lierre et le laurier, symbole de la réconciliation de Bacchus avec d'Apollon. Sous les personnages d'Auguste et d'Agrippa, son gendre, les volutes s'épanouissent en fleurs pour désigner l'auteur de cette paix du ciel et de la terre.

Le même renouvellement du monde se lit sur les murs de la salle à manger souterraine qu'Auguste fit peindre à fresque, dans la villa de Livie à Prima Porta, au nord de Rome. Sous les apparences d'un charmant jardin fruitier, il donne le spectacle d'un monde où toutes les fleurs fleurissent, tous les fruits parviennent simultanément à maturité, tandis que volettent entre les branches des oiseaux migratoires venus du monde entier. Signe de la puissance impériale, le laurier y voisine avec le grenadier, symbole d'immortalité, pour manifester que le prince est celui qui a fait advenir l'âge d'or.

Quelques années encore, et cette conviction serait gravée dans le bronze des décrets provinciaux : en 9 avant J.-C., « une inscription de Priène, relève Jérôme Carcopino (*Virgile et le mystère de la IV*e *Églogue*), enregistre l'institution d'une fête qui, le 23 septembre de chaque année, commémorera la naissance du prince, parce que ce jour-là doit être considéré comme le point de départ de l'Univers, dont Auguste a sauvé l'existence et changé la face. Bientôt, dans l'empire florissant et fort, il n'y aura plus qu'une voix pour en affirmer l'essence divine et identifier l'avènement des Césars au retour de Saturne ».

C'est ailleurs que se révèle pourtant l'ultime secret de la confiance que les contemporains d'Auguste éprouvèrent à l'égard de son œuvre de refondation. Depuis Sylla, circulait une autre prophétie de la sibylle de Cumes. Elle annonçait que Rome aurait un roi, qui mettrait fin à la puissance des Parthes et ferait régner une paix universelle. L'oracle avait poussé César à tenter de se faire attribuer la couronne royale avant de partir à la conquête du royaume oriental. Odieuse aux grands seigneurs qui avaient identifié l'idée républicaine au maintien de leurs privilèges, l'ambition avait provoqué sa perte. Auguste ne doutait pas d'être le souverain annoncé par la prophétesse. Sur la cuirasse d'apparat que porte la splendide statue trouvée dans les décombres de la villa de Prima Porta et qui le représente en *imperator* s'adressant à ses troupes, la scène centrale n'est pas consacrée à une bataille, mais au triomphe diplomatique qui lui avait permis, en 20 avant J.-C., de récupérer auprès des Parthes les enseignes perdues, trente-trois ans plus tôt, par Crassus, lors de la bataille de Carrhes, dans une iconographie soulignant la dimension cosmique de l'événement qui avait effacé l'humiliation des armes romaines : à la personnification du ciel, entouré de la Lune et du Soleil, répond celle de la Terre pourvue d'une corne d'abondance, encadrée de Diane et d'Apollon. « La foudre nous annonce que Jupiter règne dans le ciel ; comment douter ici-bas de la divinité présente d'Auguste, quand nous le voyons ajouter les Parthes à son empire ? » demanderait bientôt Horace dans l'une de ses *Odes*.

L'exemple illustre certes le caractère illimité des ressources en flagornerie des intellectuels. Il n'en témoigne pas moins de ce qu'étaient alors les aspirations des Romains. Auguste n'avait guère brillé lui-même sur les champs de bataille. L'enthousiasme des littérateurs, des artistes, montre que ses sujets ne lui en avaient pas tenu rigueur. Qu'ils avaient considéré le mérite d'avoir mis fin aux guerres civiles, consolidé les frontières, maintenu la paix à l'extérieur par la diplomatie, comme un titre de gloire plus assuré que celui que donnent les victoires militaires. Il montre que les peuples ont parfois moins besoin de l'austère vérité des documents et des témoins que d'un récit qui les réconcilie avec leur propre histoire. Auguste avait été le vainqueur d'une impitoyable guerre civile. Cet ambitieux sans scrupules n'avait jamais hésité à faire couler le sang de ses adversaires, avait laissé tuer parfois ses propres partisans. Il n'avait pas même l'excuse des grands capitaines ; n'avait guère donné matière à rêver avec ses chevauchées. Mais il avait été le prince de la réconciliation et de la paix. Cela justifierait qu'on le considère comme l'élu des dieux ; qu'on honore bientôt même la nature divine de son génie. Il avait ressuscité la Ville moribonde en rétablissant la concorde entre les citoyens. Cela faisait de lui le garant de l'immortalité de l'État romain. L'illusion se révélerait féconde : elle durerait près de cinq cents ans.

HYGIÈNE DE L'ASSASSIN

Il avait voulu être tout à la fois David et Salomon. Il avait rétabli le royaume de Judée dans sa plus grande extension et reconstruit le temple de Dieu en lui donnant une splendeur sans précédent. Il s'était fait bâtir, non loin de Bethléem – la ville du Messie –, un mausolée dont la majesté le disputait à celui qu'Auguste avait élevé à sa propre gloire, à Rome. On en distinguait la haute silhouette depuis Jérusalem. Hérode avait offert aux Juifs plus de trente ans de paix et de prospérité. Concilié les devoirs de la piété juive avec les raffinements, le faste d'un souverain hellénistique. Il avait été l'ami de l'empereur Auguste et de son gendre, Agrippa, le protecteur du culte du Vrai Dieu, l'arbitre des royaumes qui se disputaient le Moyen-Orient. Il ne resterait à la postérité que pour l'un des rares massacres dont on ne soit pas certain qu'il l'ait vraiment commis : celui des saints Innocents, dont l'historicité ne peut certes être exclue, mais dont les traces sont minces, et qui a pu être, aussi, inspiré à l'évangéliste par le désir de souligner le parallèle entre Jésus-Christ et Moïse, qui avait, avant lui, échappé à l'élimination des nouveau-nés par Pharaon.

On ne prête qu'aux riches. Car Hérode n'avait jamais hésité à faire couler, autour de lui, le sang en abondance : contraint de quitter son royaume, en 30 avant J.-C., pour aller faire sa cour à Octave au lendemain de la bataille d'Actium, il avait fait assassiner l'ancien grand prêtre hasmonéen Hyrcan II, et enfermer dans la forteresse de Massada sa propre femme, Mariamne, et leur fils Alexandre, avec ordre de les exécuter s'il ne parvenait pas à s'attirer les faveur du nouveau maître, afin que celui-ci ne dispose pas, avec eux, de candidats de rechange issus de la famille royale ; en trente-trois ans de règne, il ferait périr sa femme, sa belle-mère, deux beaux-frères, un oncle et trois de ses propres enfants ; il fit brûler vifs ou livrer au bourreau, peu de temps avant sa mort, une quarantaine de jeunes aristocrates juifs, qu'avait révoltés l'érection, sur la porte du Temple, d'un aigle d'or symbolisant la puissance romaine. Auguste, que déconcertaient les interdits alimentaires des Juifs, remarquerait un jour, selon Macrobe, qu'il valait mieux être un porc d'Hérode que l'un de ses enfants.

Autant qu'à sa cruauté, à son caractère méfiant, à sa paranoïa, cette ivresse de meurtres avait été due à l'instabilité de sa situation. Car s'il était tenu par quelques-uns pour le Messie, Hérode était resté conscient, jusqu'au faîte de sa puissance, de la précarité de sa position, et de la fragilité constitutive d'un pouvoir qu'il n'avait dû qu'à son habileté à se procurer l'appui de l'occupant romain.

Son grand-père Antipas était un aventurier iduméen, que le roi hasmonéen Alexandre Jannée (103-76 avant J.-C.) avait placé à la tête de sa propre province. Marié à une princesse nabatéenne, son fils, Antipater, lui avait succédé. Au sud de la Judée, l'Idumée, conquise à la fin du IIe siècle avant J.-C., regroupait Phéniciens, Grecs, Arabes, Édomites, qu'on s'était efforcé de judaïser au forceps.

Tandis qu'à Jérusalem la monarchie hasmonéenne se consumait en luttes intestines entre les derniers descendants des Maccabées, Antipater avait cultivé l'amitié de la puissance montante, celle des Romains. Elle allait faire de ce « demi-juif » mal converti le fondateur d'une nouvelle dynastie.

Dès le temps de Judas Maccabée, au IIe siècle avant J.-C., Rome avait offert son alliance aux Juifs. Dans un Orient dominé par les monarchies hellénistiques, la République romaine faisait figure de libératrice des peuples asservis. Après avoir vaincu Tigrane d'Arménie (69 avant J.-C.)

et Mithridate du Pont (66 avant J.-C.), elle avait fini par détrôner le dernier Séleucide et faire de la Syrie l'une de ses provinces (64 avant J.-C.). En Judée, à la mort de la reine Salomé Alexandra, veuve d'Alexandre Jannée, les dissensions entre ses fils Hyrcan II et Aristobule II lui offrirent l'occasion d'intervenir directement. Appelé par les deux frères rivaux à jouer les arbitres, Pompée prit Jérusalem de vive force un jour de sabbat (63 avant J.-C.). Hyrcan II, qui avait été détrôné par son frère, fut rétabli dans sa charge de grand prêtre, mais privé du titre de roi. Chargé d'administrer à sa place, et sous l'autorité du gouverneur de Syrie, un royaume démembré de ses extensions les plus récentes et réduit à la condition d'État client, Antipater se distingua par sa complaisance à l'égard des Romains. L'assistance de leurs légions lui permit de venir à bout de la succession de tentatives de retour d'Aristobule II, de ses fils et de leurs partisans.

Allié de Pompée aux premiers temps de la guerre civile, l'Iduméen se mit, dès la défaite de son protecteur à Pharsale (48 avant J.-C.), à la disposition de César pour l'aider à faire la conquête de l'Égypte. Il en fut récompensé par la citoyenneté romaine et le gouvernement de la Judée avec le titre de procurateur. Son fils Phasaël fut nommé stratège de Jérusalem tandis qu'Hérode se voyait confier la Galilée. À la mort de leur père, empoisonné peu après l'assassinat de César (44 avant J.-C.), l'un et l'autre se rallièrent au pouvoir des césaricides, puis, après leur défaite (42 avant J.-C.), à Antoine, auquel avait échu le gouvernement des provinces orientales.

Profitant cependant du flottement du pouvoir à Rome, les Parthes s'emparèrent du pays (40 avant J.-C.) et placèrent sur le trône Antigone, le fils d'Aristobule II. Hyrcan II fut emmené en captivité à Babylone, après qu'on lui eut coupé une oreille, pour lui interdire de reprendre jamais ses fonctions de grand prêtre. Phasaël s'était suicidé, Hérode avait été contraint à la fuite après avoir livré bataille non loin de Jérusalem. Accouru à Rome, et à défaut de candidat de souche royale susceptible d'organiser, dans l'urgence, la défense des frontières contre les Parthes, il obtint du sénat, avec l'appui des triumvirs, sa nomination comme roi ami et allié du peuple romain. Débarqué en 39 avant J.-C. sur la côte palestinienne, il ferait, en deux ans, la conquête de son royaume avec l'appui des légions. Jérusalem fut prise l'été 37 avant J.-C., Antigone capturé, flagellé puis décapité.

Pendant le siège de la Ville sainte, Hérode avait assis sa légitimité en épousant Mariamne, une princesse hasmonéenne dont le père était le fils d'Aristobule II et la mère, la fille d'Hyrcan II. Épargnant à la ville le pillage auquel elle semblait vouée, il y entra en se donnant l'image d'un libérateur et d'un pacificateur. Il n'en restait pas moins un usurpateur et le supplétif d'un conquérant étranger. Ni l'assassinat du dernier hasmonéen, Aristobule III – le frère de Mariamne, qu'il avait lui-même promu à la dignité de grand prêtre –, ni le prompt ralliement d'Hérode à Octave, au lendemain de sa victoire sur Antoine et Cléopâtre à Actium, ni l'amitié dont il se lierait bientôt avec Agrippa, gendre et héritier présomptif de l'empereur, ne le délivreraient jamais des inquiétudes nées de son illégitimité originelle. Elles nourriraient au contraire sa méfiance à l'égard de ses proches (nés de Mariamne, ses propres fils, Alexandre et Aristobule, finirent par lui devenir suspects ; n'étaient-ils pas les ultimes héritiers de la dynastie qu'il avait supplantée ? Il les fit assassiner en 7 avant J.-C., de même qu'il avait fait tuer vingt-deux ans plus tôt Mariamne), comme elles expliqueraient la brutalité de la répression menée, tout au long de son règne, contre ses opposants. « Quant à ceux qui avaient pris le parti de ses adversaires, écrit Flavius Josèphe, il ne laissait pas passer de jour sans les poursuivre de ses châtiments et de ses vengeances. »

N'empêche, elles allaient lui dicter, aussi, l'autre grand axe de sa politique : la poursuite, dans tout son royaume, peu à peu étendu, par la faveur du prince, de Gaza aux portes de Damas, de somptueux chantiers de construction – forteresses du désert à Massada, Cypros et Machéronte, palais à Jéricho, forum et temple du culte impérial à Samarie, ville nouvelle et port artificiel à Césarée.

À Jérusalem, cette vocation de bâtisseur allait se traduire par un profond renouvellement de l'urbanisme de la Ville sainte, redessinée et agrandie. Elle allait surtout le conduire au plus fou des projets : celui de rebâtir le Temple. Reconstruit au retour d'exil, en 516 avant J.-C., celui-ci avait subi des dommages en 63 avant J.-C., lors de la prise de la ville par Pompée, puis en 37 avant J.-C., lors du siège mené par Hérode lui-même. Le roi iduméen prit prétexte du fait que le sanctuaire édifié au retour d'exil avait des dimensions très inférieures à celles que le livre des Rois attribuait au temple de Salomon pour entreprendre une restauration qui s'apparente à une reconstruction. Lancés en 20 avant J.-C., les travaux ne seraient pas complètement achevés, seize ans plus tard, à la mort du souverain. Sur 100 coudées de hauteur, de longueur et de largeur (environ 45 mètres), le monument, qui ferait la synthèse entre les traditions juive et babylonienne, revisitées par les canons de l'architecture gréco-romaine, s'inscrirait dans une enceinte en forme de carré parfait. Alentour, une immense terrasse s'appuyait sur d'énormes murs de soutènement, dont ne reste accessible qu'une partie du mur occidental, le mur des Lamentations, où les Juifs du monde entier viennent aujourd'hui faire leurs dévotions.

Dans l'édifice, les murs étaient recouverts de plaques d'or. Au-delà d'un vestibule, qui s'ouvrait sur une colonnade ornée d'une vigne d'or, le chandelier à sept branches (ménorah), la table des pains d'oblation et l'autel de l'encens étaient disposés dans le sanctuaire devant les deux rideaux superposés qui masquaient, au fond, le Saint-des-Saints (vide depuis la disparition de l'arche d'Alliance qui conservait les Tables de la Loi, le bâton d'Aaron et une urne d'or contenant la manne), où ne pénétrait que le grand prêtre, et seulement une fois par an.

Au sud de l'esplanade, Hérode, qui, n'étant pas de famille sacerdotale, ne pouvait, au contraire des Hasmonéens, prétendre cumuler les prérogatives royales avec celle de grand prêtre, n'en avait pas moins manifesté sa présence en construisant un splendide portique royal au sein duquel 162 énormes colonnes corinthiennes (il fallait trois hommes, dit Flavius Josèphe, pour en embrasser la circonférence) définissaient trois galeries somptueusement décorées. Il y siégeait à l'occasion. Une arche monumentale, dégagée en 1838 par Edward Robinson, soutenait l'escalier qui y donnait accès.

L'extension de la terrasse avait amputé d'un tiers, à l'angle nord-ouest du Temple, la vieille citadelle des rois hasmonéens. Hérode la fit reconstruire sur un rocher à pic, en faisant d'elle une forteresse imprenable, un casernement pour les troupes et une résidence royale. Hérissée de quatre tours formidables, elle abritait, aux dires de Flavius Josèphe, des appartements, des portiques et des bains dignes d'un palais royal. Hérode la baptisa Antonia en l'honneur de Marc Antoine.

Il prétexta pourtant de son resserrement pour s'édifier, les années suivantes, une nouvelle résidence, à l'ouest, sur le point haut de la ville : un somptueux palais hellénistique scandé de cours et de portiques, agrémenté de bassins et ceint d'un mur de 15 mètres de haut. Là où se trouve aujourd'hui la citadelle médiévale passée à la postérité sous le nom de Tour de David (l'appellation remonte aux croisades), s'élevaient trois spectaculaires tours-palais à étages, construites sur le modèle du phare d'Alexandrie et offrant, à la fois, un point d'observation incomparable et, dans leur partie supérieure, ouverte, des appartements de prestige. L'une portait le nom de Phasaël, l'autre d'un ami du roi, Hippicus, la troisième de Mariamne. La plus haute atteignait 45 mètres.

Hérode avait, par là, donné aux prêtres la satisfaction de s'éloigner du Temple, sur lequel ils craignaient qu'il exerce une trop étroite surveillance, en même temps qu'il se dotait d'un palais tel que n'en avait eu, avant lui, aucun souverain.

Sa dernière demeure, c'est non loin de là qu'il l'établirait : à 12 kilomètres plus au sud, à l'orée du désert de Judée. Sur le lieu de sa défaite devant les Parthes, en 40 avant J.-C., Hérode s'était fait construire, au sommet d'une colline, à l'apogée de son règne, l'un de ces châteaux-forteresses qu'il affectionnait : l'Hérodion. De forme circulaire, il était rehaussé par quatre tours aux quatre points cardinaux.

À trois heures de marche de Jérusalem, et aux confins de l'Idumée, la forteresse offrait au roi un précieux refuge en cas de troubles. Un aqueduc en alimentait les citernes, depuis les « piscines de Salomon ». C'est là qu'Hérode reçut avec faste, en 15 avant J.-C., son ami Marcus Agrippa. Là qu'après une agonie marquée par les progrès de la gangrène, la tuméfaction du bas-ventre, l'invasion des vers, la démangeaison de toute la peau, la suffocation, les crampes, mais au cours de laquelle il avait eu encore l'énergie de refaire son testament et d'ordonner l'exécution de son fils aîné, Antipater, fut amené le corps d'Hérode depuis son palais de Jéricho. « Sur un lit d'or massif, constellé de pierreries, raconte Flavius Josèphe, était jeté un tapis de pourpre [...] : le corps reposait sur cette couche, enveloppé d'une robe de pourpre, la tête ceinte d'un diadème, surmontée d'une couronne d'or, le sceptre dans la main droite. Autour du lit, marchaient les fils d'Hérode et la foule de ses parents, et après ceux-ci les gardes, les mercenaires thraces, germains et gaulois... »

L'historien ne précise pas dans quelle partie de l'Hérodion fut enterré le souverain. Peu de temps avant sa mort, il avait remodelé le site pour l'assortir à son ultime vocation. Sur le flanc de la colline, un théâtre avait été enterré et, au sommet, les murs du château avaient été recouverts de terre pour donner à l'immense tumulus la forme d'un cône parfait. En 2007, après trente-cinq ans de recherches, le grand archéologue israélien Ehud Netzer a eu le bonheur de retrouver une tombe dans les vestiges d'un monument à soubassement carré et colonnade ionique implanté à mi-pente, et analogue au tombeau d'Absalom que l'on peut admirer, à Jérusalem, dans la vallée du Cédron. Il en a dégagé les débris de trois sarcophages dont l'un pourrait être celui du roi défunt, vandalisé lors de l'occupation de la forteresse par les sicaires, à l'occasion de la révolte de 66 après J.-C. D'autres contestent cependant cette interprétation au motif qu'elle se concilie mal avec l'ordonnancement d'un tombeau dynastique, qu'Hérode avait voulu sans nul doute analogue au mausolée d'Auguste, à Rome, et au sein duquel il n'avait pas dû manquer de s'attribuer une position dominante. Ehud Netzer n'est plus là pour leur répondre. Il est mort, trois ans après sa découverte, des suites d'une chute accidentelle sur le chantier de fouilles de l'Hérodion.

Immortalisée par sa brève apparition dans l'Évangile, la figure d'Hérode a connu, depuis deux mille ans, une incroyable fortune iconographique. La piété chrétienne a fait de lui l'archétype de la cruauté et de la tyrannie. La mémoire juive est elle-même peu à l'aise avec cet usurpateur mal converti. Ses retournements permanents, son opportunisme assumé n'attirent pas la sympathie.

Nul ne songe à discuter le nombre et l'ampleur de ses crimes. Reste qu'ils ne le distinguent guère de la pratique ordinaire des souverains hellénistiques ; que les *Vies des douze Césars* nous ont offert depuis des exemples qui les relativisent. Ce collaborateur en avait fait plus pour la splendeur de sa patrie qu'aucun résistant, aucun patriote, avant et après lui. Il est inscrit dans nos mémoires sous les dehors de l'assassin et du despote : ainsi s'écrit l'histoire. Hérode avait vu juste s'il est vrai qu'informé de la naissance du Christ, il avait pressenti qu'elle allait lui causer bien des ennuis. Il avait, délibérément, choisi d'être, par tous les moyens, un prince de ce monde. Il avait tout à perdre à être contemporain du Messie.

Vivre et mourir à Pompéi

En ce temps-là, le moindre des bourgeois enrichis dans le négoce, l'artisanat, le commerce habitait un petit palais, qui reproduisait, sur le mode mineur, la magnificence des cours hellénistiques. La peinture, sur les murs, avait fini d'imiter la pierre. Elle donnait en spectacle les amours des dieux. De petits génies ailés s'y livraient à des courses de chars drolatiques. Les Muses y dansaient leur ballet avec une aisance souveraine. Persée n'en finissait pas de délivrer Andromède, Hercule déposait sa massue pour s'en aller cueillir les pommes du jardin des Hespérides. Sur les sols de mosaïque, des colombes venaient boire au bord d'une vasque de pierre ; des ibis, des faisans, des passereaux voletaient dans les bosquets. Dionysos ou Silène, Vénus à la toilette, adolescents porteurs de plis, jeunes filles couvertes d'un long manteau de laine : des statues de marbre et de bronze dupliquaient les modèles des maîtres de la sculpture grecque. Sur des tables de marbre aux pieds griffus, on exposait les plus belles pièces de la vaisselle. Dans des coffres ouvragés, on serrait précieusement des trésors d'argenterie. Les colonnes des péristyles ne se contentaient pas de ressusciter les portiques d'Athènes. Elles servaient d'écrin à des jardins copiés sur les paradis orientaux. Les fontaines étaient ornées de galets multicolores. L'eau ruisselait dans les nymphées. On installait à leurs entours des salles à manger d'été. Allongés sur des divans aux pieds de bronze, les convives buvaient le vin du Vésuve dans des coupes en argent ciselées, des bols de verre aux reflets irisés. L'heureux propriétaire de la maison d'Octavius Quartio avait fait creuser, dans son jardin, un canal évoquant l'Eu-ripe ; des cascades rythmaient l'écoulement de ses eaux ; on se promenait, sur ses rives, sous une pergola couverte de vigne vierge. À la maison de Ménandre, le maître des lieux s'était fait installer à demeure des thermes. Une terrasse abritée des vents, attenante, lui permettait de prendre des bains de soleil.

Marchands de fruits, orfèvres, teinturiers, foulons, muletiers, tanneurs ou boulangers, musiciens ambulants, magiciens appointés, mendiants professionnels égayaient de leurs cris des rues pavées de blocs de calcaire. Des passages surhaussés permettaient de les traverser à pied sec. Des *thermopolia* offraient aux passants mille occasions de se restaurer. Les inscriptions peintes en grandes lettres noires et rouges témoignent de la vigueur des campagnes électorales où se jouait l'élection des édiles et des duumvirs, les magistrats municipaux. Un réseau de canalisations et de châteaux d'eau amenait partout l'eau fraîche, un égout assurait l'évacuation des eaux usées.

Le va-et-vient des modes intellectuelles a conduit toute une part de l'Université à atténuer la césure scolaire qui a longtemps séparé le Moyen Âge de l'Antiquité romaine ; à contester aux invasions barbares et à la disparition de l'Empire romain d'Occident en 476 la valeur d'une crise de civilisation. « Des mots comme déclin et crise, qui suggèrent l'existence de problèmes à la fin de l'empire, et qui étaient courants jusqu'aux années 1970, ont quasiment disparu du vocabulaire des historiens, pour être remplacés par des expressions neutres comme transition, changement, transformation », note dans un essai caustique et revigorant l'historien britannique Bryan Ward-Perkins. De tels changements sémantiques suggèrent que « Rome a progressivement changé, prenant une forme différente, mais pas nécessairement inférieure » (*The Fall of Rome and the End of Civilization,* Oxford University Press, 2006). Un récent *Guide de l'Antiquité tardive* publié par la Harvard

University Press affirme ainsi que « la période qui va de 250 à 800 » doit être « traitée comme une période autonome et décisive de l'histoire » qui mérite d'être abordée pour ce qu'elle est, sans référence à une quelconque « décadence d'un niveau supérieur de civilisation ».

La seule visite des ruines d'Herculanum et de Pompéi vient apporter à ces savantes élucubrations un spectaculaire démenti. Ce qu'elle donne à voir, en effet – ces demeures peintes à fresque, ces jardins secrets, ces portiques, ces statues, ces mosaïques, ces pièces d'argenterie, ces aiguières –, ce ne sont pas les pièces maîtresses d'une métropole artistique, les collections d'un esthète, les richesses accumulées par la magnificence d'un grand seigneur : c'est le cadre de la vie quotidienne d'une cité ordinaire de l'Italie romaine, au milieu du Ier siècle. Pompéi était une ville moyenne. Elle ne comptait guère plus de 10 000 habitants, 15 000 peut-être. Elle n'accueillait pas de résidence princière. Elle n'était pas un conservatoire des métiers d'art, un rendez-vous d'artistes ; elle ne doit sa notoriété qu'à la catastrophe qui, en quelques heures, la fit disparaître, à la cendre et aux pierres qui, pendant dix-sept siècles, conservèrent à l'abri des regards ce précieux témoignage de ce qu'avait produit la civilisation romaine.

Sans doute cet art de vivre était-il celui des classes supérieures. Les esclaves et les paysans ne goûtaient que par réfraction à ces merveilles. Reste que l'on comptait parmi les bourgeois aisés dont nous contemplons aujourd'hui avec stupeur les richesses nombre d'esclaves affranchis : tel ce Caecilius Jucundus, banquier et propriétaire d'une blanchisserie, dont le buste de bronze accueillait le visiteur dans son atrium. D'autres exerçaient des métiers modestes : nul ne devinerait devant la fresque qui représente Terentius Neo et sa femme, tenant un rouleau de papyrus et une tablette de cire, que ce couple d'intellectuels étaient des boulangers enrichis par leur commerce.

C'est ce qui explique que le raffinement de la vie quotidienne, tel qu'il se manifeste à Pompéi, ne nous fascine pas comme un simple chapitre de l'histoire de l'art. Ce que Pompéi nous donne à voir, c'est, dans ses œuvres, la splendeur de la paix. Ce qu'elle nous fait toucher du doigt, c'est la fugacité de tout ce qui se construit, se façonne à main d'homme. À Pompéi, tout disparut dans une irrésistible catastrophe naturelle. Dans les autres cités de l'empire, épargnées par le cataclysme, ce haut degré de civilisation survivrait encore plusieurs siècles, avant d'être balayé à son tour par les invasions et par la guerre. On vivrait dans des huttes en terre battue là même où tout un peuple avait connu les fastes d'une vie princière. Pompéi est une butte témoin, un repère. Elle ne nous dit pas seulement la fragilité de notre condition face aux colères de la terre : elle nous dit aussi le prix à payer pour la défaillance des volontés humaines.

FIN DE PARTIE À MASSADA

Le rocher, formidable, se détache des montagnes du désert de Judée. On dirait l'éperon d'un monstrueux navire de pierre. À ses pieds, la mer Morte. À l'est, à l'horizon, dans la brume de chaleur, la ligne mauve des monts de Jordanie. On l'appelle simplement Massada : la forteresse. Et de fait, c'en est une, que la géographie paraissait rendre inexpugnable. Ses falaises s'élèvent, à l'est, à 450 mètres de hauteur. Au sommet, un immense plateau rocheux de 600 mètres de long, 300 de large. À perte de vue, pas un buisson, pas un arbre. Les rois hasmonéens de Judée avaient aménagé là, au IIe siècle avant J.-C., une citadelle à la frontière orientale de leur royaume. Hérode en avait, cent ans plus tard renforcé les défenses, en construisant un rempart d'un périmètre de 1 400 mètres et en aménageant d'énormes réserves de vivres, d'immenses dépôts d'armes. On y trouvait, dit Flavius Josèphe, « du blé pour plusieurs années, du vin et de l'huile en abondance, toutes sortes de légumes, une très grande quantité de dattes ». La sécheresse du climat, la pureté de l'air, l'altitude, en garantissaient la conservation : retrouvées il y a cinquante ans, des graines de palmier ont pu être plantées et un arbre a, miraculeusement, poussé. On l'a appelé Mathusalem. Des armes permettaient d'équiper 10 000 hommes. Il y avait des réserves de fer, de cuivre et de plomb. Sur l'étrave du massif rocheux, au nord, Hérode s'était bâti, sur le modèle des résidences des souverains hellénistiques, le plus délicieux des palais en terrasses pour qu'il puisse lui servir de refuge au cas où il aurait dû fuir les troubles de Jérusalem, ou se mettre à l'abri des entreprises criminelles de Cléopâtre, qui rêvait de s'emparer de son royaume et avait demandé sa tête à Antoine. « Les appartements de ce palais, ses galeries et ses bains, raconte encore Josèphe, étaient admirables. [...] Tout le pavé était de marbre de diverses couleurs ; et Hérode avait fait tailler tant de citernes dans le roc pour conserver l'eau de pluie que des fontaines n'auraient pu en fournir davantage. » Les colonnes en stuc, les murs décorés de motifs géométriques témoignent de son raffinement. Sur la terrasse supérieure, les chambres peintes à fresque et dotées de sols de mosaïque donnaient par un vestibule sur un portique semi-circulaire, balayé par un vent frais. Point culminant de la forteresse, il offre une vue saisissante sur la mer Morte et le désert de Judée.

Hérode est mort depuis soixante-dix ans, pourtant, lorsque Massada entre véritablement dans l'histoire : à l'occasion de la révolte juive.

La décadence de la dynastie hasmonéenne, qui régnait à Jérusalem depuis la victoire des Maccabées sur les Séleucides au IIe siècle avant J.-C., et l'affirmation progressive de l'hégémonie romaine avaient, au Ier siècle avant J.-C., fait émerger dans les élites juives quatre principaux partis, divisés sur la conduite à tenir avec l'occupant.

Les sadducéens formaient celui de la collaboration. C'est parmi eux qu'étaient choisis les grands prêtres, au sein de quelques familles de l'aristocratie sacerdotale. Ils coopéraient activement avec les Romains pour garantir l'ordre public contre toute tentative de sédition. Ils entendaient obtenir, en échange, le respect des franchises traditionnelles des Juifs, en Palestine comme dans les communautés de la diaspora.

Adeptes d'un strict déterminisme, les esséniens récusaient, eux aussi, toute tentation séditieuse. Ils n'en considéraient pas moins les Romains comme un fléau, un peuple dominateur, intrigant, rusé et dévastateur. Ils voyaient en lui l'instrument de la colère divine contre l'usurpation du grand pontificat par les souverains hasmonéens : des prêtres étrangers à la famille de Sadoq, ce grand prêtre de Salomon dont les descendants pouvaient seuls, à leurs yeux, exercer légitimement la fonction. Retirés à l'écart du royaume impie, dans le désert, ils attendaient avec impatience le jour de la délivrance et l'avènement du royaume messianique dont Dieu seul susciterait l'installation.

Les pharisiens tenaient une position intermédiaire, attentiste. Refusant de reconnaître la moindre légitimité à l'occupant, ils n'en considéraient pas moins comme folie toute tentative de résistance. Convaincus qu'il fallait se contenter d'attendre, dans la pieuse observance de la Loi, que Dieu se manifeste, ils préconisaient d'éviter, jusque-là, toute provocation susceptible de remettre en question l'autonomie cultuelle et juridique de la nation.

Le quatrième parti était apparu en 6 après J.-C., à l'occasion d'un recensement : un Galiléen du nom de Judas avait appelé la nation juive à recouvrer sa liberté en dénonçant le versement de l'impôt comme un consentement à l'esclavage ; il serait bientôt à la tête d'une secte soutenant qu'« il n'y a que Dieu seul que l'on doive reconnaître pour Seigneur et pour roi » et préconisant la lutte armée contre les Romains. On les appellerait les sicaires, du nom du poignard avec lequel ils frappaient leurs adversaires. Dès avant la révolte juive, on les trouverait au cœur d'une succession de soulèvements et, surtout, d'assassinats des Juifs collaborateurs des Romains.

Le feu couvait en effet sous la cendre. « Sous Tibère [14-37 après J.-C.], dit Tacite, tout était calme. » Préfet de Judée de 26 à 36 après J.-C., Ponce Pilate n'en dut pas moins faire face au cours de son gouvernorat à une émeute pour avoir fait entrer dans Jérusalem des drapeaux portant l'image de l'empereur ; une autre rébellion dut être réprimée après qu'il eut utilisé le trésor du Temple pour financer la construction d'un aqueduc destiné à approvisionner Jérusalem en eau.

Le Barabbas des Évangiles avait été emprisonné, aux dires des synoptiques, après une « sédition ».

L'inscription placée par Pilate sur la croix du Christ comme le rituel de dérision du manteau de pourpre et de la couronne d'épines témoignent de ce que Jésus lui-même avait été considéré par les autorités romaines comme un prétendant à la royauté : son humiliation avait sans doute été, dans leur esprit, destinée à prouver aux Juifs l'inanité de toute perspective de restauration.

Lorsqu'en 39 après J.-C., Caligula eut la fantaisie d'exiger qu'une statue de Zeus à sa propre effigie soit érigée dans le Temple de Jérusalem, des milliers de juifs se portèrent au-devant du gouverneur de Syrie, chargé de l'exécution de cet ordre, en brandissant des pétitions pour lui demander de renoncer à ce projet. Un petit-fils d'Hérode, Agrippa, qui s'était lié d'amitié avec l'empereur alors qu'il séjournait à Rome durant son enfance, obtint que l'on sursoie à sa mise en œuvre. La mort de Caligula, en janvier 41 après J.-C., rendit sans objet ces alarmes. Agrippa, auquel avait été accordé, avec les tétrarchies de Philippe, de Lysanias et d'Hérode Antipas, le titre royal se vit bientôt confier, avec la Judée, tout l'ancien royaume d'Hérode.

À sa mort, trois ans plus tard, l'empereur Claude écarta pourtant son héritier Agrippa II (il n'était alors âgé que de 17 ans) et choisit d'annexer ses États. « Claude, voyant les rois morts ou réduits à peu de chose, raconte Tacite, fit de la Judée une province qu'il donna à des chevaliers romains ou à des affranchis. » L'agitation, dès lors, devint endémique.

Sous le procurateur Fadus (44-46 après J.-C.), raconte ainsi Flavius Josèphe, « un imposteur nommé Theudas persuada une masse importante de prendre avec elle ses biens et de le suivre jusqu'au Jourdain. Il disait qu'il était prophète et que, sur son ordre, le fleuve se partagerait et leur laisserait un passage facile. Il en trompa beaucoup par ces paroles ». Le procurateur les fit tailler en pièces, et rapporter la tête du nouveau Moïse à Jérusalem.

Son successeur, Tibère Alexandre (46-48 après J.-C.), lui-même d'origine juive (il était le neveu de Philon d'Alexandrie), fit crucifier Jacques et Simon, fils de Judas le Galiléen, qui avaient repris le flambeau de leur père contre l'occupant.

Sous Felix (52-60 après J.-C.), un agitateur égyptien conseilla « à la masse du peuple de venir avec lui sur le mont dit des Oliviers, qui se trouve en face de la ville à la distance de cinq stades. Car il prétendait, à partir de là, qu'à son commandement les murs de Jérusalem tomberaient, de sorte que, leur promettait-il, ils auraient par là une entrée dans la ville ». Le gouverneur fit disperser les séditieux par la troupe.

La révolte éclata sous Gessius Florus, lorsqu'en 66 après J.-C. le jeune capitaine du Temple (le propre fils du grand prêtre Ananias) convainquit les autres prêtres de faire cesser les sacrifices que les juifs offraient jusqu'alors à leur Dieu pour l'empereur romain. Une série d'émeutes, à Césarée et Jérusalem, avaient été réprimées par le gouverneur avec brutalité. Assiégée dans l'ancien palais d'Hérode, à l'ouest de la ville, une cohorte de 600 hommes fut réduite à la capitulation. Un accord prévoyait que les soldats romains auraient la vie sauve. Ils furent massacrés dès qu'ils eurent déposé les armes entre les mains des assiégeants.

L'initiative suscita, à Jérusalem, une guerre civile en marge de celle que les rebelles livraient à l'occupant : elle opposait les « zélotes », sectateurs de la rébellion, aux familles de notables partisans de l'entente avec les Romains, mais aussi aux sicaires, qui s'illustraient par le meurtre de leurs opposants.

L'expédition punitive menée un mois plus tard par Cestius Gallus, le gouverneur de Syrie, tourna de son côté au désastre. Après avoir incendié, à titre de représailles, la ville nouvelle construite par Hérode au nord du Temple, celui-ci s'était éloigné de Jérusalem (peut-être corrompu par la promesse d'une forte somme) : sur le chemin du retour, son armée fut prise dans une embuscade et détruite par les rebelles.

Pour Rome, l'humiliation était de celles qu'on ne pardonne pas. La guerre serait désormais inexpiable.

Néron la confie à un général expérimenté, qui s'est illustré lors de la conquête de la Bretagne : le futur empereur Vespasien. Celui-ci réunit une armée considérable : sans doute pas moins de 60 000 hommes. Deux années sont consacrées à des préliminaires : la soumission de la Galilée, de la Samarie et du nord de la Judée, de l'Idumée et de la région de la mer Morte. Elle semble promise à entrer dans sa phase ultime quand la mort de Néron, les troubles politiques qui agitent l'année 69 après J.-C. (la succession de Galba, Othon et Vitellius qui prennent tour à tour la pourpre avant de mourir l'un après l'autre de mort violente), lui font marquer un temps d'arrêt. En juillet, Vespasien est acclamé empereur par ses troupes. Il part pour Alexandrie.

Retranchés dans Jérusalem, les rebelles profitent du répit. Affichant leur fierté d'avoir redonné la liberté à leur peuple, ils laissent cependant libre cours à leurs rivalités et à leurs divisions. Dans les rangs d'une résistance convaincue un peu vite d'être triomphante, le conflit entre bandes rivales tourne à l'affrontement ouvert.

Or les atermoiements romains n'ont qu'un temps. Vainqueur de la guerre civile, Vespasien entend rehausser le lustre d'une naissance obscure par une victoire éclatante. Au printemps 70 après J.-C., une énorme armée romaine, commandée par son fils Titus, vient s'établir devant l'enceinte de Jérusalem. Le siège sera désormais mené avec une vigueur exceptionnelle. La ville est affamée, les fuyards crucifiés au pied des remparts. Le 25 mai, Titus lance l'offensive. Le quartier nord est investi et rasé. Le 24 juillet, la forteresse Antonia est prise. Le 29 août, les Romains s'emparent de l'ultime citadelle : celle du Temple. Dans l'ardeur du massacre, un tison mit le feu aux portes du sanctuaire. L'incendie détruisit le temple de Dieu pour toujours. Un mois plus tard, toute la ville était entre les mains des Romains. En récompense de leur victoire, les soldats furent autorisés à piller et tuer à loisir. Les captifs qui avaient échappé au massacre furent vendus comme esclaves, envoyés dans les mines d'Égypte ou condamnés à servir de pâture aux bêtes de l'amphithéâtre. Le nombre des victimes s'éleva, selon Flavius Josèphe, à 1 100 000 personnes.

La Xe légion fut installée dans les remparts démantelés de Jérusalem, sans égard pour la sensibilité de la population. Des cultes païens (celui de Sérapis notamment) étaient célébrés dans son enceinte. La vieille élite politique et sacerdotale sur laquelle Rome s'était jusqu'alors appuyée pour gouverner avait disparu. Pour régir le pays, Vespasien et Titus se passèrent désormais de sa médiation.

Dès le déclenchement de la révolte, les Juifs de la diaspora avaient été victimes de pogroms. Désormais désignés comme ennemis de l'État, ils firent l'objet de violences et de brimades à Alexandrie comme à Antioche. En Cyrénaïque, les troubles suscités par un sicaire débouchèrent sur l'exécution de 3 000 de leurs notables. En Égypte, les fauteurs d'émeutes furent livrés aux autorités par leurs coreligionnaires. Un impôt spécifique vint associer les Juifs de tout l'empire à la défaite : ils durent verser chaque année deux drachmes au Trésor public en lieu et place de l'offrande qu'ils faisaient jusqu'alors au temple de Jérusalem ; elles seraient affectées à la reconstruction de celui de Jupiter qui avait brûlé accidentellement, en 69, sur le Capitole. Ni Vespasien ni ses successeurs n'acceptèrent jamais que soit entreprise la reconstruction du sanctuaire.

La prohibition était exceptionnelle. Elle contrastait avec l'attitude traditionnelle des Romains à l'égard des cultes pratiqués par les peuples de l'empire. C'est que, conscients que dans cette guerre particulière le Dieu unique n'avait pas été seulement le protecteur de la cause de leurs adversaires, comme avaient accoutumé de le faire les divinités étrangères, mais le moteur même de la lutte menée contre les armes romaines, Vespasien et Titus ne présentèrent pas leur guerre comme une simple victoire sur une nation rebelle, mais comme un écrasement du judaïsme. La procession du triomphe, en juin 71 après J.-C., eut la magnificence de la célébration d'une conquête. « Les dépouilles étaient portées sans ordre, mais on distinguait dans tout le butin les objets enlevés au temple de Jérusalem : une table d'or, du poids de plusieurs talents, et un chandelier d'or du même travail, raconte Flavius Josèphe ; [...] il y avait sept de ces flambeaux, marquant le respect des Juifs pour l'hebdomade. On portait ensuite, comme dernière pièce du butin, une copie de la Loi des juifs. »

Dès le début des opérations, les sicaires s'étaient emparés de Massada et en avaient massacré la garnison pour s'y fortifier contre les Romains. Sous la conduite d'Éléazar, un descendant de Judas le Galiléen, la citadelle allait devenir, après la chute de Jérusalem, l'ultime bastion de la résistance et tenir près de trois ans face à l'occupant. Huit camps romains furent disposés autour du repaire des rebelles. On discerne encore aujourd'hui parfaitement la trace de leurs palissades dans la plaine. Un mur de contrevallation dont on suit également le sillon interdisait toute fuite aux assiégés. Au printemps 73 après J.-C., incapable de s'emparer de la forteresse en empruntant l'étroit sentier qui serpente, à l'est, au flanc de la montagne, Flavius Silva, le commandant de la Xe légion, installa, sur le flanc opposé, moins escarpé, une tête de pont à même une éminence rocheuse sur laquelle il fit bâtir une énorme rampe : un remblai de pas moins de 100 mètres de hauteur, s'achevant sur une plate-forme où fut hissée une tour d'attaque bardée de fer. Se trouvant dès lors à hauteur des remparts de la citadelle, les Romains purent lancer sur les sicaires des traits et les énormes boulets de pierre qui jonchent encore aujourd'hui le sol du plateau. Tentant vainement d'ébranler avec un bélier la muraille (les Juifs l'avaient doublée d'un mur de bois et de terre que les coups rendaient au contraire plus compact), Silva finit par faire jeter par ses soldats des brandons qui incendièrent le dispositif ennemi. La bise renvoya d'abord les flammes et la fumée vers les Romains qui désespérèrent, un moment, dit

Josèphe, de sauver leurs machines de guerre. Le soir, pourtant, « comme si Dieu se fût déclaré en leur faveur », le vent se retourna et embrasa toute la muraille.

Tandis que les légionnaires retournaient pour la nuit dans leur camp en attendant l'assaut final, Éléazar réunissait les siens pour les convaincre de ne pas tomber vivants entre les mains de l'ennemi. « Tant que nous avons encore l'usage libre de nos bras et de nos épées, leur dit-il, qui nous empêche de nous affranchir de la servitude ? Mourons avec les personnes qui nous sont les plus chères plutôt que de vivre esclaves. Elles nous en conjurent ; nos lois nous l'ordonnent ; Dieu nous en impose la nécessité, et les Romains n'appréhendent rien davantage. Hâtons-nous donc de leur faire perdre l'espérance de triompher de nous, et que l'étonnement de ne pouvoir exercer leur rage que sur des corps morts les contraigne d'admirer notre générosité. »

Pénétrant le lendemain matin dans la forteresse, les Romains y furent accueillis par un silence de mort. L'archéologue israélien Yigaël Yadin a retrouvé les fragments de poterie avec lesquels, après avoir égorgé leur femme et leurs enfants, les sicaires avaient tiré au sort les dix d'entre eux qui seraient chargés de tuer leurs compagnons d'armes. Deux femmes et cinq petits enfants qui avaient survécu au suicide collectif en se cachant dans un aqueduc racontèrent aux vainqueurs comment ils avaient été frustrés des joies de la victoire par leurs adversaires.

Le dernier sursaut de la colère juive se manifesta en 115 après J.-C., pendant la campagne de Trajan contre l'Empire parthe. Alors que l'empereur avait mené les armées romaines jusqu'au golfe Persique, des révoltes juives éclatèrent en Égypte, en Cyrénaïque, à Chypre et en Judée avec l'appui des importantes communautés installées dans la Mésopotamie nouvellement conquise. Les soulèvements s'attaquaient à la fois aux autorités romaines, aux temples et à la population non juive des villes où vivaient d'importantes communautés hébraïques. À Cyrène, le Caesareum – temple du culte impérial –, les temples d'Apollon, de Zeus, de Déméter, d'Artémis et d'Isis furent endommagés ou détruits.

Contraint de battre en retraite, Trajan mourut sur le chemin du retour (117 après J.-C.). Abandonnant ses conquêtes mésopotamiennes, son successeur, Hadrien, parvint à rétablir l'ordre par une énergique répression. La révolte n'en avait pas moins compromis l'ultime et décisive avancée de l'empire contre son éternel rival.

Hadrien crut, quelques années plus tard, régler la question juive de manière définitive lors de l'un de ces grands voyages dont il avait fait l'instrument de ses réformes administratives. Visitant la Judée en 130 après J.-C., il résolut de fonder, sur le site de l'ancienne Jérusalem, une colonie romaine – Ælia Capitolina – et d'y construire un sanctuaire dédié à Jupiter. Dans une ville désormais peuplée de gentils, on honorerait bientôt Bacchus, Astarté, Sérapis et les Dioscures. Pour faire bonne mesure, l'empereur interdit la circoncision sur tout le territoire de l'empire.

La révolte explosa en 132 après J.-C., après deux ans de préparatifs. Solidement organisés, renforcés par des recrues venues de la diaspora juive, et unis autour d'un gouvernement insurrectionnel, électrisés en outre par les prétentions messianiques de leur chef, Simon Bar Koziba, les Juifs allait tenir tête trois ans durant aux forces romaines.

En 135 après J.-C., Hadrien prit lui-même le commandement de l'armée chargée de les anéantir. En quelques mois, c'était chose faite. « Il y en eut peu qui échappèrent à ce désastre, racontera Dion Cassius. Cinquante de leurs places les plus importantes, neuf cent cinquante-cinq de leurs bourgs les plus renommés furent ruinés ; cent quatre-vingt mille hommes furent tués dans les incursions et dans les batailles et l'on ne saurait calculer le nombre de ceux qui périrent par la faim et par le feu, en sorte que la Judée presque entière ne fut plus qu'un désert. » Aucun triomphe ne célébra une guerre qui allait à l'encontre de la politique d'un souverain qui se voulait le propagateur pacifique des bienfaits de la romanité. Les Juifs y avaient fait obstacle. Hadrien ordonna par décret qu'ils seraient expulsés de la terre de leurs ancêtres, et qu'il leur serait interdit de seulement pénétrer dans la région de Jérusalem. Le nom de Judée fut changé en celui de Syria Palæstina, en référence aux Philistins, qui en avaient été les premiers occupants.

Massada est devenue, depuis, le symbole de la résistance juive. Le paradoxe est que ce n'est pas à la fièvre apocalyptique de ses défenseurs que le judaïsme doit pourtant sa survie : bien plutôt à la prudence des attentistes qui, à l'image du pharisien Yohanan Ben Zakkaï, s'étaient consacrés, au lendemain de la chute de Jérusalem, à l'étude de la Torah, à l'observation des commandements et au recueil de la tradition orale, afin de maintenir la pérennité de la culture juive à travers les siècles.

UN SIÈCLE D'OR EN CLAIR-OBSCUR

Les historiens le considèrent depuis Machiavel comme le siècle d'or de l'Empire romain. « S'il fallait déterminer dans quelle période de l'histoire du monde le genre humain a joui du sort le plus heureux et le plus florissant, écrit Edward Gibbon à la fin du XVIIIe siècle, ce serait sans hésiter qu'on s'arrêterait à cet espace de temps qui s'écoula depuis la mort de Domitien jusqu'à l'avènement de Commode. » Après les incertitudes de la conquête, les guerres civiles de la fin de la République, les frasques sanglantes des empereurs julio-claudiens (Tibère retranché à Capri dans la hantise délirante de la trahison ; Caligula, Claude et Néron mourant successivement de mort violente), Rome avait côtoyé l'abîme, lors de la première anarchie militaire, quand l'année 69 avait vu quatre empereurs se disputer le pouvoir, les armes à la main, après la mort de Néron. La tentative de retour à l'ordre représentée par la dynastie des Flaviens (Vespasien et ses fils) s'était elle-même conclue par une tyrannie : celle du « Néron chauve », l'empereur Domitien.

Le IIe siècle, au contraire, avait vu miraculeusement se succéder à la tête de l'empire des personnalités d'exception : Trajan, Hadrien, Antonin, Marc Aurèle. Conquérant intrépide, Trajan (98-117) porte le monde romain à sa plus grande extension, avec l'annexion du royaume des Daces, la victoire sur les Parthes qui le conduit sur les traces d'Alexandre jusqu'aux contreforts du Caucase et aux rives du golfe Persique. « Souverain de la romanité » (Robert Turcan), Hadrien (117-138) conjugue la défense des frontières à la répression des troubles, la mise en valeur et la romanisation des provinces à une politique de grands travaux qui couronne de pierre l'édifice des siècles. Administrateur hors pair, Antonin (138-161) fait régner la justice et permet au monde méditerranéen de percevoir les dividendes de la paix romaine. Empereur philosophe, Marc Aurèle (161-180) réalise l'idéal de Platon en mettant la maîtrise de soi, la sagesse, au service du bien commun, faisant du prince un serviteur de l'*œcumene*, en même temps qu'un exemple d'humanité et de noblesse.

L'Italie est transformée en jardin d'agrément, les rivages de la Méditerranée et l'intérieur des terres conquises se couvrent d'une multitude de villes magnifiques ; les mers sont rendues à la navigation pacifique des navires marchands transportant leurs cargaisons de blé et d'huile. Partout, dit le rhéteur Aelius Aristide dans l'éloge de Rome qu'il prononce, l'été 144, « des gymnases, des fontaines, des temples, des ateliers, des écoles ». D'immenses routes sillonnent l'empire. Des aqueducs approvisionnent en eau les villes. Les classes dirigeantes assument spontanément le coût des constructions de temples, de basiliques, de thermes, de gymnases, de théâtres, le pavage des rues, le drainage des eaux, les cérémonies fastueuses qui célèbrent l'éternité de l'empire. Des fondations prennent en charge les enfants indigents tandis que la diffusion du stoïcisme conduit à la progressive amélioration du sort des esclaves.

Dans le même temps, l'État romain s'impose comme un mode d'organisation sociale qui intègre les conquérants et les peuples conquis dans une cohabitation respectueuse des particularismes (l'empire est, à bien des égards, une fédération de cités autonomes régies par leurs propres conseils : les curies), capable de susciter l'émergence et l'assimilation de nouvelles élites par l'octroi sélectif de la citoyenneté romaine.

Aux affranchis qui avaient avec l'empereur un lien de patronage personnel succède, à la tête de l'État, une bureaucratie équestre formant une noblesse cadette et suivant un cursus qui assure à ses représentants une relative indépendance dans l'exercice de leurs fonctions. Des hommes nouveaux venus de toutes les provinces renouvellent le personnel politique et s'élèvent jusqu'au faîte de l'administration.

« Deux aristocraties, l'une impériale, qui résidait à Rome, l'autre provinciale, qui résidait dans les villes secondaires, étaient préparées par la culture grecque, par la culture latine ou par les deux ensemble à gouverner l'empire avec sagesse, justice et magnificence, résume l'historien italien Guglielmo Ferrero. Les beaux-arts – sculpture, peinture, architecture – florissaient [...]. La philosophie et la littérature étaient cultivées avec zèle, quoique sans grande originalité, [...] dans les classes moyennes et les classes supérieures. Partout, même dans les petites villes, les écoles se multipliaient. [...] Apporter la justice au monde par un droit qui fût l'œuvre pure de la raison et de l'équité était devenu la mission du grand empire que tant de guerres avaient fondé : mission noble et élevée entre toutes celles que pouvait se proposer un État du monde ancien, et qui réalisait complètement la grande doctrine d'Aristote, d'après laquelle le but suprême de l'État n'est ni la richesse ni la puissance, mais la vertu. »

Ce siècle d'or ne se résume pourtant pas à l'image convenue d'une immobile plénitude. Car il fut bien aussi le théâtre d'une métamorphose sociale, religieuse, intellectuelle dont témoigne l'évolution de la statuaire qui formait l'essentiel de la décoration des rues, des demeures, des palais, des monuments publics. Sans doute celle-ci reste-t-elle dominée par les modèles offerts par la Grèce : des ateliers réalisent des copies des œuvres de Phidias ou de Polyclète. Et l'on trouve jusque dans les figures des sarcophages qui représentent les combats des Romains avec les Barbares des silhouettes tirées de tableaux grecs du IIIe ou du IIe siècle avant J.-C., tels ces Galates mourant qu'on dirait transposés des célèbres statues que conservent, à Rome, les musées du Capitole et le palais Altemps. Mais la transformation de la manière est manifeste.

« À la perfection formelle, plastique, des œuvres de l'époque d'Hadrien succède peu à peu un art moins exigeant sur les détails, mais plus porté sur l'émotion, le mouvement, la recherche du clair-obscur », souligne ainsi le grand archéologue Eugenio La Rocca.

Au naturalisme des portraits de Trajan, chefs-d'œuvre d'introspection psychologique, respirant la détermination, l'énergie, font place sous Antonin et Marc Aurèle des représentations qui tendent à l'abstraction, au symbolisme.

« Le portrait de Marc Aurèle est celui d'un dieu vivant : Jupiter, Sérapis ou Esculape, ou encore Mercure vieillissant, à une époque où se répand le culte d'Hermès Trismégiste. L'empereur apparaît moins comme un simple chef de guerre que comme le guide spirituel des habitants de l'empire. » Triomphant, en cuirasse, il incarne l'éternité de Rome et l'unité de l'empire. L'allure méditative, le regard tourné vers l'intérieur soulignent toutefois que son rôle est de se faire l'interprète de l'inspiration divine. L'exaltation de la valeur guerrière laisse place au portrait d'un prince aux yeux mi-clos, tempérant de gravité l'énergie. « Détaché du monde par la profondeur de la pensée, note Claudio Parisi Presicce, le conservateur des musées du Capitole, il préfigure en quelque sorte l'image qui sera celle du Christ des icônes. »

L'évolution est symptomatique de la transformation des mentalités romaines. La vieille religion, réduite à de pures pratiques cultuelles destinées à se concilier les faveurs des dieux, a cessé de combler les besoins spirituels, elle se révèle impuissante à répondre à la recherche d'un sens ultime à l'existence. Le siècle d'or est celui de la crise du polythéisme traditionnel, et de l'apparition des religions à mystères ; de l'attrait pour les cultes orientaux, seuls susceptibles d'expliquer le tragique de la condition humaine. Il est celui où commence à se répandre le christianisme.

Les recherches menées par l'historien français François Chausson ont eu raison d'une autre légende, essentielle à la constitution du mythe des Antonins ; l'idée selon laquelle la perfection atteinte, alors, par le gouvernement aurait tenu à ce qu'au principe héréditaire, qui avait prévalu depuis Auguste, se serait substituée la monarchie élective, chaque empereur choisissant, avant de mourir, d'adopter le meilleur pour l'empire, jusqu'à ce que la préférence malheureuse de Marc Aurèle pour son fils Commode fasse soudain sombrer le monde romain dans le chaos. Expliquant l'apothéose de la grandeur romaine par la réconciliation de l'empire avec la forme républicaine du gouvernement, elle avait certes de quoi satisfaire les historiens des Lumières. Il ne s'agissait en réalité que d'une illusion d'optique, née de la célébration par Pline (dans son *Panégyrique*) du choix du vieux Nerva, fondateur malgré lui de la nouvelle « dynastie », en faveur de Trajan, au lendemain de l'assassinat de Domitien. Car si le hasard a effectivement voulu que, jusqu'à l'empereur philosophe, aucun des souverains n'ait laissé à sa mort un fils vivant derrière lui, tous étaient liés en réalité par de complexes liens de famille. Hadrien était le petit-neveu de Trajan ; Antonin, le petit-fils d'un intime de Nerva ; Marc Aurèle, le fils de la demi-sœur d'Hadrien et le gendre d'Antonin.

L'association de Commode à l'empire (qui devait prendre, au fil des siècles, rang parmi les mythes littéraires tant elle paraissait invraisemblable : au point qu'on alla jusqu'à imaginer qu'elle avait été arrachée sous la contrainte à l'empereur agonisant par un fils parricide) n'eut rien, dans ces conditions, d'une aberration. Elle avait au contraire le caractère d'une évidence.

Mais la remise en cause la plus nécessaire est peut-être celle de l'idée que nous nous faisons de la paix romaine, que dément l'abondance des représentations guerrières. Sur les reliefs du forum de Trajan, le soldat romain et le Barbare vaincu font, de fait, une entrée tonitruante dans la statuaire. Absentes sous le principat d'Auguste, les scènes guerrières deviennent omniprésentes. Comme s'il fallait à tout prix rassurer le paisible habitant des grandes villes romaines. L'assurer que tout est sous contrôle. Auguste avait peuplé son forum de répliques des caryatides de l'Érechthéion d'Athènes ; Trajan fait surplomber le sien par une colonne monumentale qui illustre la soumission brutale des Daces. Sur celle qu'érige Commode à la gloire de son père, Marc Aurèle terrasse les Barbares comme Zeus avait eu raison des Géants.

Le phénomène témoigne d'une situation moins assurée que ne le laissent penser les discours des panégyristes et les envolées des rhéteurs. La République n'avait guère utilisé simultanément, pour la conquête du bassin méditerranéen, plus de neuf légions. On n'en compte pas moins de trente en opérations au IIe siècle, alors que les guerres sont devenues exceptionnelles. C'est que, face aux peuples germaniques qui se constituent peu à peu au-delà du Rhin et du Danube, la défense des immenses frontières représente désormais une charge surhumaine. L'empire des Antonins voit dès lors une augmentation exponentielle des dépenses militaires : de 650 à 700 millions de sesterces par an durant la première moitié du siècle, de 1 100 à 1 200 millions de sesterces durant la seconde (75 millions étant, par comparaison, consacrés à l'administration impériale, de 20 à 60 millions à des dépenses d'urbanisme), alors même qu'après l'annexion de la Dacie, les empereurs ont renoncé aux conquêtes qui avaient permis jusqu'alors aux Romains de financer leur domination par l'accumulation d'énormes butins.

« S'il semble effectif que le siècle a vu une augmentation du niveau d'urbanisation et du volume d'échanges commerciaux, remarque l'historien Marco Maiuro, cela a été essentiellement dû aux acquis de l'époque tardo-républicaine et du premier siècle du principat. Plus qu'un diamant entre deux périodes de crise, le siècle des Antonins a été l'époque où sont parvenus à maturation les fruits de la paix romaine, la pacification de la Méditerranée, l'unité monétaire, la diffusion du droit romain, celle du modèle de la vie urbaine, jusqu'aux contrées périphériques du monde romain. »

La remarque en dit long sur ce qu'est, ce que peut être, l'apogée d'une civilisation. Ce moment où elle paraît d'autant plus brillante qu'elle consomme les richesses épargnées, dans la contrainte et dans la peur du lendemain, par les générations précédentes. Où l'effort suspendu donne, un bref instant, le sentiment d'une plénitude enfin atteinte. Une halte au sommet, avant l'inévitable descente.

« Après le règne d'Antonin, souligne Eugenio La Rocca, le caractère écrasant des dépenses militaires va commencer à se faire sentir. On cesse de construire de grands bâtiments publics et on réemploie d'anciens édifices. La richesse déserte l'Italie. »

Sur les frontières du Rhin et du Danube, une guerre permanente oppose à partir du règne de Marc Aurèle les légions à des envahisseurs qui entendent profiter des fruits de la paix romaine sans en subir les disciplines. Trop étrangers à la vie urbaine, trop frustes pour se prêter à la romanisation de leur pays, ils sont aussi trop miséreux pour que leur assujettissement présente un intérêt économique, qu'il équilibre les frais que représenterait l'occupation de leurs terres. On les a donc laissés à l'anarchie et à la misère. Ils n'en connaissent pas moins les productions de la civilisation romaine, qui vont exercer sur eux une attraction irrésistible. Leur pression va dès lors astreindre les armées romaines, pour trois siècles, à une défensive où se consumeront les forces de l'empire.

Nourri depuis la Renaissance par l'étude des seules sources littéraires (*Le Panégyrique de Trajan*, l'*Histoire romaine* de Dion Cassius, les biographies de l'*Histoire Auguste*), rehaussé par l'opprobre jeté sur les Julio-Claudiens par les eaux-fortes des historiens contemporains de Trajan et d'Hadrien (Tacite et Suétone), entretenu par l'émerveillement suscité au contraire par les *Pensées pour moi-même* de Marc Aurèle, ses réflexions sur la vie et sur le pouvoir, la liberté intérieure et le devoir des gouvernants, le mythe du siècle d'or fait voir là, soudain, ses limites.

L'ÂME SEREINE

Platon en avait lancé l'avertissement : « À moins que les philosophes ne deviennent rois dans les cités ou bien que ceux qu'on appelle maintenant rois ou souverains ne deviennent authentiquement et effectivement philosophes et que s'unissent en une seule personne la puissance politique et la philosophie [...], il n'y aura aucun terme aux maux des cités ni même, mon cher Glaucon, à ceux de de la race humaine. » (*République,* V, 473, c12-d).

Les Romains en avaient longtemps jugé autrement. Cicéron estimait bien que l'étude de la philosophie était nécessaire à la formation morale des hommes d'État. Mais il avait nié que ceux qui en faisaient profession aient été pour quelque chose dans la grandeur du nom romain. Vespasien soupçonnait les philosophes de sympathies républicaines : il les avait bannis de Rome.

Les Antonins, qui avaient succédé aux Flaviens après l'assassinat de Domitien, virent tout le parti qu'ils pourraient tirer de leur soutien. Martyrs de la liberté, la plupart d'entre les philosophes restaient imprégnés de l'idéal aristotélicien qui faisait de la monarchie le meilleur des gouvernements. Nul n'imaginait certes que l'un d'entre eux fût jamais appelé à l'empire, mais l'on considérait désormais que leur discipline était de celles qui éviteraient à un prince de sombrer dans les errements d'un tyran.

Alors, Marc Aurèle vint, et parut s'accomplir le rêve de Platon. Un philosophe tenait, pour la première fois, les rênes de l'empire du monde. « Marc Antonin qui, pendant toute sa vie, cultiva la philosophie et surpassa tous les empereurs par sa droiture… », lit-on aux premières lignes de sa biographie dans l'*Histoire Auguste.* « Il donnait à l'étude presque tout son temps, écrit de son côté Dion Cassius. On dit que, même étant empereur, il ne rougissait pas de se rendre chez ses professeurs. » « Sous son règne, renchérit Aurelius Victor, les arts libéraux eurent un tel éclat que ce fut là, à mon avis, l'une des gloires de l'époque. » « C'était un homme si sage, si doux, si probe, si cultivé que, sur le point de se porter contre les Marcomans, [...] il était entouré d'une foule de philosophes qui l'adjuraient de ne point s'engager dans une expédition ou dans un combat avant de leur avoir éclairci les points difficiles et obscurs des doctrines philosophiques. »

Le paradoxe est qu'après un demi-siècle de paix romaine, l'essentiel du règne de cet empereur philosophe se passerait dans les camps.

Issu d'une famille de l'aristocratie provinciale (espagnole et gauloise), apparentée à celle de Trajan et d'Hadrien, il avait été, tout jeune, pressenti pour l'empire. En désignant pour lui succéder Antonin, Hadrien lui avait demandé d'adopter simultanément ce jeune homme grave, cultivé, réfléchi, que le goût des livres n'avait pas détourné des exercices physiques (il aimait la boxe, la lutte et les jeux de ballon, nous dit l'*Histoire Auguste* ; il chassait le sanglier en cuirasse). Marc Aurèle était alors âgé de 17 ans. Ce destin tout tracé ne l'avait pas détourné des études : au contraire. Associé très tôt par l'empereur aux devoirs de sa charge (il ne devait guère le quitter pendant les vingt-trois années de son règne), il avait reçu l'enseignement des meilleurs maîtres. Il le compléterait en puisant dans le trésor des bibliothèques impériales du Palatin. Converti au stoïcisme par la lecture d'Ariston, un disciple de Zénon, et par celle des *Entretiens* d'Épictète, il en avait retenu l'idée maîtresse que la philosophie ne consiste pas à enchaîner des arguments ni à accumuler des connaissances. Bien plutôt à façonner son âme pour la rendre capable de chercher ce qui rend juste, courageux et libre, et de considérer tout le reste comme des « indifférents ».

« En premier lieu, ne sois pas troublé, écrira-t-il un jour ; chaque chose est conforme à la nature du tout et, dans peu de temps, tu ne seras plus personne et nulle part, comme ne sont plus ni Hadrien ni Auguste. Ensuite, fixe ton regard sur ce que tu as à faire, et te faisant souvenir que tu as à être un homme de bien, et sachant ce que réclame la nature de l'être humain, fais-le sans te retourner, et de la manière qui t'apparaîtra comme la plus juste, mais aussi avec douceur, avec discrétion, sans jouer la comédie. »

Pénétré de l'idée que la vocation d'un prince était d'abord d'être un sage qui, en faisant régner la justice, la concorde, l'indulgence, ordonnerait le monde selon la Raison universelle et le ferait participer, par là, à l'ordre divin, il dut faire face, pendant les dix-neuf ans de son règne (161-180), à une guerre perpétuelle. Contre les Parthes, au-devant desquels il dut, envoyer, dès 162, son frère adoptif, Lucius Verus. Sur la frontière du Danube, où il guerroya lui-même pendant près de huit ans (168-175) pour empêcher les incursions des Quades, des Marcomans et des Sarmates qui menaçaient l'Italie tandis qu'une épidémie de peste décimait les rangs des armées romaines. En Orient (175), pour contrer une tentative d'usurpation de l'un de ses généraux, Avidius Cassius. Puis encore une seconde fois sur le front de Germanie (177-180), jusqu'à sa mort, sans doute de la peste.

Ce règne passé, pour l'essentiel, sur les frontières, n'a pas laissé, à Rome, beaucoup de traces. Les principales tiennent aux monuments qui avaient célébré ses victoires militaires. Une splendide statue équestre, placée par Michel-Ange au centre de la place du Capitole, onze reliefs rescapés d'un arc de triomphe aujourd'hui disparu, une colonne inspirée de celle de Trajan.

Des reliefs de l'arc célébrant la victoire de Marc Aurèle en 176, huit ont été réutilisés, au IVe siècle, pour décorer l'attique de l'arc de Constantin. La décadence de l'art figuratif, alors, était telle qu'on n'avait, dans l'urgence (l'arc fut bâti entre 313 et 315), pas trouvé d'autre solution (des médaillons seront empruntés, de même, à un monument à la gloire d'Hadrien ; deux plaques rectangulaires, placées sur les côtés, et huit statues de prisonniers daces datent quant à elles du règne de Trajan). Trois autres décorent magnifiquement, au Capitole, l'escalier du palais des Conservateurs. L'ensemble compose un superbe récit de la guerre victorieuse menée par Marc Aurèle contre les Germains.

Sur l'arc de Constantin, l'empereur prend congé de la déesse Rome, devant le temple de la Guerre, dont les portes sont ouvertes. Il harangue ses soldats (*adlocutio*), siège à son tribunal. Les Barbares se soumettent, et l'empereur accepte de leur donner un roi. Au Capitole, le prince reçoit, à cheval, la reddition d'un chef. Il célèbre, à Rome, sur son char, son triomphe, avant d'aller offrir aux dieux, en tant que grand pontife, un sacrifice d'action de grâces.

« Ces images, commente Pierre Grimal, ont un sens symbolique, plus peut-être qu'historique ou anecdotique. Elles recèlent une signification politique et comme une théologie du pouvoir impérial dans la mesure où elles distinguent et rendent sensible les trois grandes fonctions du prince qui font de lui, à la fois, le premier de la cité, l'intermédiaire entre les dieux et les hommes, et le maître absolu du peuple en armes. » (*Marc Aurèle,* Fayard, 1991).

Sur les reliefs où Marc Aurèle part ou revient de la guerre, il est placé au même niveau que ses soldats. Il est le compagnon d'armes qui partage leur condition et leurs peines. Lorsqu'il accomplit, pour l'armée, les cérémonies de la *lustratio,* il est pressé de toutes parts par les hommes en cuirasse. Quand il préside, à Rome, un sacrifice pour remercier les dieux de lui avoir obtenu la victoire, il est de même entouré par les sénateurs et les desservants. Sous le regard des dieux, il n'est que le premier de ses pairs. Lorsqu'il rend la justice, qu'il harangue ses troupes, qu'il reçoit des ambassadeurs, qu'il gracie l'ennemi suppliant, qu'il triomphe, il domine en revanche ses interlocuteurs : c'est que, revêtu de l'*imperium,* il incarne la *majestas* du peuple romain.

Barbu sur les reliefs du Capitole, Marc Aurèle est étonnamment glabre sur ceux de l'arc de Constantin. C'est qu'on a, ici, changé les têtes au IVe siècle pour les remplacer par celle de l'empereur chrétien. N'importe. « En fait, précise encore Grimal, ce que l'artiste a voulu, sur ces reliefs à la gloire de Marc Aurèle, c'est idéaliser celui-ci, immobiliser le prince victorieux dans le moment le plus haut de sa carrière, beaucoup plus que dans sa réalité humaine, et finalement, exalter l'empire. » Exécutés du vivant de l'empereur, à l'apogée du règne, ces panneaux de marbre reflétaient moins le désir d'immortaliser dans la pierre un épisode glorieux de ses campagnes que celui d'offrir de la personne impériale une image apaisée et sereine, celle du « dieu » intérieur qui échappe au vieillissement parce qu'il s'est dégagé du mensonge et des compromissions, qu'il se conforme à la Raison éternelle qui anime le monde : le *Logos.*

Ce prince maître de lui comme de l'univers, dont la sérénité est le reflet de son accord avec l'ordre secret du cosmos, c'est celui que représente aussi la monumentale statue équestre en bronze doré fondue, en 176, à l'occasion de son triomphe sur les Quades et les Marcomans. Installée en 1538 par Paul III au centre de la place du Capitole, elle a été transférée, en 2003, au cœur d'une nouvelle salle du palais des Conservateurs après avoir subi une importante restauration (elle a été remplacée par une réplique sur la place). Celle-ci a permis de découvrir qu'un Barbare à genoux se trouvait probablement sous la jambe antérieure droite du cheval. Marc Aurèle y porte la tunique courte et les chaussures d'un sénateur, le manteau militaire de général en chef, illustrant sa double condition de *princeps* et d'*imperator.*

« À tout moment, avait-il écrit dans l'une de ces *Pensées* griffonnées pour lui-même durant les longues années passées sur la ligne de front où il défendait les frontières de l'empire contre les Barbares, soucie-toi de faire ce que tu as sur les bras en Romain et en homme, avec une gravité minutieuse, sincère, avec tendresse, indépendance et justice, et donne congé à toutes les autres choses qui peuvent te passer par l'esprit. »

La colonne Aurélienne, qui commémore l'ultime victoire de l'empereur sur les Barbares, piazza Colonna, offre, avec ces représentations, un contraste frappant. À la sérénité a succédé l'inquiétude. Les rides marquées sur le front, la barbe en bataille, Marc Aurèle y apparaît vieilli par les épreuves. Aux scènes de clémence ont succédé les décapitations des ennemis vaincus. C'est que, réalisée après la mort de l'empereur, sous le règne de Commode (180-192), la colonne ne répond plus au projet jovien de manifester le règne universel de la magnanimité et de la justice. Bien plutôt à celui d'afficher le culte herculéen de la force dont témoignera, bientôt, l'incroyable portrait de Commode en Hercule que conserve le musée du Capitole.

Copiée sur le modèle de la colonne Trajane (hautes de 100 pieds romains – près de 30 mètres –, elles sont l'une et l'autre ornées d'une frise en spirale qui s'enroule sur des fûts de marbre de Carrare, évidés pour y aménager un escalier ; elles représentent toutes deux une campagne militaire qui commence par la traversée d'un fleuve), la colonne Aurélienne témoigne aussi des malheurs du temps. La guerre a compromis la prospérité. L'Italie a été dépeuplée par la peste. Les armes romaines ne se sont plus employées à conquérir, comme sous Trajan, une province nouvelle, elles sont désormais sur la défensive. L'angoisse est perceptible dans le recours au pathétique (avec l'image d'une femme barbare serrant contre son sein un jeune enfant), le surpeuplement des figures, le désordre de la chronologie, les reliefs plus marqués que sur la colonne Trajane (on utilise dorénavant des trépans pour accentuer les détails et creuser les chevelures et les barbes), les contorsions anguleuses des Barbares, la répétitivité des massacres, substitués aux mille et une scènes de la vie quotidienne aux armées. Significative est l'apparition, surtout, de motifs fantastiques, la montée de la superstition dont témoigne la représentation du miracle de la pluie (une averse miraculeuse aurait, à la prière de l'empereur, désaltéré une légion qui mourrait de soif, en même temps qu'elle aurait jeté la confusion dans les lignes de l'adversaire) sous l'égide d'un Jupiter tonnant.

Cette inquiétude religieuse, on en trouve partout la trace en cette fin du IIe siècle : jusque dans la reprise des thèmes les plus traditionnels de la statuaire romaine. Elle se lit, dans les salles splendides du palais Massimo alle Terme, dans les portraits de cour des empereurs Marc Aurèle et Commode ; dans les regards écarquillés, mélancoliques, tendus vers un monde invisible dont on désespère désormais de déchiffrer l'énigme par le seul recours à la Raison. Confronté aux destins contraires, aux soubresauts d'une histoire qui a cessé d'être rassurante, le monde a, semble-t-il, perdu sa plénitude. Il attend dans l'appréhension la religion nouvelle qui lui permettra de trouver une signification à l'existence.

RENAISSANCE TARDIVE

L'unité religieuse avait été au cœur de la constitution de la cité antique, cette première expérience d'unité politique obtenue en dehors de la soumission à un maître. Elle avait contribué à faire de l'amitié, selon le vœu d'Aristote, le fondement de la vie sociale. C'est parce que les hommes avaient les mêmes dieux, note Fustel de Coulanges, qu'ils avaient pu dépasser le stade de la tribu fondée sur les seuls liens du sang pour se réunir en un corps visant au bien commun.

Sans doute la constitution d'empires multiethniques avait-elle dû s'accommoder d'un certain pluralisme. Esprits éminemment pratiques, les Romains se satisfaisaient de la coexistence des religions des peuples qu'ils s'étaient assujettis. Il leur suffisait qu'ils invoquent leurs dieux pour la conservation de l'empire. Qu'ils pratiquent le culte impérial pour manifester leur loyalisme. À l'instar de toutes les religions antiques, la religion romaine obéissait au principe de réciprocité. On redoutait les puissances invisibles qui se manifestaient par la foudre, les tremblements de terre, les tempêtes, les maladies, les défaites militaires. On leur avait donné le nom de dieux. Le culte visait à s'assurer de leur bienveillance afin de conjurer les malheurs publics et de garantir leur protection à la patrie. Il ne répondait guère à des préoccupations spirituelles. César était grand pontife : il lui arriva de nier l'immortalité de l'âme devant le sénat. Il ne se serait pas permis de renoncer à l'accomplissement des rites prescrits. *Do ut des* : je te donne pour que tu me donnes. La religion faisait partie de la politique. Son objet était de garantir la *pax deorum* – la paix avec les dieux –, et la faveur qui avait valu aux Romains leur empire.

C'est ce qui explique l'intolérance dont firent si longtemps l'objet les chrétiens. Nul ne leur reprochait de croire, s'ils y tenaient, à la Résurrection du Christ. Mais leur refus des prières et des sacrifices publics en l'honneur des divinités protectrices des nations dont ils étaient eux-mêmes issus, leur exclusivisme en faveur d'un Dieu qu'ils s'obstinaient à proclamer unique, apparaissaient comme inciviques dans la mesure où ils risquaient d'attirer sur la cité la colère divine. Séismes, invasions, famines, épidémies en étaient les manifestations. Ils abondèrent au IIIe siècle, au fur et à mesure que se propageait la foi nouvelle. Il n'était pas rare qu'ils provoquent, contre les chrétiens, des pogroms, quand les autorités ne prenaient pas elles-mêmes l'initiative de la répression. Au tournant du IVe siècle, les tétrarques généralisèrent la persécution pour éradiquer la superstition qui avait mis, ainsi, l'empire en péril.

C'est dire si la lettre signée en 313 par Constantin et Licinius, passée à la postérité comme l'édit de Milan, a représenté une révolution. Elle a 1 700 ans, elle reste décisive parce qu'elle constitue la première tentative de concilier l'unité morale, affective, intellectuelle sans laquelle l'unité politique est une coquille vide, un pseudo-contrat conclu entre enfants trouvés destinés à mourir célibataires, avec la liberté propre à l'acte de foi.

« Nous avons résolu d'accorder aux chrétiens et à tous les autres la liberté de pratiquer la religion qu'ils préfèrent, afin que la divinité, qui réside dans le ciel, soit propice et favorable, aussi bien à nous qu'à tous ceux qui vivent sous notre domination. Il nous a paru que c'était un système très bon et très raisonnable de ne refuser à aucun de nos sujets, qu'il soit chrétien ou qu'il appartienne à un autre culte, le droit de suivre la religion qui lui convient le mieux. [...] Il est digne du siècle où nous vivons, il convient à la tranquillité dont jouit l'empire, que la liberté soit complète pour tous nos sujets d'adorer le dieu qu'ils ont choisi, et qu'aucun culte ne soit privé des honneurs qui lui sont dus. »

Au contraire de ce qu'aurait pu laisser craindre la violence des persécutions dont les chrétiens avaient été, avant son règne, les victimes, la conversion de Constantin ne donna pas, ainsi, le signal d'une revanche chrétienne susceptible de miner l'unité romaine. Elle étendit la liberté de culte à tous. « Constantin, remarque Paul Veyne, ne prétendait pas, ne prétendra jamais, et ses successeurs pas davantage, imposer de force sa nouvelle foi à ses sujets. »

Il serait faux pourtant de faire de lui le précurseur de la laïcité moderne. À un empire déchiré par un siècle de troubles et d'anarchie, il se proposait au contraire de donner, avec le christianisme, un principe qui fut le garant de son unité spirituelle. Mais il savait aussi que dans une société acquise à la religion de ses ancêtres, il eût été vain de prétendre imposer par la contrainte la foi chrétienne. « Mon premier désir, écrit-il, a été d'unifier l'attitude envers la divinité de toutes les nations, mon deuxième de restaurer et de soigner le corps de l'État, qui avait été gravement blessé. » Le génie de Constantin, ce qui lui donne sa place dans l'histoire universelle, est d'avoir tenu les deux bouts de la chaîne.

L'ensemble de ses décisions furent dictées par le vœu de préparer au monde romain un avenir chrétien, et il ne manqua guère, jusque dans ses documents officiels, de répéter que le paganisme lui apparaissait comme une superstition ; il donna à l'Église de nombreux privilèges, s'inspira de ses enseignements dans sa législation. Il jetait, par là, les fondements de la civilisation chrétienne. Pour autant, « malgré son profond désir de voir ses sujets devenir tous chrétiens, il ne s'attellera pas à la tâche impossible de les convertir. Il ne persécutera pas les païens, ne leur ôtera pas la parole, ne les défavorisera pas dans leur carrière » (Veyne). On détruisit les livres que Porphyre avait consacrés à la réfutation du christianisme, on frappa d'interdit l'oracle d'Apollon qui avait recommandé la persécution des chrétiens, on proscrivit l'activité des magiciens. L'Église se vit reconnaître immunités et avantages fiscaux ou judiciaires. On dressa un inventaire des biens des temples (331) et certains d'entre eux furent vidés de leurs trésors et de leurs ornements pour renflouer le Trésor public. S'il s'abstint de célébrer en 313 les jeux séculaires, Constantin conserva cependant le titre de grand pontife, il fit restaurer les temples de Rome qui menaçaient ruine ; il nomma de nombreux païens aux plus hautes fonctions, et laissa le sénat appointer les prêtres païens et subventionner les cultes publics qui furent célébrés jusqu'à la fin du siècle. Et s'il se mêla de questions religieuses, ce fut pour sévir, non contre les païens, mais contre les hérétiques qu'avaient condamnés les conciles, et qui remettaient en question l'unité de l'Église dont il s'était fait le champion. C'est qu'il ne poursuivait pas la conversion comme un « système ». Qu'il entendait prendre en compte avec pragmatisme le réel.

Païens et chrétiens cohabitèrent pacifiquement dans les curies, au sénat de Rome et jusque dans l'entourage immédiat du souverain. Les uns et les autres se référaient à la « Providence divine » par un artifice sémantique qui gommait les divergences de fond. Les panégyristes étaient quelquefois d'authentiques païens qui paraissent n'avoir éprouvé aucune gêne à invoquer l'appui que la « divinité suprême » avait apporté aux armes de leur maître. Sans doute se désolaient-ils en privé des progrès que son soutien faisait faire à la religion chrétienne. Ils ne pouvaient manquer de constater qu'à un siècle de troubles, de divisions, de crise, l'empire chrétien avait fait succéder, de manière inattendue, une renaissance spectaculaire.

DEVANT L'ABÎME

« Au point où nous nous trouvons, il n'y a plus de place pour l'insouciance, il n'y a plus de route ouverte. Maintenant, l'abîme est partout sous nos pas. » Nous sommes en août 399 et le jeune ambassadeur de Cyrène vient d'être introduit devant l'empereur d'Orient. Il a 29 ans. Il s'appelle Synésios. Sa famille remonte à Eurysthène, un descendant d'Hercule venu, avec les Doriens, s'établir à Sparte au XIe siècle avant J.-C. Elle est l'une des plus influentes de la noblesse curiale de la Pentapole, la province constituée par les cinq villes grecques de Cyrène, Ptolémaïs, Apollonie, Arsinoé et Bérénice, sur la côte libyenne. Il a étudié la philosophie à Alexandrie à l'école d'Hypatie. Il y a contracté un ardent amour de la pensée platonicienne, que ne remettront en question, bien plus tard, ni sa conversion au christianisme ni son élection comme évêque de Ptolémaïs. En 405, devant l'incurie des troupes impériales, il prendra lui-même la tête de milices d'autodéfense pour renvoyer des troupes de pillards à leur désert. Il est venu à Constantinople pour solliciter de l'empereur, au nom du sénat de Cyrène, un allégement des charges fiscales écrasantes qui achèvent d'asphyxier une province dévastée par une série de tremblements de terre et une invasion de sauterelles. Le protocole prévoit qu'après avoir offert à Arcadius une couronne d'or, il fasse précéder sa demande d'un compliment où s'exprime la subtilité de sa rhétorique, l'étendue de ses connaissances. L'occasion est unique. Synésios saura la saisir pour appeler à une réforme intellectuelle et morale de l'empire qui préfigure à plus d'un titre celle que proposeront, en France,

Taine et Renan au lendemain de la défaite de 1870. Appuyé par Aurélien, le chef du parti antigermanique qui vient de succéder à l'eunuque Eutrope à la direction des affaires, il va en faire un réquisitoire contre l'infiltration des Barbares dans l'Empire romain.

Depuis la fin du IIe siècle, et les guerres marcomaniques de Marc Aurèle, Rome et le *Barbaricum* ont cessé d'être deux mondes étrangers l'un à l'autre. Le IIIe siècle a été ponctué par une succession d'incursions dévastatrices de bandes germaniques sur le sol de l'empire. Les empereurs n'en ont eu raison qu'en passant avec d'autres Barbares des alliances qui ont fait de certains d'entre eux des auxiliaires de l'armée romaine. Les périodes d'anarchie ont en outre laissé, longtemps, les frontières ouvertes. Des Germains en ont profité pour s'installer sur des terres désertes. D'autres ont été vendus aux Romains comme esclaves. Les victoires elles-mêmes se sont traduites par l'implantation de milliers de prisonniers vaincus sur le territoire romain. Le retour à l'ordre du IVe siècle n'a pas mis un terme à l'immigration pacifique de Barbares à la recherche des bienfaits de la paix romaine. Les gouvernements successifs ont laissé faire, soucieux de combler les creux de la démographie, de disposer d'une main-d'œuvre à bas prix, de repeupler les provinces frontalières. Engagés en masse dans l'armée romaine, que fuyaient les pacifiques habitants de l'empire – déshabitués depuis des siècles aux disciplines de la guerre –, les Barbares ont gravi tous les grades de la hiérarchie militaire, jusqu'à occuper le plus grand nombre des postes de commandement. Pis encore : en 382, au lendemain de la destruction de l'armée romaine par les Goths qui, d'abord accueillis comme réfugiés dans l'empire, avaient bientôt brandi l'étendard de la révolte, Théodose n'a eu, pour la première fois, d'autre choix que d'accepter l'installation d'un peuple en armes en Thrace, sans que les rebelles aient été préalablement vaincus ; sans que soient disloquées leurs solidarités tribales ; sans que leur soit imposé le moule de la vie civique, par quoi Rome avait assuré, jusqu'alors, la romanisation des peuples qu'elle avait vaincus.

Moins de vingt ans plus tard, la cour de Constantinople peut continuer à donner les sublimes apparences d'un pouvoir indiscuté, indiscutable, l'empereur siéger sur son trône sous les acclamations rituelles, dans le chatoiement de la poudre d'or que l'on répand jusque sous ses pas : il n'est plus à la tête que d'un État instable, d'un empire en sursis. Il affecte certes de tenir les Barbares qui campent à ses portes pour des auxiliaires, de même qu'il considère ceux qui commandent son armée comme des citoyens romains à part entière. Il vit en réalité sous la menace de leur retournement.

C'est cette illusion mortifère que dissipe, soudain, Synésios.

« Seul un téméraire ou un songe-creux, s'écrie-t-il, peut voir parmi nous en armes une jeunesse nombreuse, élevée autrement que la nôtre et régie par ses propres mœurs, sans être saisi de crainte. Nous devons, en effet, ou bien faire un acte de foi dans la sagesse de tous ces gens, ou bien savoir que le rocher de Tantale n'est plus suspendu que par un fil au-dessus de nos têtes. Car ils vont nous assaillir aussitôt qu'ils penseront que le succès est promis à leur entreprise. À dire vrai, les premières hostilités sont déjà engagées. Une certaine effervescence se manifeste, çà et là, dans l'empire, comme dans un organisme mis en présence d'éléments étrangers, rebelles à l'assimilation qui en assure l'équilibre physique. »

Croire que l'on pourra longtemps tolérer la présence de communautés étrangères rétives à toute romanisation et fidèles aux traditions guerrières de la vie tribale, l'encourager sous prétexte qu'elle nous assure de rassurantes victoires sur d'autres adversaires, sans voir qu'il est inévitable que cela se traduise, un jour prochain, par l'asservissement des populations autochtones, c'est, dit-il, faire preuve d'un aveuglement inexcusable. Car c'est une loi immémoriale de la nature qui veut que la race qui détient les armes ne se laisse pas éternellement conduire par un peuple désarmé. Il faut donc, sans plus tarder, constituer une armée nationale en mobilisant les citoyens romains en âge de porter les armes dans les villes et les campagnes. Chasser les étrangers des postes de commandement, leur interdire l'accès à la dignité sénatoriale.

Devant l'abîme, Synésios ne croit pas raisonnable de s'en remettre au loyalisme des nouveaux venus. Nomades par nature, ils profitent de l'hospitalité romaine sans éprouver aucun sentiment de reconnaissance à l'égard de ceux qui les ont accueillis. Ils se renouvellent en revanche par l'afflux permanent de nouveaux arrivants. Mais ce qui lui paraît le plus fou, et le plus lourd de conséquences, est qu'ils forment, par le fait de l'immigration, le gros de la population des esclaves en même temps qu'ils constituent, par le jeu des traités, l'essentiel des effectifs des armées romaines, et qu'ils occupent, par la faveur des princes, des places qui font d'eux les maîtres de l'État. Synésios annonce dès lors le jour où l'ambition de leurs chefs et la soif de pillage de leurs soudards trouveront un précieux renfort dans les masses serviles installées sur tout le sol de l'empire.

Ce qui frappe, à le lire, c'est la lucidité avec laquelle Synésios avait compris comment le caractère pacifique de l'immigration barbare ne la rendait pas moins redoutable au nom romain ; comment, pulvérisant les prudentes procédures d'assimilation qui avaient, jusqu'alors, assuré la romanisation des peuples de l'empire, la logique du nombre et le rapport des forces l'avaient irrésistiblement muée en invasion, quelque innocentes que puissent être les motivations des immigrants : « Ce n'est pas avec des intentions hostiles qu'ils sont venus chez nous, reconnaît-il, mais bien en suppliants, au cours d'une nouvelle émigration. Et dans la douceur de notre accueil, ils n'eurent pas affaire avec les armes de Rome ; nos dispositions furent celles qu'il convient d'adopter à l'égard de suppliants. Mais cette race grossière nous rendit ce qu'on était en droit d'en attendre : elle s'enhardit et n'eut pour notre bienveillance qu'ingratitude. »

Les Romains, en les accueillant, avaient pu croire qu'ils faisaient preuve de grandeur d'âme ; eux n'y avaient vu qu'un aveu de faiblesse, tandis que leurs congénères restés dans le *Barbaricum* y lisaient un encouragement à venir les rejoindre à leur tour : « Dès ce premier instant, jusqu'à l'heure présente, ils nous ont jugés ridicules, conscients tout à la fois de ce qu'ils avaient mérité et des mérites que nous leur avions reconnus. Le bruit s'en est répandu chez leurs voisins, les engageant à venir chez nous. Et voici qu'accourent à cheval d'autres archers étrangers. Débonnaires comme nous sommes, ils font appel à notre amitié en vertu de ce précédent détestable et nous en arrivons, ce me semble, dans notre misère, à ce que le bon peuple appelle *"la persuasion contrainte"*. »

L'histoire de la chute de l'Empire romain est l'une des plus fascinantes qui soient parce que chaque époque s'est demandé si elle ne pourrait pas un jour devenir la sienne. La nôtre n'y fait pas exception.

L'INVENTION ~ DE L'OCCIDENT ~

GESTA DEI PER FRANCOS

C'est l'un des événements fondateurs de notre histoire ; il y a pourtant en lui une part de mystère qui nous restera toujours inaccessible. Pendant la nuit de Noël, durant les dernières années du Ve siècle (la tradition a retenu la date de 496, mais ce put aussi bien être en 498 ; plus tard encore, peut-être), le roi Clovis s'est fait baptiser par saint Remi à Reims, en compagnie de 3 000 guerriers francs.

Avait-il été converti par l'invocation du Dieu de Clotilde, et la victoire que lui avait procurée son intercession à Tolbiac, comme l'a prétendu Grégoire de Tours ? On n'est pas très certain des dates de la bataille. Une lettre de Théodoric, recueillie par Cassiodore, fait allusion à une récente victoire du roi franc, qui aurait vu périr devant Tolbiac le roi des Alamans. Elle est de 506 ou 507. Et l'histoire de la conversion du roi mérovingien a visiblement été recomposée par l'historien des Francs pour l'assimiler à celle de Constantin au pont Milvius, remodeler a posteriori son image afin de la faire correspondre aux aspirations des élites gallo-romaines.

On sait que Clovis avait été dûment catéchisé par l'illustre évêque de Reims. On ignore, et on ignorera toujours, si sa conversion fut sincère. Il fit certes assassiner, devenu chrétien, un nombre impressionnant de ses rivaux, parents ou concurrents. Pas plus pourtant que ne l'avaient fait, avant lui, certains empereurs romains dont tout montre par ailleurs le christianisme fervent.

On a contesté que son baptême pût légitimement être tenu pour celui de la France. Souligné ce que l'idée d'une nation française pouvait avoir d'anachronique au Ve siècle. Rappelé que nombre de chefs et de rois barbares étaient, bien avant lui, chrétiens.

C'est passer à côté de la véritable signification de l'événement. Car ce qui donne au baptême de Clovis sa portée décisive, c'est qu'instruit par Remi des mystères chrétiens, il embrassa la foi nicéenne, à la différence des autres chefs barbares, qui a l'instar des Goths, avaient, au IVe siècle, adopté le christianisme sous la forme de l'hérésie arienne. En faisant pleinement sien le dogme trinitaire, il avait opté au contraire pour la foi qui était celle de la majorité des habitants de la Gaule romaine, évangélisée depuis plus d'un siècle ; celle des élites de l'aristocratie gallo-romaine, passées en masse dans l'épiscopat lors de l'effondrement des structures politiques de l'Empire romain d'Occident, et dont saint Remi était l'un des plus insignes représentants ; celle des Gaulois qui subissaient, au sud, la domination de rois ariens, dans les royaumes wisigoth et burgonde. « Votre foi, écrira saint Avit, l'évêque de Vienne, en Burgondie, est notre victoire. »

Clovis ne fut certes pas le Barbare profondément romanisé qu'abusé par le titre de consul, la chlamyde de pourpre, le diadème que lui conféra l'empereur Anastase, au lendemain de sa victoire sur les Wisigoths à Vouillé, on a parfois complaisamment décrit. Les Francs avaient été, autant que les autres peuplades germaniques, des envahisseurs de l'Empire romain avant de devenir ses auxiliaires. Ils avaient ravagé la Gaule et l'Espagne au IIIe siècle. Ils avaient été vaincus par Maximien, par Constance Chlore et par Julien avant d'être installés au IVe siècle sur le cours de l'Escaut. Clovis avait agencé les funérailles de son père, Childéric, comme celles d'un roi barbare, sur un modèle inspiré des coutumes des Huns. On avait enterré, autour de sa tombe, des chevaux pour lui permettre de continuer, au Walhalla, ses guerres et ses conquêtes. Lui-même avait, aussitôt devenu roi, conforté son pouvoir en se retournant contre Syagrius, qui commandait, entre la Seine et la Somme, une principauté romaine, et au père duquel Childéric avait dû son commandement. Il mit fin en 486 à ce dernier surgeon de l'empire d'Occident et fit égorger l'ultime représentant du pouvoir légitime quand il tomba entre ses mains.

S'il arbora les insignes d'un magistrat romain, ce fut pour éblouir les populations et asseoir sa domination sur les multiples chefs barbares qui renâclaient à reconnaître sa prééminence. Jamais, au moins jusqu'au concile d'Orléans, en 511, à la toute fin de son règne, il ne se comporta autrement que comme un chef tribal imposant son pouvoir par la force, les assassinats, la corruption. Jamais lui ni ses hommes ne se considérèrent sérieusement comme des fonctionnaires romains. Il tint le royaume qu'il s'était constitué par ses conquêtes comme son patrimoine personnel, au contraire, et ses fils ne trouvèrent rien de plus naturel que de le partager, à sa mort, sans respecter la continuité territoriale qui aurait pu donner quelque consistance à leurs nouveaux royaumes, sur le seul fondement des ressources fiscales qu'ils entendaient s'accaparer comme leurs biens propres. Ils se firent mutuellement la guerre chaque fois qu'ils en eurent l'occasion, sans nul souci du bien commun. Austrasie, Neustrie, Burgondie, Aquitaine : les principautés issues de leurs partages étaient par nature instables. Les cités passaient d'un roi à un autre, au fil des successions, détruisant l'équilibre du pouvoir dans les élites locales. Le système incitait à mener une guerre perpétuelle pour s'emparer du trésor d'un neveu ou d'un frère, suscitant les retournements d'alliance, les complots, les vengeances poursuivies, selon la coutume germanique, pendant plusieurs générations. Jamais il ne permit l'installation d'un concert de nations susceptible de maintenir une paix durable, de faire renaître la prospérité et de voir s'épanouir à nouveau la civilisation urbaine.

La conversion de Clovis n'en allait pas moins avoir des conséquences qui iraient au-delà même de ses propres intentions. L'adoption de la foi catholique avait fait du roi franc un allié de revers pour l'empereur Anastase, dans sa tentative de reprendre le contrôle de l'Italie occupée par Théodoric et ses Ostrogoths ariens. Elle lui valut d'être consacré par les autorités de Constantinople comme le continuateur de l'Empire romain d'Occident. Elle conduisit naturellement les populations gallo-romaines des royaumes wisigoth et burgonde à le considérer comme un libérateur des souverains hérétiques qui s'étaient faits, plus d'une fois, leurs persécuteurs. Il eut soin, de fait, de présenter sa campagne contre Alaric II et les Wisigoths comme une croisade placée sous le patronage de saint Martin.

Le prestige que lui avait valu son baptême avait conduit, dès avant l'invasion du royaume de Toulouse, le roi wisigoth, inquiet de l'attraction qu'exerçait sur ses propres sujets nicéens le roi franc, à leur lâcher du lest, en publiant ce *Bréviaire d'Alaric* qui reprenait à destination des Gallo-Romains les dispositions du code théodosien. Étendu par Clovis à tout son royaume, il assurerait la survie, en Gaule, pour des siècles, du droit romain, et contaminerait jusqu'aux dispositions, couchées par écrit au VIe siècle, de la loi salique elle-même.

La commune adhésion au dogme trinitaire jetterait, dans le même temps, pour l'avenir, les bases d'une collaboration entre souverains et représentants de l'épiscopat gallo-romain auxquels la plupart d'entre eux ne cesseraient, en dépit des traverses, de reconnaître une autorité morale qui leur permettrait de maintenir le flambeau de la civilisation romaine dans des siècles de fer. Consacrées par le concile d'Orléans, les règles présidant, dans toute la Gaule, à la répartition des pouvoirs civils et religieux se révéleraient comme un facteur d'unité lorsque le royaume de Clovis aurait été disloqué par ses descendants.

Au contraire de ce qui se passerait dans l'Espagne wisigothique (jusqu'à la conversion du roi Reccared à la foi nicéenne, à la fin du VIe siècle), dans l'Italie des Ostrogoths et des Lombards, dans l'Afrique vandale, la communauté de religion des envahisseurs et des autochtones susciterait, surtout, la rapide fusion, par mariage, des populations de la Gaule. Par quoi elle préparerait, de fait, en dépit de l'émiettement auquel la disparition de l'empire avait condamné son territoire, la naissance de la France comme communauté de destin.

Le dire, le reconnaître, ne peut conduire, pour autant, à nier l'évidence de la régression mérovingienne. La Renaissance et les Lumières ont certes enveloppé le Moyen Âge dans un mépris qui faisait l'impasse sur les merveilles qu'a suscitées, de la renaissance carolingienne à l'Europe romane, et jusqu'au blanc manteau des cathédrales, la civilisation chrétienne. Aveuglée par l'imagerie de la Rome persécutrice des trois premiers siècles, l'école contre-révolutionnaire en est, par réaction, venue non moins injustement à considérer l'avènement du Moyen Âge comme une conséquence bienvenue de la chute de l'Empire romain d'Occident. À célébrer le baptême de Clovis comme une aurore. Elle a été, plus récemment, rejointe par ceux qui, dans le sillage de Lévi-Strauss, récusent l'idée de hiérarchiser les civilisations, et proclament qu'aucune raison objective ne permet de préférer l'ordre romain à l'anarchie mérovingienne ; contestent le fait même qu'il y ait eu des invasions barbares et qu'elles se soient traduites par une catastrophe. Les héritiers de l'école des Annales donnent ainsi paradoxalement la main aux adeptes du roman national chrétien dans un commun rejet de l'idée que le Ve siècle ait été le théâtre d'un effondrement.

C'est négliger ici le fait que l'empire ait été, durant deux siècles, chrétien, et que l'Antiquité tardive ait assisté au mariage du christianisme et de la romanité, qui n'avait pas donné tous ses fruits encore lorsque fut disloqué le monde romain. Jeter là un voile pudique sur la régression suscitée par les invasions germaniques et parer les temps obscurs qui ont suivi la disparition des structures politiques de l'empire d'Occident des prestiges d'une renaissance qui se fit attendre en réalité pendant plusieurs siècles. Ce ne sont pas les Barbares qui ont fait naître la civilisation chrétienne. Ils se sont contentés d'en rendre aléatoire la transmission en apportant avec eux le chaos politique, la misère, l'état de guerre permanente.

Le baptême de Clovis n'en est pas pour autant dépourvu, pour nous, de signification. À l'image de tout baptême, qui ne communique la grâce que comme une puissance, sans garantir la sainteté de ceux à qui on le confère, il lui fallut du temps pour développer ses conséquences. Il n'a pas fait naître aussitôt la France, non plus qu'il n'a instantanément provoqué l'émergence de la chrétienté médiévale. Il reste l'événement qui, assurant l'alliance de la monarchie franque avec les élites gallo-romaines, la survie du droit romain, l'assimilation progressive des guerriers barbares dans le moule brisé du monde romain, a permis à l'Église de se saisir du témoin et de sauver, pour l'avenir, l'essentiel. Une flamme palpitant au cœur d'une nuit d'encre, dans l'attente d'un jour lointain.

Les cavaliers de l'Apocalypse

Ils avaient paru, longtemps, condamnés à rester en dehors de l'histoire. Les Arabes étaient des marchands, des chameliers, des pillards qui ne s'aventuraient guère au-delà de leur désert de sable. Ils avaient été parfois supplétifs des armées romaines et des armées perses. Voués à jouer, dans le grand affrontement qui dressait l'un contre l'autre les empires, le rôle de figurants. Mahomet n'avait été lui-même, d'abord, qu'un modeste chef de bande dirigeant les razzias des Bédouins de Médine sur les caravanes des riches commerçants mecquois. Il faudrait attendre 630, après sa conquête de La Mecque, pour le voir brièvement tester les défenses d'un poste-frontière byzantin.

Trois ans plus tard, après avoir imposé son hégémonie au sud-ouest de la péninsule arabique, son successeur Abu Bakr parviendrait à vaincre les Lakhmides, une tribu arabe chrétienne qui tenait, au nord-est, les confins de l'Empire sassanide. Un an encore, et il soumettrait les cités perses de la vallée de l'Euphrate, avant de se retourner vers la Syrie et la Palestine byzantines. Dès 635, les troupes d'Omar, son successeur, seraient à Damas. Brièvement reprise par l'empereur Héraclius, la ville deviendrait, après la défaite décisive des armées byzantines sur les bords du fleuve Yarmouk, le 20 août 636, la base de départ de la conquête arabe de tout le Proche-Orient : Ctésiphon (636), Alep (637), Jérusalem (638) se rendraient tour à tour sans combattre. L'Égypte tomberait au terme d'une unique bataille avec les troupes byzantines (640), en dépit de la résistance d'Alexandrie, prise et dévastée en 642. L'Empire perse serait démantelé en trois ans.

Cette conquête fulgurante stupéfia les populations. Elle leur donna le sentiment de voir s'accomplir les prophéties de l'Apocalypse. Elle avait été menée par une armée de quelque 50 000 Bédouins. Elle s'était nourrie du pillage des villes où s'étaient accumulées, depuis des siècles, les richesses des prestigieuses civilisations nées depuis plus de trois millénaires dans la région. Elle avait été rendue possible par l'affaiblissement des deux empires, au terme de leur interminable affrontement. Le réveil des ambitions perses avait conduit les Sassanides, au début du VIIe siècle, en Syrie (613), en Palestine (614), en Égypte (619) et jusqu'aux portes de Constantinople (626) au moment même où l'Empire byzantin devait faire face, au nord, à l'invasion des Slaves et des Avars dans les Balkans. Les campagnes victorieuses d'Arménie et de Mésopotamie, qui avaient permis à l'empereur Héraclius de recouvrer l'essentiel de ses territoires et d'obtenir même la déposition et l'exécution du roi Khosrô II, avaient laissé les deux adversaires épuisés par la lutte.

Les querelles de palais avaient affaibli, plus d'une fois, les capacités de défense des empires. Les affrontements religieux avaient divisé leurs populations. En Syrie, en Égypte, les minorités chrétiennes persécutées par les autorités byzantines au nom de la défense de l'orthodoxie du moment avaient souvent considéré l'arrivée des Arabes comme une libération. Ils leur avaient, plus d'une fois, ouvert les portes sans opposer de résistance. Cela leur avait valu d'obtenir le statut de *dhimmi* qui pouvait avoir un caractère infamant, mais qui garantissait au moins la sécurité de leur personne et de leurs biens, contre le versement d'un impôt ; laissait à leurs évêques le soin de leur administration. Les conquérants vivaient, de préférence aux villes conquises, dans les campements de toile où ils avaient regroupé leur butin. Nul n'imaginait qu'ils imposeraient un jour aux autochtones leur religion.

Méditant sur l'accueil polémique rencontré, dans un monde universitaire acquis, depuis trois décennies, à une vision quelque peu irénique des invasions barbares, par la publication de son livre, *The Fall of Rome and the End of Civilization*, Bryan Ward-Perkins s'est livré, dans un article du *Figaro Histoire,* à une utile comparaison entre les conséquences des invasions germaniques en Occident et celles de la conquête arabe au Proche-Orient.

Sur le plan matériel, souligne-t-il, l'archéologie témoigne de ce que les conséquences de la chute de l'Empire romain d'Occident « furent suffisamment graves pour que nous les appelions "fin d'une civilisation" ». Les villes avaient drastiquement régressé en taille, des industries entières avaient disparu. L'extraction de nouvelles pierres fut interrompue, les rares constructions nouvelles se faisant par remploi des matériaux arrachés aux anciens bâtiments. L'Occident n'eut plus les moyens d'assurer, sur une grande échelle, la sécurité du commerce de longue distance. Cela se traduisit par le retour à l'autarcie d'un système économique fondé sur la spécialisation, et, par voie de conséquence, par un effondrement de la prospérité matérielle qui affecta les rois comme les paysans. Dans un monde absorbé par les nécessités pratiques de sa survie et livré à la loi du plus fort, l'alphabétisation devint, pour longtemps, le privilège des clercs. La démographie recula dramatiquement. « Une civilisation complexe fut détruite, ramenant les habitants de l'Occident à des manières de vivre telles qu'aux temps préhistoriques. »

Par contraste, emporté par la chevauchée fantastique des cavaliers arabes, le Proche-Orient connut infiniment moins de destructions. Les villes d'Alexandrie, de Jérusalem et de Damas continuèrent à se développer, la monnaie de circuler, les industries de réaliser des produits sophistiqués. Les manuscrits témoignent de l'utilisation continue de l'écriture dans la vie quotidienne. Qu'il s'agisse du Dôme du Rocher à Jérusalem ou de la Grande Mosquée de Damas, on entreprit l'édification d'impressionnants monuments décorés de mosaïques, rythmés de colonnes de marbre, dont les formes s'inscrivent dans une parfaite continuité avec celles de l'architecture byzantine, et dont l'ampleur, la beauté, la richesse, sont sans comparaison avec les modestes églises construites, à la même époque, en Occident.

« En termes technologiques et matériels, commente Ward-Perkins, c'est le nouveau Proche-Orient arabe qui vit la plus grande continuité de la civilisation romaine. » Le contraste ne doit rien à une moindre férocité, un plus grand raffinement de l'un ou l'autre des peuples conquérants. L'un et l'autre étaient des groupes tribaux, guerriers, aux mœurs primitives. La différence s'explique ici par la rapidité de la conquête arabe, obtenue au terme de quelques batailles rangées avec de faibles destructions, des ravages qui n'avaient pas durablement perturbé l'économie locale. Là, par le caractère progressif des invasions germaniques, la longueur du processus d'immigration-invasion, qui s'étendit sur plus d'un siècle (cent ans séparent le passage du Danube par les Goths, en 376, de la déposition de Romulus Augustule en 476). En Orient, la stabilité avait en outre été aussitôt assurée, après la conquête, par l'établissement d'un immense empire, qui s'étendrait bientôt de l'Afghanistan à l'Espagne. En Occident, l'anarchie fut perpétuée par les innombrables guerres qui opposèrent les royaumes successeurs, les conflits nés de l'irruption de nouvelles vagues d'invasion, la longueur et le caractère éphémère de la reconquête justinienne.

« La continuité de la prospérité économique et de l'expertise technologique représente seulement la moitié de l'histoire », souligne cependant Ward-Perkins. Car s'agissant de leurs conséquences spirituelles, la comparaison entre les deux processus d'invasion donne des résultats inverses. En Occident, les envahisseurs de l'empire étaient dépourvus d'une véritable culture propre. Celle-ci se limitait à un ensemble de traditions guerrières exaltant la valeur des ancêtres et le dernier mot laissé à la force. Dès avant leur entrée sur le sol romain, ils avaient subi de plein fouet l'attraction de la civilisation de leurs adversaires. Nombre d'entre eux s'étaient convertis au christianisme. Lorsqu'ils campèrent dans les ruines de l'empire, ils s'efforcèrent d'en singer autant qu'ils purent les procédures, les rituels, les pratiques. Ils confièrent ce qu'il restait d'administration à des fonctionnaires qui parlaient le latin, s'appuyèrent sur la hiérarchie de l'Église pour tenter de maintenir les apparences d'une continuité romaine à laquelle ils n'imaginaient pas que l'on pût mettre fin. Cette admiration naïve et brutale avait été le moteur même de leurs invasions. En les détournant de la tentation de la table rase, elle serait le gage des futures renaissances.

En Orient, les cavaliers arabes étaient porteurs d'une nouvelle religion, dont le Livre saint avait été écrit dans leur langue, et qui leur avait promis la victoire sur leurs ennemis, en attendant de goûter à des joies célestes conformes aux attentes toutes matérielles d'un peuple fruste et sensuel. Il était inévitable qu'ils considèrent avec mépris les religions des empires qu'ils avaient vaincus. C'est ce qui se produisit. Ils mirent les artisans, les lettrés, les ingénieurs, les architectes byzantins à leur service, mais ils se gardèrent d'abandonner la langue de leur prophète et firent traduire au contraire en arabe tout ce qui leur parut utile dans l'ensemble des connaissances réunies par les populations qu'ils avaient assujetties. Le résultat fut qu'ils s'annexèrent les produits de la civilisation matérielle, sans rien abandonner de leur propre culture : leur langue, leurs mœurs, leur religion. Les autochtones se résignèrent, et peu à peu se convertirent pour échapper aux humiliations et aux impôts spécifiques qui frappaient les *dhimmis*. Ils oublièrent au fil des siècles de qui ils avaient été les fils. Considérèrent avec orgueil les monuments qu'avaient construits leurs ancêtres, en attribuèrent le mérite à ceux qui les avaient battus et conquis, et dont ils avaient fini par se tenir pour les descendants.

L'histoire des invasions est de celles qui soulèvent les passions dans une Europe qui doute aujourd'hui de son avenir au spectacle de l'immense ébranlement de peuples dont elle est devenue la destination. Elle nous apprend à craindre les destructions matérielles qui naîtraient inévitablement d'une longue guerre entre envahisseurs et autochtones. À redouter la dépossession spirituelle par quoi ne manquerait pas de se traduire la mainmise de nos terres par les fidèles d'une religion conquérante étrangère à nos mœurs, notre histoire, notre culture. Elle ne nous donne pas l'exemple d'une combinaison des deux tragédies. Elle ne nous dit pas non plus que celle-ci soit impossible.

CHARLEMAGNE OU LA GRANDE ILLUSION

Si Charlemagne occupe, dans nos mémoires, une place singulière, ce n'est pas tant par ses conquêtes. En annexant l'Italie et la Catalogne, la plaine hongroise, la Saxe, il a certes agrandi le domaine que lui avait légué son père. Mais l'Europe occidentale était dominée par les Francs depuis le VIe siècle. Et Pépin le Bref avait, avant lui, donné à son royaume une fabuleuse extension, de la Frise aux Pyrénées, de la vallée du Danube à l'Océan. Ce qui fait de Charles un souverain à nul autre pareil, c'est le couronnement, à Rome, dans la basilique Saint-Pierre, par le pape, le jour de Noël de l'an 800 ; la restauration, après trois siècles, de l'Empire romain d'Occident par l'héritier de l'un des peuples qui avaient contribué à le mettre à terre. Le recommencement dont les fastes de la renaissance carolingienne, le renouveau intellectuel, l'édification du palais d'Aix-la-Chapelle, les trésors d'orfèvrerie, les merveilles de l'enluminure, l'essor d'une théologie revivifiée sous l'influence des lettrés italiens et des moines anglo-saxons, allaient donner, au terme de la nuit mérovingienne, le reflet éclatant.

Contemporain de l'empereur et auteur de la biographie qui nous tient lieu de principale source littéraire sur son règne, Éginhard n'évoque pourtant, dans sa *Vie de Charlemagne*, le couronnement impérial que d'une courte phrase. Venu à Rome pour y restaurer la situation du pape Léon III, qui avait été accusé de corruption et victime d'une révolte de la haute administration de la cour romaine, Charles « reçut, écrit-il, le nom d'empereur et Auguste ». C'est peu dire. « Dans un premier temps, ajoute le biographe, il s'y opposa si fortement qu'il affirmait que ce jour-là, bien qu'il se fût agi d'un jour de fête, il ne serait pas entré dans l'église s'il avait pu connaître d'avance la résolution du pontife. »

On a quelque peine à le croire. Dès 778, au lendemain de sa victoire sur les Lombards, il avait reçu sans protester du pape Adrien Ier le surnom de « nouveau Constantin ». Dans les missels des fidèles d'Occident, les prières pour l'empereur romain avaient été alors remplacées par des supplications en faveur du roi des Francs. Élu en 795, Léon III lui avait aussitôt adressé les clés de Saint-Pierre et l'étendard de la ville de Rome. Et lors de la construction du palais d'Aix-la-Chapelle, il avait lui-même envoyé un architecte à Ravenne pour y copier les plans de la basilique San Vitale. Une statue de Théodoric le Grand provenant de l'ancienne capitale de l'empire d'Occident y serait bientôt érigée pour faire pendant à celle de Marc Aurèle qui ornait le Latran.

Sans doute Éginhard s'était-il inspiré d'un illustre précédent : Tibère, avant Charles, avait aussi, selon Suétone, fait mine d'hésiter à accepter l'empire après l'avoir cherché passionnément. L'anecdote peut témoigner, aussi, du mécontentement de l'empereur à l'égard du rituel adopté par le pontife romain. En le couronnant de ses mains, Léon III n'avait-il pas prétendu manifester la prééminence de l'autorité spirituelle ? Lorsqu'il décidera d'associer son fils Louis à l'empire de son vivant, en 813, Charles le couronnera lui-même, sans faire appel au pape, dans la chapelle palatine d'Aix-la-Chapelle.

La réserve d'Éginhard a fait couler, quoi qu'il en soit, beaucoup d'encre. Elle s'explique peut-être par le malentendu qui nous fait considérer l'histoire, mille deux cents ans après les événements, à la lumière de leurs prolongements. La restauration de l'Empire romain d'Occident a ranimé un rêve qui a nourri toute l'histoire européenne, de l'Allemagne d'Otton le Grand à Napoléon. Il n'est pas sûr que le principal intéressé en ait eu pleinement conscience. Dès 806, selon la pratique mérovingienne, il envisagera le partage de ses terres entre ses fils comme s'il se fut agi de son patrimoine. Il ne dira pas un mot de la dignité impériale, qui semble lui être apparue comme la consécration personnelle de sa puissance, bien plus que comme la clé de voûte d'un régime politique transmissible à ses descendants.

Le paradoxe est que c'est lui qui avait raison.

Les territoires de l'Empire carolingien ne coïncidaient guère avec ceux de l'ancien empire d'Occident. La Méditerranée avait cessé d'en être le cœur battant : elle en était devenue la frontière. Ruinées par les invasions et par la reconquête justinienne, Rome et l'Italie n'en étaient plus le centre. L'Afrique du Nord et l'Espagne étaient des terres étrangères, occupées par l'Islam. L'Orient était un monde lointain. Le nouvel empire était ordonné autour des vallées du Rhône et du Rhin. Il incluait des terres qui n'avaient jamais connu la domination romaine. Charlemagne était loin d'avoir les moyens de donner à ses possessions l'unité juridique et la cohérence qui avaient, *in fine*, été celles du monde romain. « L'Europe carolingienne s'étend sur plus d'un million de kilomètres carrés, rappelle Pierre Riché. Elle est constituée de régions qui se sont regroupées rapidement autour d'une même autorité, mais qui ont leur propre histoire, leur législation, leur culture, leur mentalité particulière. » (*Les Carolingiens, une famille qui fit l'Europe*). Elle restait diverse par les langues. Ni Charlemagne ni ses successeurs n'eurent le temps d'y promouvoir l'équivalent de ce qu'avait été, pour les peuples du bassin méditerranéen, la lente romanisation des populations.

L'empereur était resté, profondément, un Franc d'Austrasie. Il avait appris à lire le latin comme une langue étrangère et n'avait que mépris pour le clergé romain qui avait présidé à son couronnement. Il lui préférait l'aristocratie franque, les grands qu'il s'était attachés par les liens personnels de la vassalité et qu'il récompensait par l'octroi de domaines échappant, dès lors, en pratique au contrôle de sa propre administration. C'était exposer son empire, après sa mort, à la dislocation. Elle ne tarda guère. Ses petits-fils procéderaient, dès 843, à Verdun, à un partage d'où naîtrait, à long terme, la division de l'Europe en nations. Mais Charlemagne avait doté son empire, entre-temps, d'un trésor d'une autre nature que de fragiles institutions. Par ses capitulaires, par ses fondations monastiques, par l'impulsion donnée à l'éducation, le soutien apporté à l'Église, dans une vision tout augustinienne de la politique, il avait offert à l'Occident chrétien une unité spirituelle qui survivrait aux siècles de rivalités et de guerres.

La *renovatio imperii* n'avait été qu'une illusion. Elle n'avait renoué avec la romanité qu'en apparence. Charlemagne n'a pas restauré l'Empire romain : il a inventé l'Europe. Multiple, fragmentée, diverse. Son entreprise s'est soldée par un immense succès et un immense échec. L'échec est celui d'une union politique imposée au forceps, qu'il n'avait sans doute pas songé à maintenir longtemps. Le succès est de lui avoir procuré autre chose : une communauté de civilisation.

LE BONHEUR DES CAPÉTIENS

Il leur a fallu près de trois cents ans. Trois siècles pour mener à bien un travail de titan : surmonter la dislocation féodale, répudier l'élection à laquelle ils avaient dû leur avènement, imposer la primogéniture, ramener les grands à l'obéissance, récuser les prétentions impériales des souverains germaniques, obtenir du roi d'Angleterre qu'il accepte de se considérer, pour ses possessions continentales, comme leur vassal. Faire émerger d'une suzeraineté évanescente une souveraineté qui impose le roi comme chef de guerre, maître de toute justice et garant de la paix publique. Faire éclore, comme une fleur ultime, l'unité de la France.

Ils avaient hérité d'une royauté en miettes, d'un pays livré à l'anarchie. Neuf générations, neuf règnes, séparent Hugues Capet de saint Louis. Sans doute le dessein de ces premiers Capétiens n'eut-il pas toujours la netteté, la transparence que nous lui affectons a posteriori. N'empêche. N'empêche que leur œuvre a de quoi saisir d'étonnement, et qu'on a pu justement parler à leur propos de « miracle ». Tel était ainsi le titre du livre collectif réalisé à l'occasion de leur millénaire sous la direction de Stéphane Rials : *Le Miracle capétien* (1987). Ce qui apparaît avec évidence, à le lire, comme à reprendre les travaux qu'avait consacrés Jean-François Lemarignier au printemps de la dynastie (notamment son précieux *Gouvernement royal aux premiers temps capétiens,* 1965), ce n'est pas seulement leur opiniâtreté dans la conquête et la consolidation du pouvoir. Mieux que cela : une constance dans la pensée et dans l'action à laquelle nous devons la naissance de la nation française.

À la veille de son élection, Hugues Capet était l'un des plus considérables grands seigneurs de Francie occidentale. Le plus lointain de ses ancêtres dont nous soit parvenu le nom, Robert Ier de Hesbaye, comte de Worms, avait été le compagnon de Charles Martel et l'un des missi dominici de Pépin le Bref. L'arrière-grand-père du roi, Robert le Fort, avait dû fuir à l'Ouest après avoir pris parti pour Charles le Chauve dans sa lutte fratricide contre Louis le Germanique. Il avait été doté des comtés de Tours, de Blois et d'Anjou. Comte de Paris, le grand-oncle d'Hugues Capet, Eudes, avait été élu roi des Francs (888-898), quand la mort de Charles le Gros avait débouché sur une dislocation de l'Empire carolingien. Son grand-père Robert Ier avait, brièvement, usurpé, vingt-quatre ans plus tard, la couronne, au détriment du roi Charles le Simple (922-923). Son père, Hugues le Grand, avait organisé le retour d'exil du roi Louis IV d'Outremer, réfugié jusqu'alors en Angleterre. Il avait reçu de lui, en échange, le titre de *dux Francorum*. Il ne correspondait pas à la seule possession du pays d'entre Seine et Loire, l'Île-de-France : il faisait de lui, comme « duc » de l'ensemble des Francs, chef de l'armée royale, le deuxième personnage de l'État.

Hugues Capet avait hérité en 960 de sa charge. Il y avait fidèlement servi le fils de Louis IV, le roi Lothaire, délogeant pour son compte en 978 Otton de Germanie, qui lui disputait la Lotharingie, de son palais d'Aix-la-Chapelle ; défendant quelques mois plus tard Paris du même Otton, tandis que Lothaire s'était replié à Étampes.

Époux d'Adélaïde d'Aquitaine, lié par le mariage de ses frères et sœurs aux puissants ducs de Bourgogne et de Normandie, il n'en était pas moins le porte-parole d'une haute aristocratie qui jugeait sévèrement la politique austrasienne des derniers Carolingiens, estimant qu'à poursuivre le rêve de s'emparer d'Aix-la-Chapelle et de la Lorraine, elle tournait inutilement le dos aux réalités politiques nées du traité de Verdun.

En 983, la dévolution de l'empire à Otton III, un enfant de 3 ans, porta à leur comble les nostalgies orientales de Lothaire. Peu soucieux de servir des ambitions qui allaient à l'encontre de ses propres alliances (il était lui-même partisan de la restauration d'une monarchie universelle par la dynastie ottonienne), l'archevêque de Reims, Adalbéron, lui refusa son aide pour attaquer Verdun. Lothaire réunit un plaid à Compiègne pour juger le félon, mais il mourut le 2 mars 986, avant sa conclusion. Son fils, le nouveau roi Louis V, reprit l'accusation. Il succomba, à son tour, à un accident de chasse, le 22 mai 987 alors que s'ouvrait l'assemblée judiciaire chargée de mettre Adalbéron en accusation.

Le jeune homme n'avait pas de descendant. Duc des Francs, Hugues Capet fit reconnaître l'innocence de l'archevêque de Reims et le chargea de convoquer une nouvelle assemblée, quelques jours plus tard, à Senlis, pour faire le choix d'un nouveau souverain. Celle-ci écarta le frère de Lothaire, Charles, parce qu'il avait reçu en fief de l'empereur la Basse-Lorraine (le Brabant) : avec lui reviendraient la politique lotharingienne, les nostalgies de réunification de l'empire de Charlemagne qui n'avaient débouché, depuis un siècle, que sur des guerres sans fin. Hugues Capet fut choisi par les grands parce qu'étranger à l'idée impériale, il n'épuiserait pas le pays à la conquête de l'Est. Il fut sacré, à Noyon, par l'archevêque de Reims.

Tel est pourtant le paradoxe capétien : grand seigneur, Hugues Capet avait dû son pouvoir à l'appui des féodaux, qui avaient consenti à sa prééminence en considération de sa puissance, mais aussi parce qu'ils estimaient que, privé du prestige qu'avait valu à ses prédécesseurs leur appartenance à la famille carolingienne, il serait hors d'état de leur imposer une autorité souveraine. Devenu roi, le premier Capétien ne serait, de fait, qu'un faible suzerain : plus faible encore que ne l'avaient été, avant lui, les derniers Carolingiens. Supplantant la dynastie légitime par un coup d'audace, et tournant le dos à la chimère de présider à la reconstitution de l'empire, il s'était certes inscrit, dès l'origine, dans la perspective de la réunification du territoire qui avait formé, pendant des siècles, la Gaule romaine. Mais il avait hérité d'un royaume disloqué, affaibli, d'une royauté à peine perceptible qui semblait rendre inaccessible ce grand dessein.

C'est que l'affaiblissement de l'autorité royale s'était, en deux siècles, traduit par une évolution décisive des règles féodales elles-mêmes. Sous Charlemagne ou Louis le Pieux, le roi commandait à l'ensemble de ses sujets, nobles ou roturiers. Il investissait ses agents d'une charge publique (*honor*), confiait aux plus importants d'entre eux une principauté autonome, généralement héréditaire. Deux siècles plus tard, à l'époque de l'accession au pouvoir d'Hugues Capet, les roturiers obéissaient en pratique au seigneur qui, tenant le château, la place forte la plus proche, était seul capable de les protéger de la manière la plus concrète de l'insécurité permanente. Avalisée par la pratique, la force du précédent, cette « seigneurie banale » était devenue héréditaire. Ses titulaires ne tenaient en aucune manière leur pouvoir du roi, mais de la force des armes, consacrée par la coutume. L'époque, résume Georges Duby, était « moins le temps des fiefs que le temps des châteaux » (*L'Économie rurale et la vie des campagnes dans l'Occident médiéval*, 1962). Le droit de la guerre s'était privatisé : les nobles l'exerçaient librement, sans le soumettre à la justice du roi. Ceux d'entre eux dont les ancêtres avaient reçu de ses prédécesseurs des charges – comtés, vicomtés, baronnies – avaient perdu de vue que c'est de lui qu'ils en avaient été investis. Ils les considéraient comme leurs biens propres, héréditaires, et donc insusceptibles de confiscation en cas d'infidélité à un souverain devenu quant à lui électif : « L'hérédité [avait] changé de camp », note joliment Jean-François Lemarignier. Elle faisait des grands feudataires – les ducs de Normandie, de Bretagne, de Bourgogne, d'Aquitaine, de Gascogne, de Gothie (le Languedoc) ou les comtes de Flandre et de la Marche d'Espagne – les maîtres de principautés qui se comportaient en pratique comme des États indépendants, avec leur propre politique, leur propre diplomatie. Ils ne se souciaient pas toujours de rendre hommage au roi des Francs.

Signe de ce déclin du pouvoir du souverain : c'est vers l'Église qu'on se tournait pour limiter les guerres, en sollicitant les évêques pour qu'ils proclament la paix de Dieu. À la fin du XIe siècle, la réforme grégorienne vint les arracher eux-mêmes à l'orbite du pouvoir royal.

Tombé en déshérence en 887, à la mort de Charles le Gros, le titre impérial avait été relevé en 962 – vingt-cinq ans tout juste avant l'avènement d'Hugues Capet – par le roi de Germanie, Otton le Grand. Il manifestait la puissance retrouvée du royaume de Francie orientale, en même temps que sa volonté d'instaurer sa prééminence sur les autres royaumes occidentaux ; de considérer le roi des Francs comme un vassal. Le choix d'Adalbéron, conseillé par Gerbert (le futur pape Sylvestre II), en faveur d'Hugues Capet, n'avait pas eu d'autre sens. Il avait été inspiré par l'espoir qu'une royauté amoindrie laisserait le champ libre aux ambitions de la monarchie ottonienne. Il révélait l'attachement d'une partie des élites lotharingiennes au vieux rêve d'empire universel, désormais incarné par la dynastie saxonne.

Quatre-vints ans après l'avènement d'Hugues Capet, en 1066, le duc Guillaume de Normandie ferait la conquête de l'Angleterre. Puissant vassal du roi de France, il deviendrait par là-même son rival. Roi à Londres, feudataire à Rouen. Bientôt détenteur, par alliances, par mariage, d'immenses possessions sur la Loire, en Aquitaine, en Guyenne, qui priveraient les détenteurs du domaine royal de leur primauté territoriale en Occident.

À cette évaporation de leur pouvoir, simultanément sapé dans ses bases et menacé dans ses développements, les premiers Capétiens allaient faire face avec une extraordinaire constance.

La première urgence était, pour Hugues Capet, d'assurer la continuité de sa race. À l'école des Carolingiens, qui l'avaient emprunté depuis Pépin le Bref à la royauté davidique (et sans doute à quelques-uns des rois wisigoths d'Espagne), Hugues Capet avait fait avaliser le changement de dynastie par le sacre. Le procédé qui avait légitimé deux siècles plus tôt l'usurpation carolingienne avait, par un retour ironique de l'histoire, présidé à leur ultime dessaisissement. Il conférait au roi un caractère sacré qui faisait de lui « l'évêque du dehors », prolongeait l'idéal de théocratie royale qui avait fondé la légitimité carolingienne.

Quelques mois plus tard, à Noël de l'année 987, le nouveau roi fit renouveler la cérémonie en faveur de son fils Robert. Ainsi avait procédé avant lui Pépin le Bref avec ses fils, Lothaire en faveur de Louis V. Ainsi procéderaient les Capétiens pour leur fils aîné jusqu'à Philippe Auguste. La précaution consacrerait à la fois le privilège dynastique – faisant d'emblée tomber en désuétude l'élection dont le pouvoir d'Hugues Capet avait tiré son origine – et la primogéniture en ligne masculine.

Celle-ci n'avait alors rien d'évident. Elle n'avait pas été pratiquée par les empereurs romains. Elle était inconnue des royautés barbares. Les rois vandales se succédaient de frère en frère ; les fils de Clovis s'étaient partagé l'héritage de leur père ; Charlemagne avait d'abord régné associé à son frère Carloman. Garanti par le sacre, le principe préserverait la royauté capétienne des partages patrimoniaux qui avaient morcelé la monarchie mérovingienne, condamné des royaumes instables à la guerre permanente, ébranlé les fidélités des populations de principautés aux frontières changeantes, et miné jusqu'à la renaissance carolingienne. Le bonheur des Capétiens fut que, pendant près de trois cent cinquante ans, aucun d'entre eux ne mourut sans laisser derrière lui un héritier mâle en ligne directe. Cela donna à l'usage le temps de devenir un principe de dévolution doté de l'autorité d'une règle coutumière.

Quand l'hérédité fut suffisamment établie, l'élection assez oubliée pour rendre inutile cette pratique, le sacre perdit peu à peu sa valeur constitutive, pour ne garder que la dimension d'une confirmation, venue manifester l'onction du Ciel sur une royauté déjà constituée par le seul privilège de la naissance. En 1223, Louis VIII succéda à Philippe Auguste sans avoir été sacré du vivant de son père. Dès 1270, Philippe III pourra dater les actes de son règne de la mort de son père saint Louis, et non plus de sa propre consécration. En 1403 et 1407, deux édits proclameront l'instantanéité de la succession au profit du Dauphin.

Tel aura été le premier effet du miracle capétien : d'avoir assuré pour des siècles la continuité de l'État ; fait en sorte qu'en France, le roi ne meure pas. En 1498, à la disparition de Charles VIII, on s'écriera pour la première fois : « Le roi est mort, vive le roi ! »

Hugues Capet avait joint à ses fiefs les terres qui appartenaient, avant son avènement, aux derniers rois carolingiens : Laon, Compiègne, la province de Reims. L'ensemble formait un domaine sur lequel s'appuieraient son pouvoir et celui de ses descendants : Robert II, Henri Ier, Philippe Ier. Il n'avait certes pas la cohérence, la solidité des principautés des grands feudataires, mais jouissait d'une position centrale. Incapables de donner à leur royauté le lustre des beaux temps de la renaissance carolingienne, les premiers Capétiens s'efforcèrent de consolider, d'abord, ce pré carré. Là, ils entreprirent de reconstituer un pouvoir local en faisant rendre la justice par des officiers royaux qu'ils recrutaient eux-mêmes dans les familles de châtelains. Ils confièrent leurs châteaux à des prévôts qui leur devaient leur position sociale et exerçaient en leur nom la seigneurie banale. Là aussi, ils concédaient des fiefs à des vassaux qui leur prêtaient dûment hommage. Parmi eux, ils privilégièrent les évêques dont le célibat les garantissait contre toute transmission héréditaire, quand même certains formaient, d'oncle à neveu, de quasi-dynasties.

Au-delà de son domaine, le roi n'usait guère avec les grands que de diplomatie. Il n'avait pas les moyens de faire plus : sollicité par le comte de Barcelone, Borrell, qui était menacé par l'émir al-Mansur, Hugues Capet avait été hors d'état de lui venir en aide. La défaillance avait poussé Borrell, et avec lui les féodaux du midi de la France, à s'en remettre, plutôt qu'à celle du roi, à la protection de l'empereur ou du pape et de l'ordre de Cluny. Les conséquences se feraient longtemps sentir : pendant un siècle (jusqu'en 1108), on ne verrait paraître à la cour du Capétien ni le duc de Gascogne, ni le comte de Toulouse, non plus que le duc de Gothie ou le comte de la Marche d'Espagne. Le roi s'alliait alternativement avec le duc de Normandie ou le comte d'Anjou. Il parvenait parfois à imposer son arbitrage dans des conflits.

Henri Ier hérita à la faveur d'alliances matrimoniales de la Bourgogne qu'il eut dès lors l'occasion de confier à l'un de ses frères.

Sous Louis VI, la restauration de la puissance royale était telle qu'elle lui permit d'imposer, les armes à la main, son pouvoir d'arbitrage au-delà des frontières de son domaine : dans le Bourbonnais et jusqu'en Aquitaine. Elle lui permit aussi, au terme de bien des luttes, d'arracher l'hommage de l'un de ses grands feudataires, le duc de Normandie. À la mort du comte de Flandre, il choisit lui-même parmi ses cousins le nom de son successeur, et se rendit à ses côtés à Saint-Omer pour procéder à son installation.

Son fils Louis VII alla plus loin encore en 1155 : sollicité par les archevêques de Reims et de Sens, le duc de Bourgogne, les comtes de Flandre, de Troyes et de Nevers pour qu'il proclame une paix de dix ans, il l'institua pour la première fois pour tout le royaume, un appel au roi permettant à ses bénéficiaires de lui demander de l'imposer aux récalcitrants.

Les Capétiens avaient associé la prudence à la force, la diplomatie à la reviviscence du lien féodal. Ils s'étaient aussi appuyés sur le prestige acquis en France, depuis Clovis, par le titre de roi. Il avait été revendiqué par le Christ devant Pilate. Depuis le baptême de Reims, que semblait actualiser, de règne en règne, le sacre (on prétendait depuis Hincmar que l'ampoule où était conservée l'huile de l'onction royale avait été apportée à saint Remi par le Saint-Esprit sous la forme d'une colombe), il s'inscrivait en France dans une vision chrétienne de l'histoire pour configurer le souverain au Christ Roi. Les Capétiens se gardèrent de rabaisser le souvenir des Carolingiens. Ils se présentèrent autant qu'ils purent comme leurs descendants. Béatrice de Vermandois, la grand-mère d'Hugues Capet, était l'arrière-arrière-petite-fille d'un fils cadet de Charlemagne ; Louis VIII descendait de Charles de Basse-Lorraine par sa mère, Isabelle de Hainaut.

À l'aube du XIIIe siècle, Philippe Auguste tira toutes les conséquences de la possession désormais séculaire du pouvoir royal. En 1190, il prit pour la première fois le titre de *rex Franciæ* au lieu et place de la vieille appellation de *rex Francorum*. Roi de France et non plus roi des Francs. Saisi par Hugues de Lusignan, vassal de Jean sans Terre en Aquitaine, à qui son suzerain avait refusé justice après lui avoir pris sa fiancée et son château, il fit prononcer par l'assemblée des Pairs la confiscation de toutes les possessions du roi d'Angleterre sur le continent. Pénétrant en Normandie à la tête de son armée, il prit Château-Gaillard en 1204 et agrégea le duché au domaine royal. Appuyé sur les forces neuves de la bourgeoisie des communes, il diffusa la justice royale par l'institution de baillis qui n'avaient pas de juridiction territoriale, mais vocation à représenter, là où ils se trouvaient, le roi, et entreprit d'insinuer sa souveraineté à l'intérieur du système féodal en imposant, quand il en avait l'occasion, un serment de fidélité que devaient lui prêter directement nobles et roturiers dépendant de ses propres vassaux.

En 1214, à Bouvines, il vainquit avec l'aide des milices communales la coalition formée par l'empereur Otton IV avec le comte de Flandre et les barons français récalcitrants au pouvoir royal tandis que son fils Louis mettait en fuite leur allié Jean sans Terre dans la vallée de la Loire, à la Roche-aux-moines. Il s'empara dans la foulée du Berry, de la Touraine, du Maine, de l'Anjou. L'enthousiasme populaire suscité par cette succession de victoires, les agrandissements considérables apportés au domaine royal, la supériorité militaire qui lui avait permis de vaincre l'empereur romain germanique sur le champ de bataille et verrait même, un temps, son fils Louis conquérir l'Angleterre et s'installer en vainqueur à Londres, lui valurent le surnom d'Auguste. Il exprimait la conviction des peuples que le roi de France était le véritable héritier et le légitime successeur de l'empereur romain.

A sa mort, le 14 juillet 1223, l'accession au pouvoir de son fils Louis VIII, qu'il n'avait pas eu la précaution de faire sacrer au préalable, marqua la consécration définitive du principe dynastique qui vouait l'aîné de la famille royale au trône de ses pères. Quelques années encore et sous le règne de son petit-fils saint Louis, les seigneuries banales seraient redevenues des offices royaux, tandis que les jurisconsultes proclameraient que « le roi de France est empereur en son royaume ».

Il leur avait fallu près de trois siècles, mais les Capétiens avaient sorti leur pays du chaos. Ils avaient restauré l'État, unifié leur royaume, mis au pas la féodalité au moment même où le rêve de monarchie universelle de Frédéric de Hohenstaufen condamnait l'espace germanique à l'instabilité chronique, tandis que le roi d'Angleterre devait concéder sa *Magna Carta* à ses barons. Leur exemple donne la mesure de ce que permet, quand il bénéficie de la durée, quand il poursuit un grand dessein, l'art politique. La discipline est décriée : l'histoire des Capétiens nous dit qu'elle n'est pas vouée à l'avilissement où l'a conduite l'incurie de trop de nos contemporains.

L'ÂME DE LA CROISADE

Urbain II avait surpris tout le monde : le roi et l'empereur ; les évêques, autant que les barons, et jusqu'au *basileus* byzantin qui perpétuait, à Constantinople, les trompeuses apparences de la continuité romaine dans un Orient battu par l'Islam comme par les vagues de la mer. Lorsqu'il était passé en France en juin 1095 pour y réunir un concile à Clermont, nul ne s'attendait à ce que ce pape champenois, issu de l'abbaye de Cluny, et dont l'autorité mal assise était encore contestée en Allemagne et jusqu'en Italie du Nord, lance un appel qui allait ébranler pour deux siècles et plus l'Occident, lui faire découvrir les chrétientés oubliées d'Orient et prendre conscience de l'immensité du monde, semant les germes de la grande aventure qui lancerait, plus tard, ses marins sur les océans, leur ferait explorer le globe ; qui exalterait dans la société chrétienne un désir d'aller porter la Bonne Nouvelle jusqu'aux extrémités de la terre et ferait naître dans son sillage les ordres de chevalerie et les moines mendiants, renouvelant, par là, l'idée que la chrétienté se faisait de sa religion, de sa foi, de sa morale, permettant l'éclosion, au XIIIe siècle, d'un âge d'or illustré par saint François d'Assise et saint Dominique, saint Louis et saint Thomas d'Aquin, tandis que l'Europe se hérisserait d'une forêt d'ogives comme sous une pluie de grâces.

Urbain II venait présider, avec le concile de Clermont, une assemblée convoquée pour confirmer l'excommunication du roi Philippe Ier, coupable d'avoir fait enfermer sa femme dans un couvent pour se remarier avec Bertrade de Montfort, l'épouse du comte Foulques IV d'Anjou, ainsi que pour poursuivre l'œuvre de resserrement de la discipline ecclésiastique entreprise par son prédécesseur Grégoire VII. Le 27 novembre, au dixième jour des discussions, il en clôturerait les travaux en appelant toute la chrétienté aux armes pour délivrer le tombeau du Christ de l'occupation musulmane.

Il est vrai que la situation avait, de ce côté, quelque chose d'alarmant. Venus de l'est, du monde de la steppe, les Turcs seldjoukides avaient imposé leur tutelle au calife abbasside de Bagdad (1055). L'Islam avait changé de maître. Aux Arabes amollis par les raffinements de l'Orient byzantin, avait succédé une race de nomades endurcis par des siècles de chevauchées dans les âpres solitudes de l'Asie centrale. Ils avaient conquis au prix d'immenses massacres l'antique royaume chrétien d'Arménie. En 1071, à Manzikert, l'échec de la contre-offensive de l'empereur byzantin Romain IV Diogène leur avait livré l'essentiel de l'Asie Mineure. Depuis 1081, ils campaient à Nicée, aux portes de la mer de Marmara. Constantinople paraissait à portée d'un audacieux coup de main. Antioche était tombée en 1084, Édesse en 1087. Dès 1074, le pape Grégoire VII avait exprimé le désir de voir les chevaliers d'Occident se porter au secours des chrétiens d'Orient, persécutés par ces nouveaux conquérants.

Il y avait désormais près de trois siècles qu'après l'occupation musulmane du Proche-Orient et de l'Afrique du Nord, celle de l'Espagne et des îles de la Méditerranée avait fait sentir aux élites occidentales la nécessité de résister à la montée de l'Islam. La menace habitait les esprits. Les Arabes avaient pris Narbonne en 719 et pillé Autun, en Bourgogne, en 725. Charles Martel les avait repoussés à Poitiers en 732 et vaincus sur les rives de la Berre en 737 ; les Normands avaient repris la Sicile en 1061, Malte en 1091. Les Byzantins avaient eux-mêmes récupéré la Crète en 961, Chypre et la côte cilicienne en 965, la Syrie du Nord et la Galilée en 968, Édesse en 1031.

Les royaumes du nord de l'Espagne avaient entrepris de leur côté, depuis le VIIIe siècle, la reconquête de leur territoire. En 1031, l'effondrement du califat de Cordoue et son émiettement en principautés rivales leur avaient permis de marquer des points. En 1085, ils avaient repris pied à Tolède, l'ancienne capitale du royaume wisigoth. En 1089, Urbain II avait encouragé lui-même les barons du midi de la France à aller leur prêter main-forte. La croisade prolongerait la Reconquista dans les marches frontières de l'empire d'Orient.

Les circonstances étaient désormais favorables. La mort du sultan seldjoukide Malik Shah, en 1092, avait provoqué l'éclatement de son empire et allumé la guerre entre ses fils, ses neveux, ses cousins. Deux rois se disputaient la Syrie depuis Alep et depuis Bagdad. L'Asie Mineure relevait d'un royaume indépendant. Les fils du sultan se partageaient la Perse. L'Islam arabe était lui-même divisé en deux califats rivaux : celui des Abbassides à Bagdad et celui des Fatimides au Caire. « La croisade, note René Grousset, survenant dans un Islam en plein désarroi, au milieu d'une dissolution d'empire, allait bénéficier des mêmes avantages que naguère en Occident les invasions normandes survenant en pleine décadence carolingienne. » (*L'Épopée des croisades*).

Le succès de la première croisade semble avoir, pour autant, tenu à ce que les motivations de ceux qui s'y engagèrent dépassaient largement ces seules considérations.

L'enthousiasme avait été immense. Sans attendre la réunion des armées auxquelles Urbain II avait entendu confier la mission de libérer la Terre sainte, des foules considérables de pauvres gens – hommes, femmes, enfants – s'étaient jetées sur la route de l'Orient. Débordant les intentions, les consignes du souverain pontife, qui s'était adressé à la chevalerie européenne pour l'inviter à organiser une expédition militaire, cette croisade rassemblait pêle-mêle sans ordre ni préparation vagabonds, gens de peu, criminels à la recherche d'une rédemption. Dépourvus de chefs, de vivres, de moyens, fanatisés par des ermites et des moines en rupture de ban, qui avaient eux-mêmes souvent quitté leurs monastères pour échapper aux sanctions canoniques, et qui évoquaient pour eux l'exode des Hébreux vers la Terre promise, les colères du Dieu vengeur contre les riches et les puissants, ou les spasmes décrits par l'Apocalypse de saint Jean, ils avaient multiplié sur leur passage pillages et pogroms, en Allemagne comme en Hongrie, massacrant (malgré la protection que s'efforçaient de leur procurer les évêques) les Juifs et les citadins chrétiens qui refusaient de mettre à leur disposition leurs biens. Ils furent exterminés par les Turcs, dès leur première rencontre sur le sol anatolien, dans la région de Nicée (21 octobre 1096). Les rares survivants seraient vendus sur les marchés aux esclaves de l'Orient.

Quatre armées convergeaient, pendant ce temps, vers Constantinople : celle de Godefroi de Bouillon, avec les seigneurs de Lorraine ; celle de Bohémond de Tarente, avec les Normands d'Italie ; celle de Raymond de Saint-Gilles, avec les gens d'Aquitaine et de Provence ; celle du duc de Normandie, fils de Guillaume le Conquérant, Robert Courteheuse, accompagné de Robert de Flandre et d'Étienne de Blois. Elles seraient bientôt rejointes par un corps de moindre importance, mené par Hugues de Vermandois, le frère du roi de France, lui-même tenu à l'écart de la croisade pour cause d'excommunication. En avril 1097 (à la grande inquiétude de l'empereur d'Orient, peu enthousiasmé par l'afflux de ces renforts barbares, qu'il avait quelque peine à distinguer nettement des envahisseurs qui surgissaient sporadiquement dans les Balkans – parmi eux, avait figuré seize ans auparavant Robert Guiscard, le propre père de Bohémond –, et justement soucieux de s'assurer que les territoires reconquis par ces nouveaux « alliés » seraient bien remis entre ses mains), tous auraient fait leur jonction dans la capitale byzantine. Ils avaient emmené avec eux un véritable « peuple en marche » de pèlerins sans grande expérience de la guerre, dont ils devraient assurer, tout au long de la campagne, le ravitaillement, et qui ralentiraient considérablement les opérations militaires. Nombre d'entre les chevaliers étaient en outre accompagnés, pour ce pèlerinage en armes, de leur femme et de leurs enfants.

Dès le mois de juin, la ville de Nicée était prise par l'alliance de la furia franque et des machines de guerre byzantines. En juillet, les Francs dispersaient en Asie Mineure l'armée seldjoukide qui avait essayé de les surprendre. Le 28 juin 1098, Antioche était à eux au terme d'un long siège et après l'échec d'une contre-offensive musulmane. La même année, profitant de la circonstance, les Arabes d'Égypte ravissaient Jérusalem aux Turcs (26 août). Le 7 juin 1099, les croisés arrivaient en vue de la Ville sainte. Le 15 juillet, au terme de deux jours d'assaut, elle tombait entre leurs mains.

L'épopée de la croisade a pu se révéler sans lendemain. Elle n'a pas duré deux siècles : jusqu'à l'ultime évacuation de Saint-Jean-d'Acre, dernier bastion des États latins de Terre sainte, le 28 mai 1291. Le succès foudroyant de la première expédition, à l'aube du millénaire, le retentissement de l'aventure dans l'histoire de l'Occident, ont été tels que l'historiographie n'a cessé, depuis neuf siècles, de lui chercher des explications.

On a mis en avant la poussée de sève qu'avait représentée, au XIe siècle, la reprise de la démographie européenne, dont témoignent les grands défrichements de forêts et de marécages alors pratiqués en Occident. Comme le remarque cependant le grand médiéviste Jacques Heers, « il peut paraître curieux que des communautés de paysans, que des hommes en quête de terres à mettre en valeur, aient songé à affronter un si long voyage et de si grands périls pour s'établir loin de chez eux, dans des pays inconnus et a priori hostiles, et sur des terres certainement bien moins fertiles que celles des pays qui les environnaient » (*Libérer Jérusalem*).

On a souligné que les barons engagés dans la grande aventure avaient été animés par le désir de conquête. Et il est bien vrai que les Normands n'avaient pas attendu l'appel d'Urbain II pour tenter de se constituer des royaumes aux dépens de l'Islam, parfois même de l'Empire byzantin : en Italie du Sud comme à Césarée ou sur les hauts plateaux anatoliens. Bohémond de Tarente déploya les trésors de ruse et d'énergie dont il était capable pour s'emparer d'Antioche dans le ferme propos d'en faire la capitale d'une principauté orientale. Raymond de Saint-Gilles manifesta quelque dépit qu'on lui eût préféré Godefroi de Bouillon pour régner sur Jérusalem. Mais, duc de Basse-Lorraine, Godefroi était déjà l'un des grands féodaux d'Occident. Et Raymond de Saint-Gilles avait abandonné, en partant en Terre sainte, un comté de Toulouse dont nul ne lui disputait la possession et qui faisait de lui le roi du midi de la France. Ils n'avaient pas besoin de la croisade pour satisfaire leur volonté de puissance.

On a dénoncé les arrière-pensées économiques des républiques italiennes qui avaient appuyé l'expédition avec leurs flottes : Pise, Venise ou Gênes. Mais les grands marchands adonnés au commerce des épices orientales avaient déjà des comptoirs à Constantinople et au Caire, où les caravanes arabes les leur rapportaient d'Asie en abondance. Et jamais les grandes villes manufacturières productrices de produits de luxe, comme Damas ou Bagdad, ne furent un objectif pour les armées franques.

On a parlé d'une première ébauche de colonisation occidentale (ce pourquoi l'historiographie républicaine s'est montré, longtemps, indulgente à l'égard de cet épisode de l'histoire de la chrétienté médiévale : il avait le mérite d'avoir préfiguré la France impériale). Mais les croisés ne partaient nullement à la conquête de terres vierges pour y faire briller le flambeau de la civilisation. Ils avaient pleine conscience que, berceau de leur religion, Syrie et Palestine avaient été pendant des siècles des provinces de l'empire d'Orient. Que de nombreux chrétiens y vivaient encore. Qu'il s'agissait de les arracher à d'injustes conquérants. Après avoir consacré trois ans à une expédition pour laquelle ils avaient souvent laissé derrière eux leurs familles et l'essentiel de leurs biens, la plupart d'entre eux repartirent chez eux au lendemain de la délivrance de Jérusalem. Il ne resta à Godefroi de Bouillon que quelques centaines de lances pour défendre son royaume, quand l'ensemble des armées mises en mouvement par l'expédition avait dû compter près de 150 000 hommes !

La croisade est devenue plus simplement, aujourd'hui, dans notre imaginaire, le pendant chrétien du djihad. L'une des faces d'ombre de l'histoire de la chrétienté occidentale. Le symbole même d'un âge heureusement aboli, où les disciples du Christ avait cru, eux aussi, pouvoir étendre son règne par la violence et par la force : la guerre et la conquête, l'intolérance en marche.

Le contresens est cette fois total.

Le mot *jihâd* apparaît 35 fois dans le Coran. Une seule de ces occurrences est non-violente. Il a été pratiqué dès l'époque de Mahomet sous la forme de la guerre sainte pour convertir par le sabre les peuples vaincus à l'islam.

Rien de tel ne figure dans l'Évangile. Arrêté par les gardes du grand prêtre, au jardin des Oliviers, le soir du jeudi saint, Jésus ordonne précisément le contraire : « Remets ton épée au fourreau ; car tous ceux qui prennent le glaive périront par le glaive. » (Mt 26, 52).

Rien de tel non plus dans les croisades. Jamais celles-ci n'ont en effet visé à la conversion par la force des musulmans, sur le modèle de ce que Charlemagne avait pu imposer aux Saxons, après qu'ils eurent égorgé les prêtres qu'il leur avait envoyés en mission.

Jamais ne fut proposé aux musulmans de choisir entre un équivalent chrétien de la dhimmitude et une adhésion au christianisme sous la contrainte. Urbain II n'avait fait, dans son discours, aucune allusion à de telles conversions. Les chroniques ne nous ont pas rapporté de témoignage qui puisse laisser penser que les musulmans aient, de gré ou de force, changé de religion devant ce qui ne leur était apparu, sans doute, que comme un afflux inhabituel de ces mercenaires francs qu'avaient accoutumé de recruter les empereurs byzantins pour tenter de reconquérir les territoires qui leur avaient été soustraits par les Arabes.

L'inspiration de la croisade est à chercher ailleurs, dans un motif si étranger à notre temps que nous avons peine à y croire. Comme le rappelle certes Jacques Heers, « il n'est jamais possible d'expliquer un événement du passé en évoquant un seul registre d'intentions ». N'empêche : telle qu'elle apparaît dans les sources contemporaines, la raison principale qui mit en mouvement chevaliers, moines et pauvres gens fut bien de servir le Christ en accomplissant une œuvre de dévotion. « Les textes de l'époque ne parlent pas souvent de "croisés", mais plutôt d'hommes et de femmes qui ont "pris la croix" et, plus encore, tout simplement de "pèlerins". »

« Quiconque veut venir à moi, qu'il renonce à lui-même et prenne sa croix », avait lancé Urbain II.

« Dieu le veult ! » avait répondu la foule.

Le discours de Clermont ne nous est parvenu qu'au travers des reconstitutions qu'en ont tentées les chroniqueurs. Tous s'accordent pour indiquer quel était le motif invoqué par le pontife : rétablir la liberté de pèlerinage à l'heure où ce type de dévotion avait pris une ampleur sans pareille ; où elle apparaissait comme le remède souverain pour expier ses fautes et renaître dans sa foi, et où l'anarchie seldjoukide le rendait impossible en Orient. Le pèlerinage de Saint-Jacques-de-Compostelle avait été à l'origine de l'engagement des féodaux français dans la Reconquista, celui de Monte Gargano, de l'intervention des Normands en Italie du Sud. L'intervention des Francs avait paru indispensable au pape pour que fut rétabli le plus saint de ces itinéraires de foi : celui qui devait permettre au pénitent de se régénérer en mettant ses pas dans ceux du Rédempteur.

C'était, dans l'esprit du pape, en même temps, l'occasion d'achever, de parfaire l'œuvre de réforme intellectuelle et morale lancée par l'Église en Occident. La réforme entreprise par Grégoire VII (1073-1085) pour arracher les charges ecclésiastiques à la convoitise des autorités temporelles n'avait pas imposé d'obligations morales qu'aux seuls clercs. Maints conciles avaient commandé aux chevaliers, aux barons le respect des paix de Dieu, qui interdisaient de s'en prendre aux biens d'Église comme à ceux des pauvres ou des paysans, et des trêves de Dieu, qui proscrivaient tout combat trois jours par semaine, parfois quatre (du vendredi au lundi, pour respecter la sainteté du dimanche). Restait à convaincre les seigneurs de renoncer complètement aux innombrables « guerres privées » par quoi leurs ambitions rivales ruinaient la tranquillité de l'ordre dans la société féodale. Aux antipodes de toute idée de « guerre sainte » visant à convertir les musulmans par la force, le pape leur avait proposé une « guerre juste » qui s'efforcerait de rétablir la liberté des chrétiens d'aller vénérer les lieux de la Passion et de la Résurrection en même temps qu'elle en expulserait ceux qui les avaient injustement soustraits à la souveraineté de princes chrétiens. L'énergie bouillonnante des chevaliers européens, qui avait trop souvent fait d'eux des mercenaires et des brigands, en serait détournée vers une aventure légitime et, par là, sanctifiante. Ils y trouveraient dans les fatigues d'une guerre menée pour l'honneur de Dieu l'occasion de faire pénitence.

Telle est l'essence, l'âme de la croisade : si elle fut œuvre de conversion, celle-ci s'adressait en réalité à ceux qui acceptaient de l'entreprendre. Elle leur proposait de se purifier eux-mêmes par l'épreuve, le sacrifice et le désintéressement.

Dirigée par un ecclésiastique, l'évêque du Puy Adhémar de Monteil, la croisade avait été œuvre d'Église. Les familles des croisés avaient été mises sous sa protection. Les chevaliers y partaient en compagnie de leur chapelain, après avoir prêté serment. Assurés, dans la guerre, des secours des milices célestes, ils bénéficiaient en retour d'une indulgence plénière qui les dispenserait de peine après la confession de leurs péchés.

« La croisade, insiste l'historien Jean Richard, fut véritablement une institution d'Église [...]. Elle fut aussi l'occasion pour d'innombrables chrétiens de vivre leur foi non dans la facilité, mais à l'épreuve des souffrances et de la mort. » (*L'Esprit de la croisade*).

La croisade ne fut pas une guerre de conquête : bien plutôt un pèlerinage sous les armes par quoi l'Église avait entrepris d'achever la conversion des cœurs de la chevalerie occidentale.

À cette aune, la question de sa réussite et de son échec se présente dès lors de manière toute différente.

Tous ceux qui y participèrent ne furent certes pas des saints, et le récit des pérégrinations des miséreux qui suivirent Pierre l'Ermite et Gautier sans Avoir, cette croisade peu recommandable qu'Urbain II n'avait ni souhaitée ni prévue, présente un long cortège de rapines, de viols, de tueries. Mais l'on est aussi saisi de stupeur devant ces pauvres gens partis sans réfléchir derrière leur chariot, leurs mulets, mus irrésistiblement par l'enthousiasme de délivrer le tombeau du Christ, leur Sauveur, des mécréants et qui, à chaque ville, demandaient naïvement si c'était là Jérusalem.

Tous ne furent pas des saints : la croisade des barons fut elle-même ponctuée de disputes entre féodaux qui entendaient transformer les territoires conquis en principautés personnelles. Mais qui pourra rester insensible à l'humilité magnifique d'un Godefroi de Bouillon, ce géant à qui il arrivait, dans la bataille, de couper en deux d'un coup d'épée un soldat ennemi, et qui, élu roi de Jérusalem par ses pairs, refusa de ceindre ses cheveux blonds d'une couronne d'or « là où le Christ n'avait porté qu'une couronne d'épines », et choisit le titre plus modeste d'avoué du Saint-Sépulcre ?

La prise de Jérusalem fut certes assombrie par des massacres qui frappèrent les vainqueurs eux-mêmes de dégoût, dit l'archevêque Guillaume de Tyr. Ces excès faisaient alors partie des pratiques de la guerre : s'emparant de la ville l'année précédente, les Arabes d'Égypte avaient passé tous les Turcs par le fil de l'épée. Ils furent le 15 juillet le fait d'un peuple en armes qui avait échappé, dans le feu des combats, au contrôle des barons. Ceux-ci avaient tenté, au contraire, de faire bénéficier les prisonniers de leur protection. Le soir même, ces hommes rudes, qui avaient quitté leur pays, leurs parents, leurs biens pour partir à la conquête d'un pays inconnu, simplement parce que c'était celui où avait vécu le Christ, se retrouvaient au Saint-Sépulcre et baisaient en pleurant la place où le Sauveur du monde avait posé ses pas, face contre terre, les bras en croix.

Tous n'étaient pas des saints : grâce à eux l'histoire du royaume de Jérusalem et des États francs de Terre sainte ne fut pourtant pas seulement celle d'un échec temporel mais, de la bataille de Tell Danith, où l'on vit l'archevêque Évremar de Césarée faire face sans cuirasse aux troupes de l'émir turc en brandissant la vraie Croix, à la lente agonie à cheval du jeune Baudouin IV, ce roi lépreux qui se faisait porter, à la fin de sa vie, en civière, sur les champs de bataille pour redonner courage aux siens, une saga chevaleresque qui offre le spectacle de la grandeur de la civilisation chrétienne, de sa capacité à soulever les âmes pour leur faire donner, aussi, le meilleur d'elles-mêmes.

Tous n'étaient pas des saints, et leur comportement heurte souvent nos sensibilités modernes. Nous les toisons du haut de notre morale, avachis sur nos canapés modulables, en avalant une rasade de yaourt à boire.

Tous n'étaient pas des saints, mais ils ne faisaient rien que de grand. C'étaient de grands pécheurs, capables de grands repentirs. Des âmes de proie promptes à céder à l'avidité, à l'injustice, à la colère, mais prêtes aussi à puiser, parfois, des ressources insoupçonnables au fond d'elles-mêmes, à y mettre au jour des trésors de courage et de dévouement. Nous nous rassurons au spectacle de leurs erreurs et de leurs fautes, quelquefois de leurs crimes. C'est peut-être que nous mesurons à quel point notre scepticisme nous a rendus incapables de leur générosité et de leur enthousiasme.

SAINT LOUIS, TERRE ET CIEL

On a trop répété qu'il avait porté jusqu'à l'héroïsme les vertus chrétiennes, malcommodes à qui a la charge, avant tout, de régner. Trop rappelé sa charité envers les pauvres, sa dévotion et sa piété. Son amour de Dieu, sa soumission à la volonté divine, son horreur du péché. Son aspiration irrépressible à la croisade. Son inépuisable générosité.

Huit cents ans après la naissance de Saint Louis, les attendus de son procès de canonisation finiraient par nous le rendre inaccessible. Par faire de lui, pour nous, un saint de vitrail, et presque un étranger.

Il est bien vrai que les Mamelouks, qui avaient eu l'occasion de l'éprouver, l'avaient eux-mêmes jugé « le plus ferme chrétien qu'on pût trouver ». Mais tel que l'a campé Joinville, Saint Louis nous apparaît, aussi, palpitant d'énergie, de vie, d'humanité comme le modèle même du roi chevalier.

« Jamais je ne vis un homme en armes aussi beau, écrit le sénéchal dans son récit de la bataille de Mansourah, car il se détachait, depuis la hauteur des épaules, au-dessus de tous ses gens, un heaume doré sur la tête, une épée d'Allemagne à la main. » À Taillebourg, voyant ses troupes menacées par l'Anglais, il s'était jeté dans la mêlée sans aucun égard du danger. À Damiette, il avait mené le débarquement des croisés en conduisant l'assaut avec de l'eau jusqu'aux épaules. À Mansourah, il s'était dégagé des six Sarrasins qui avaient cru pouvoir saisir son cheval par la bride en les mettant en fuite à grands coups d'épée. Il avait ensuite refusé d'abandonner son corps de bataille pendant la retraite à laquelle l'avaient contraint la maladie et la défaite, pour rejoindre ses arrières en galère en toute sûreté. Il s'était au contraire tenu à l'endroit le plus exposé, pour protéger l'arrière-garde de son armée.

Il impressionna, prisonnier, ses geôliers, en restant insensible aux menaces de torture ; ses compagnons, en s'opposant à ce qu'on dupe l'ennemi lors du paiement de la rançon par laquelle il avait racheté sa liberté ; les barons de Terre sainte, en choisissant de rester en Palestine aussi longtemps que tous les siens n'auraient pas été à leur tour libérés.

Ce roi faisait preuve d'une équanimité singulière. Joinville le montre ensevelissant lui-même les cadavres en décomposition des victimes d'une attaque musulmane. Et l'on sait que nourrissant les pauvres, il tenait à leur laver lui-même les pieds.

Ce saint ne manqua pas de fermeté. Il lui arrivait de hausser le ton, et même de s'emporter contre les évêques avides de nourritures terrestres qui prétendaient lui dicter sa politique ; d'être intraitable avec des vassaux indisciplinés. Apercevant son frère qui, à peine libéré, avait entrepris de jouer aux dés, il les avait jeté à la mer avec le tapis de jeu.

Saint Louis, à l'occasion, savait rire « d'un rire très clair », dit Joinville. Il lui arriva aussi plus d'une fois de pleurer : à l'annonce de la mort de son frère Robert, comme à celle du massacre des chrétiens devant Saïda.

Mais ce qui rend sa figure sans pareille, ce qui lui donne son plus haut prix dans notre histoire, c'est d'avoir su concilier son aspiration à la sainteté avec les froides nécessités de la souveraineté. De n'avoir jamais perdu de vue le bien commun auquel son devoir d'État l'avait voué, quand son âme était comme aspirée par d'autres réalités.

Sa royauté vient rappeler à notre siècle, qui l'a trop souvent oublié, que l'essence de la politique, sa raison d'être, c'est d'abord de faire régner la justice et la paix. Il s'y employa par la soumission des superbes, la résolution des conflits, comme par la recherche inlassable de l'équité.

Ce roi qui négligeait les atours au point de se vêtir de drap bleu sombre et terne, de cottes en lainage grossier, et ne craignait pas à Vincennes de s'asseoir, à l'occasion, par terre, avait su, plus qu'un autre, faire plier ses seigneurs devant sa majesté. Il s'était imposé aux Lorrains et aux Bourguignons, et jusqu'aux barons anglais, par l'impartialité avec laquelle il avait arbitré leurs querelles ; il régla au mieux de l'intérêt national l'épineux problème du retour du comté de Toulouse dans le giron français.

Loin de toute realpolitik étrangère aux notions de droiture et de justice, il porta à sa perfection la vertu de force : celle qui ne sépare pas la grandeur, le prestige, de la recherche de la justice. Rétrocédant au roi d'Angleterre une partie des terres que son grand-père Philippe Auguste avait arrachées aux Plantagenêts, en échange de la reconnaissance de la perte de la Normandie, de l'Anjou et du Maine, de la Touraine et du Poitou, ainsi que du lien vassalique qui faisait de lui, en Guyenne, « son homme », il avait expliqué : « La terre que je lui donne, je ne lui donne pas pour chose que je sois tenu à lui ni à ses héritiers, mais pour mettre amour entre mes enfants et les siens qui sont cousins germains. » C'était tout dire de la hauteur de vue d'une politique qui n'avait délaissé un froid réalisme que pour le dominer.

NOTRE-DAME DE FRANCE

Elle ne porte pas en vain le nom de la mère de Dieu. De la naissance de Marie à son Assomption et son couronnement dans le ciel, ses portails condensent toute la destinée de la Vierge, jusqu'à son rôle d'intercession, lors du Jugement dernier. Ses vitraux mettent en scène la vénération des patriarches à l'égard de celle à qui il revint d'accomplir les promesses de l'Ancien Testament.

À l'égal des plus grandes, des plus belles de nos cathédrales, Notre-Dame de Paris est un catéchisme de pierre. Sa façade associe, en une extraordinaire verticale, le mystère de l'Incarnation au Christ juge montrant son corps martyrisé et les instruments de sa Passion au moment de séparer les élus des damnés. Le Christ enseignant du trumeau, à la porte, s'aligne sur la Croix de gloire qui surmonte, dans le chœur, la Vierge de douleurs offrant à Dieu son Fils supplicié.

Elle a, plus que toute autre, inspiré nos poètes, de François Villon à Péguy et Claudel. Victor Hugo a fait d'elle l'allégorie d'un Moyen Âge mythifié, dépouillé de sa dimension spirituelle, un monde barbare livré à la force brute et aux passions contraires. Balzac l'a choisie pour décor d'ouverture à son *Envers de l'histoire contemporaine*.

La pose de sa première pierre avait bénéficié de la présence du pape Alexandre III. L'une des premières messes célébrées dans son chœur le fut par un patriarche de Jérusalem. Elle a accueilli plusieurs conciles dans sa nef. Trois souverains pontifes s'y sont rendus en pèlerinage. Le cardinal Pacelli a prêché de sa chaire sur la leçon des saints français ; le cardinal Ratzinger y a donné une conférence sur la misère du catéchisme en France.

Pierre le Grand, la reine Victoria, François-Joseph, Nicolas II sont venus la visiter. Elle continue de recevoir des chefs d'État du monde entier. Le président Medvedev est allé y vénérer la Couronne d'épines. Barack Obama lui a jeté un coup d'œil distrait.

Mais si Notre-Dame de Paris tient une place à part dans notre imaginaire, c'est peut-être surtout parce qu'elle est le compendium de notre propre histoire. « La France y récite, selon le mot du cardinal Feltin, le rosaire perpétuel de ses joies, de ses deuils et de ses gloires. » Les mystères joyeux, douloureux et glorieux s'y sont succédé.

Saint Louis lui avait confié, avant de construire la Sainte-Chapelle, la plus précieuse des reliques : la couronne du roi de gloire, achetée à prix d'or à l'empereur latin de Constantinople. Philippe le Bel y a présidé, le 13 avril 1302, les premiers états généraux. Les rois de France prirent l'habitude, à compter des Valois, d'y entendre une messe d'action de grâces au lendemain de leur sacre à Reims. On y rapportait leur corps à la veille de leurs funérailles à Saint-Denis. Les entrailles de Louis XIII et de Louis XIV y ont été déposées.

Plus de 300 *Te Deum* y ont été chantés. Henri VI d'Angleterre y a été sacré roi de France en décembre 1431, en présence de l'évêque Cauchon. Charles VII y a rendu grâces, en 1437, pour le recouvrement de ses États. En novembre 1455, on y a ouvert le procès de réhabilitation de Jeanne d'Arc. François Ier y a fêté en 1524 la reconquête de Milan. François II y a épousé Marie Stuart, et Henri de Navarre la reine Margot, en aimable prélude au massacre de la Saint-Barthélemy. Le Béarnais étant, alors, huguenot, le mariage avait été célébré sur le parvis. Henri IV ne pénétra que vingt et un ans plus tard dans la cathédrale : le 22 mars 1594, pour marquer son entrée dans la capitale en entendant cette messe que, décidément, Paris valait bien.

Richelieu y commémora la chute des protestants de La Rochelle. Louis XIII y offrit sa couronne et son sceptre à la mère de Dieu, en vertu du vœu par lequel il lui avait consacré son royaume et ses sujets. Louis XIV la fit pavoiser avec les drapeaux pris à l'ennemi. Vainqueur du prince d'Orange à la bataille de Neerwinden, lors de la guerre de la ligue d'Augsbourg, François Henri de Montmorency-Luxembourg en rapporta tant qu'il y gagna le surnom de « tapissier de Notre-Dame ».

On y enterra Turenne et le Grand Condé. D'immenses catafalques décorés de statues de squelettes, éclairés à la lueur de torchères, y avaient été érigés par le service royal des Menus Plaisirs, qui s'était inspiré des pratiques italiennes pour créer des effets spectaculaires, tandis que, de sa chaire, Bossuet prêchait sur la vanité des grandeurs terrestres. Louis XV y remercia Dieu de l'avoir préservé du couteau de Damiens. Louis XVI y rendit grâce pour la naissance du duc de Normandie. Il serait bientôt l'enfant roi du Temple.

C'est encore dans sa nef que se tinrent en avril 1789 les assemblées électorales pour l'élection des députés des trois ordres aux états généraux. Là que les délégués de l'Assemblée nationale et Bailly, le nouveau maire de Paris, vinrent rendre grâces pour la prise de la Bastille, le 15 juillet 1789, et le 16 août pour la disparition des droits féodaux. On chanterait encore, l'année suivante, un *Te Deum* le 13 juillet au cours duquel la chute de la citadelle de l'arbitraire et des lettres de cachet serait magnifiée à grand renfort de trompettes et de timbales pour évoquer le son du canon : « Qu'il s'écroule l'asile de l'esclavage ! Qu'il s'écroule ! » hurlait la chorale tandis que l'orgue et l'orchestre figuraient par leurs explosions l'effondrement du pont-levis qui avait livré la forteresse aux émeutiers.

Mais l'heure était venue pour Notre-Dame de connaître les mystères douloureux. À l'automne 1792, tandis que l'on pourchassait et que l'on tuait les prêtres réfractaires, ses cloches, ses reliquaires furent envoyés à la fonte. Les rois de Juda qui rappelaient, sur sa façade, la destinée singulière des souverains français et la vocation du peuple franc à se faire, au service de l'Église, le peuple élu de la nouvelle alliance, furent décapités comme autant de symboles de la tyrannie et de la superstition. Le jubé fut jeté bas ; les statues épargnées envoyées au musée. Le 10 novembre 1793, on y rendit un culte à la déesse Raison. On avait décoré l'église pour dissimuler tout ce qui pouvait rappeler l'ancienne religion. Mlle Aubry, premier sujet à l'Opéra de Paris, tenait le rôle-titre. À l'issue de la cérémonie, elle fut portée en triomphe jusqu'à la Convention. Le culte catholique y fut, dans la foulée, interdit par la commune de Paris, comme dans toutes les églises de la ville. Rebaptisé temple de la Raison, l'édifice devint, jusqu'au 15 août 1795, un dépôt de vin pour les armées.

Les mystères glorieux auront un goût un peu amer. En 1804, le sacre de Napoléon est une comédie qui voit se bousculer conventionnels costumés en mignons de la cour d'Henri III et régicides empanachés dans le décor d'un temple néo-grec. Napoléon et Joséphine firent attendre plus d'une heure le pape, dans une cathédrale qui n'était, le 2 décembre, pas chauffée. On avait marié la veille les impétrants en catastrophe, afin de les mettre en état d'entendre la messe. David dut renoncer à peindre le moment où Napoléon s'était lui-même couronné. L'image avait paru grotesque. La postérité se contenterait du couronnement de Joséphine sous le regard résigné du souverain pontife, l'œil sarcastique de Talleyrand.

Charles X tenta de renouer, au lendemain de son sacre, avec la tradition de ses pères. Mais le fil en était brisé. En 1821, on baptisa à Notre-Dame « l'enfant du miracle », le duc de Bordeaux, puis avec le même faste, en 1856, le prince impérial. Un *Te Deum* avait salué, le 11 juillet 1830, la prise d'Alger, quelques jours avant la chute de la monarchie légitime. Les dignitaires de la République n'allaient pas tarder à succéder à ceux du second Empire : Jules Grévy, Sadi

Carnot et Félix Faure prirent la relève, en attendant le maréchal Foch (1929), le maréchal Pétain (le 26 avril 1944), le général De Gaulle (le 26 août de la même année). *Sic transit gloria mundi.*

Lieu privilégié de la rencontre entre l'histoire de notre pays et la foi catholique, Notre-Dame n'est pourtant pas seulement le témoin de la souplesse des corps constitués. Elle est aussi un éclatant démenti à ceux qui prétendent occulter les liens multiformes qui unissent le christianisme à la France. L'attrait qu'elle continue d'exercer, à l'heure où celui ci est devenu minoritaire, dans un pays acquis à une vision de plus en plus extensive de la laïcité, est au cœur du paradoxe français. En visite à Paris à l'occasion de l'Exposition internationale des arts et des techniques, le futur Pie XII l'avait lui-même souligné dans une homélie prononcée dans sa nef, le 13 juillet 1937 : « Cette voûte qui, il y a sept siècles, joignait ses deux bras vers le ciel comme pour y porter les prières, les désirs, les aspirations d'éternité de vos aïeux et les vôtres, pour recevoir et vous transmettre en retour la grâce et les bénédictions de Dieu ; cette voûte sous laquelle, en un temps de crise, l'incrédulité, dans son orgueil superbe, a célébré ses éphémères triomphes par la profanation de ce qu'il y a de plus saint devant le ciel ; cette voûte, mes frères, contemple aujourd'hui un monde qui a peut-être plus besoin de rédemption qu'en aucune autre époque de l'histoire et qui, en même temps, ne s'est jamais cru plus capable de s'en passer. »

SOUS L'ÉTENDARD DE JEANNE

C'est la plus incroyable des histoires. Il y a du merveilleux, des secrets, des mystères, de la gloire et des larmes, des prodiges d'héroïsme, un concert de lâchetés. Il y a des batailles et des chevauchées, des exploits de chevalerie dignes d'une épopée, des retournements qui réduisent à rien la rhétorique des habiles et des raisonnables, des surprises qui font croire au miracle. Elle s'achève au bout de deux ans dans les flammes d'un bûcher où meurt une jeune fille de 19 ans en prononçant le nom de Jésus.

On s'y perd parfois dans la complexité de l'époque comme dans la plus profonde des forêts. Il y a deux rois, un régent, un cardinal, deux ou trois papes, et l'on peut, en une journée de cavalcade, changer plusieurs fois d'obédience entre Plantagenêts, Armagnacs, Bourguignons. On y croise des saints et des anges, des courtisans vêtus de lourd brocart, des docteurs de la loi à col d'hermine, des paysans et des chevaliers, des religieux et des soudards, des bâtards grands seigneurs et des princes dégénérés. Des collaborateurs qui se croient patriotes, des résistants plus soucieux de leurs querelles que de bouter l'Anglais hors de France.

On s'y émerveille de la fraîcheur de la jeunesse qui chevauche dans l'odeur d'herbe mouillée. Du courage et de la peur surmontée. Des vies offertes et des surprises que réserve l'amitié. De l'éclat des matins de victoire, quand le bonheur est sans mesure, quand le cœur paraît près d'éclater. On s'y effraie de trouver, aux jours de tristesse, tant d'évêques prévaricateurs et de prélats stipendiés, d'officiers résignés à l'obéissance, de juges aux ordres et de notaires qui font des faux. On s'étonne de compter sur les doigts de la main les figures par lesquelles l'honneur est sauvé.

On y assiste au sacre d'un roi de France dans une cathédrale pavoisée, avant d'être plongé dans les arcanes d'un procès truqué. On y est enveloppé dans les intrigues de cour, les rivalités de parti, les abandons et les défaites ; ballotté entre les calculs tortueux des politiques, la veulerie des diplomates, la trahison des clercs. On y vit des journées de captivité, des nuits passées dans les fers, le silence et le doute, la douleur de ne plus savoir ce que commande le devoir, la peur de la mort par le feu, l'égarement que suscite l'abus de pouvoir. On y pleure au pied d'un bois de justice devenu l'instrument de l'iniquité, dans l'odeur âcre de la fumée.

C'est la plus incroyable des aventures : elle a changé le cours de notre histoire. Au cœur d'un drame féodal, elle place sur le devant de la scène une petite paysanne illettrée. Elle ne connaît, dit-elle, ni son « a » ni son « b », elle a 17 ans à peine, et elle comprend d'instinct ce qui échappait au conseil des docteurs et des sages : que son pays ne sortira de la guerre civile et de l'occupation étrangère qu'en restaurant d'abord le principe de l'autorité. Quand Jeanne quitte Vaucouleurs, le 22 février 1429, l'héritier de la couronne de France est un jeune homme de 26 ans peu préparé à sa tâche (il n'était que le cinquième fils de Charles VI), doutant même de sa légitimité. Il n'est qu'un prétendant contesté, dénué de ressources, errant, proscrit, menacé de devoir bientôt se replier en Dauphiné ou s'exiler à l'étranger. Quand elle est capturée, un an plus tard, à Compiègne, elle a fait de lui, par la victoire et par le sacre, le garant de l'indépendance de la France et la clé de sa reconquête sur le parti de l'étranger. « Du point de vue le plus terrestre, du point de vue politique, écrit avec admiration le sceptique Jacques Bainville, ce qu'il y a d'incomparable chez Jeanne d'Arc, c'est la justesse du coup d'œil, le bon sens, la rectitude du jugement. Pour sauver la France créée par ses rois, confondue avec eux, il fallait relever la royauté. Pour relever la royauté, il fallait rendre confiance et prestige à l'héritier. »

C'est le plus poignant face-à-face de notre histoire. Jugée pour hérésie, schisme, apostasie, scandale, menacée d'être brûlée vive, Jeanne comparaît devant l'évêque de Beauvais, qu'assiste le vice-inquisiteur de France. Plus de 40 prélats siègent à leurs côtés : évêques ou canonistes, avocats de l'officialité, religieux ou chanoines, maîtres de l'Université. Tout au long de ses interrogatoires, sans avocat, sans conseil, elle leur tiendra tête en énonçant dans une langue claire, tranchante, imagée, les tranquilles évidences de sa foi. « De Dieu ou de l'Église, m'est avis que c'est tout un » ; « Si je n'y suis, [en état de grâce] Dieu m'y mette ; et, si j'y suis, Dieu m'y tienne. » Et ceci, qui dit plus encore aux renégats mitrés : « la lumière [...] ne vient pas toute à vous ». Face aux grandeurs d'établissement, aux puissances du temps, à ceux qui ont « mandat » de parler, elle illustre comme personne la phrase de l'Évangile : « Je te bénis, Père, [...] d'avoir caché cela aux sages et aux intelligents et de l'avoir révélé aux tout-petits. » (Mt 11, 25). Et encore : « Et quand on vous emmènera pour vous livrer, ne vous préoccupez pas de ce que vous direz, mais dites ce qui vous sera donné sur le moment : car ce n'est pas vous qui parlerez mais l'Esprit saint. » (Mc 13, 11).

C'est la plus incroyable des histoires, et pourtant elle est vraie. Aucune figure n'émerge du Moyen Âge français avec la même netteté. Aucune n'est aussi bien documentée. L'aventure de Jeanne d'Arc, cette comète dans un ciel de suie, a fait l'objet de deux procès. Celui qui la condamna au bûcher, et celui qui, vingt-cinq ans plus tard, vit l'Église la réhabiliter, alors qu'étaient encore vivants nombre de témoins, d'acteurs, de sa vie et de son épopée. Cent quatorze d'entre eux y furent interrogés, et l'essentiel de leurs dépositions nous ont été conservées comme l'avaient été les minutes des interrogatoires de Jeanne. Elles donnent sur son enfance, sa vie, son caractère, ses actes, plus de précisions qu'on n'en a sur aucun des personnages de notre histoire. Elles nous font connaître sa fraîcheur, sa vivacité, son goût de la repartie moqueuse et son solide bon sens, son rire, ses insolences, ses doutes, ses angoisses, sa foi d'enfant, jusqu'au pied du bûcher. Elles font plus : à six cents ans de distance, elles nous font entendre sa voix. Cette voix est celle-là même de la jeunesse et de l'innocence, de la vaillance et de la générosité, de l'amour de sa terre et de l'amour de Dieu, inextricablement liés. Jamais elle n'avait, depuis Antigone, atteint une telle intensité. Elle est inoubliable.

L'ÉTOFFE DES SONGES

Il faut bien reconnaître qu'il s'est beaucoup trompé. Il avait évalué les distances qui séparaient les Canaries de la terre ferme, et il les avait divisées par quatre. Il ne se souciait guère de découvrir un nouveau continent : il croyait arriver à Cipango et à Cathay. Débarquant à Cuba, il avait envoyé en mission deux de ses hommes, en leur recommandant, s'ils rencontraient l'empereur de Chine, de se débrouiller comme ils pourraient.

Christophe Colomb incarne, aux yeux de nos contemporains, le triomphe de la modernité. L'audace du découvreur, qui secoue la poussière des vieux livres. Le refus des traditions, des préjugés. Le rejet des certitudes routinières des savants et des docteurs de l'Université. La rigueur scientifique, ennemie des superstitions religieuses. Le courage visionnaire du solitaire. L'esprit d'aventure des pionniers.

Il ne savait pas en réalité où il allait. Arrivé sur les côtes de San Salvador, il fut le premier surpris de ne pas y reconnaître un monde correspondant aux descriptions de la Chine qu'avait laissées Marco Polo. Il s'efforça, autant qu'il put, d'y trouver des analogies, des ressemblances. Il prétendit, aussi longtemps que cela fut possible, que Cuba était une presqu'île du continent asiatique et qu'elle faisait partie de l'empire du Grand Khan. Il l'avait d'abord identifiée au Japon. Les Indiens n'y étaient ni blancs ni noirs comme les habitants de la Guinée portugaise ; ils étaient aimables, accueillants ; ils habitaient un archipel : cela ne pouvait relever, à ses yeux, d'une coïncidence ! Il fallait qu'ils soient japonais. Il croira plus tard avoir retrouvé au Costa Rica les

Massagètes : des nomades établis entre la mer d'Aral et la Caspienne, dont les mœurs avaient été décrites, d'après les témoignages des écrivains antiques, par le pape Pie II.

Il avait, patiemment, cherché les pays imaginaires cités par Marco Polo : l'île des Femmes, l'île des Hommes. Swift aurait vécu trois siècles plus tôt qu'il eût tenté de découvrir Lilliput. Il relève dans son journal que les Indiens prétendaient que leurs ennemis cannibales avaient un museau de chien et un seul œil au milieu du front. Cela n'avait pas étonné ce lecteur assidu d'Hérodote et de l'*Odyssée*.

Il atteignit les côtes de l'Amérique du Sud parce qu'il cherchait, en descendant vers la ligne de l'Équateur, le pays où l'or, disait-on, mûrissait le mieux.

Christophe Colomb était un navigateur hors pair. Un chef et un conducteur d'hommes capable de s'imposer, à bord, à des équipages d'aventuriers. De calmer leur colère, leurs paniques, de mettre un frein à la soif d'or et de femmes de ses coéquipiers. Il avait un sens de la mer souverain. Il avait fréquenté, à Lisbonne, tout un cercle d'érudits, côtoyé le milieu des navigateurs qui multipliaient, à l'époque, les voyages au long cours vers l'Afrique ou à la découverte de terres nouvelles. Il était en relation avec les savants des universités italiennes et allemandes qui disputaient de la remise en question de la géographie de Ptolémée. Il ne se contenta pas de cingler vers l'inconnu avec un courage hors du commun. Il fit de ses voyages le plus précieux des relevés pour servir, après lui, de route océane aux marins qui lui succéderaient. Mais il refusa de se rendre aux raisons de l'humaniste Pietro Martire, qui avait pressenti dès 1493 que les terres qu'il avait découvertes appartenaient à un monde entièrement nouveau.

Cette interprétation ne s'accordait pas avec la géographie qu'il avait dessinée dans ses rêves en croisant les connaissances des explorateurs et des astronomes avec les versets de l'Ancien Testament, les légendes de la mythologie grecque, les descriptions de Pline l'Ancien, les mythes de Platon et les fantaisies de Marco Polo. « Il a cru dans ses livres, plus qu'à ce qu'il voyait », dit joliment Jacques Heers, dans la splendide biographie qu'il lui a consacrée.

Il fut long à renoncer à ses certitudes. À se résoudre à donner la primauté à l'observation des faits. Il avait, si souvent, lu et relu traités savants et descriptions de contrées exotiques, testé sur des cartes marines ses hypothèses et ses rêves de lointains horizons. « J'ai consulté et je me suis efforcé de voir toutes sortes de livres de cosmographie, d'histoire, des chroniques, de la philosophie et des autres arts, avait-il écrit aux Rois Catholiques. C'est ainsi que le Seigneur ouvrit mon entendement, comme avec une main palpable, pour tout ce qui était nécessaire à la navigation d'ici jusqu'aux Indes, en même temps qu'il préparait ma volonté pour l'exécution de ce projet. »

On possède 2 000 gloses et annotations inscrites de sa main dans les marges de ses grimoires. Or, parmi ces relations de voyage, c'est aux plus fantasques qu'il s'était attaché. Marco Polo avait donné, à l'attention des marchands de Venise, un récit synthétique de ses pérégrinations en Orient. Colomb l'a ignoré. Il n'a cessé de faire grand cas, en revanche, du *Devisement du monde* dicté bien plus tard par le Vénitien à l'un de ses compagnons d'infortune, alors qu'il était prisonnier en 1298 à Gênes, et qu'il se consolait de sa captivité en brodant un roman picaresque sur la trame de ses aventures. Les créatures fantastiques que le voyageur prétendait avoir rencontrées, les richesses fabuleuses, les mines de pierres précieuses qu'il y avait multipliées n'avaient nullement découragé l'amiral de la mer Océane. C'est à lui, plus qu'à tout autre, qu'il avait donné foi.

Évoquant l'examen de son projet par les savants chargés par la reine Isabelle de l'évaluer, à l'université de Salamanque, l'historien Washington Irving a décrit Colomb, au XIXe siècle, comme « un obscur marin, un homme sans instruction, démuni de tout ce qui permet quelquefois de triompher par la parole et qui ne pouvait compter que sur son génie naturel [...] ; cet homme soutenant à tout prix que la Terre était ronde contre une assemblée de bigots pédants, d'hommes d'Église bien gras, citant à tout propos, mais à tort et à travers, les Saintes Écritures et saint Augustin, cet homme combattant ces mandarins médiévaux sur leur propre terrain, inspiré par une vision prophétique, mais menacé par son entêtement des foudres de l'Inquisition ».

Tout le monde s'accordait, en réalité, depuis bien longtemps, sur la rotondité de la Terre. On la représentait sur de nombreuses mappemondes. L'inconnue portait sur la distance qui séparait l'Europe de la côte asiatique, le nombre d'îles qu'on était susceptible de croiser en chemin et qui puissent offrir un abri contre les tempêtes et du ravitaillement en cas de nécessité. Ératosthène avait donné, au IIIe siècle avant J.-C., le chiffre presque exact de la circonférence du globe. Ptolémée l'avait, quatre cents ans plus tard, rétréci de 7 000 kilomètres. Colomb avait choisi l'hypothèse la plus rassurante pour ses commanditaires : celle qui devait permettre de toucher terre au terme de trois ou quatre semaines de navigation, au-delà desquelles il semblait impossible de pourvoir en vivres l'équipage et de maintenir la discipline parmi les marins. Le refus des experts mandatés par la reine Isabelle avait été, en définitive, motivé par de tout autres motifs que l'obscurantisme obstiné qui leur est complaisamment reproché : ils étaient convaincus que les calculs de Colomb étaient faux, et ils avaient raison.

Chrétien, Colomb ne séparait pas son projet de la perspective d'ouvrir de nouveaux peuples à l'évangélisation. « J'ai trouvé le Seigneur très disposé envers mon projet, écrira-t-il à la fin de sa vie, et c'est de Lui que je tiens cet esprit d'intelligence pour l'accomplir. Il m'a doué pour l'art de naviguer et pour ce qu'il faut d'astrologie, de géométrie, d'arithmétique. Il m'a donné un esprit suffisant et des mains capables de dessiner des sphères et d'y situer, bien à leur place, les villes, les rivières, les montagnes, les îles et les ports. [...] Qui donc oserait dire que ces lumières-là ne viennent pas du

Saint-Esprit ? C'est un véritable miracle que le Seigneur a daigné accomplir par cette entreprise des Indes. »

Il lui semblait providentiel – il le dit dans la lettre aux Rois Catholiques qui ouvre le journal de la découverte – que la même année 1492 ait vu l'expulsion des Juifs d'Espagne, la chute de l'Andalousie musulmane et son propre embarquement vers l'ouest. Il avait assisté, dans l'exaltation, à la reddition de Grenade. Il voyait dans sa propre équipée, celle qui lui permettrait d'« ouvrir les portes de la mer Océane, fermées jusque-là par de si fortes chaînes », le prolongement de l'unité religieuse et de la Reconquista.

Il avait veillé à ce que les marins se confessent avant de partir à l'aventure. Il dirigeait, à bord, les chants et les prières de l'équipage. Apercevant, pour la première fois, des terres à l'ouest, son premier réflexe fut de faire chanter à ses hommes le *Salve Regina*. Il promut le culte marial aux Açores après y avoir échappé à une tempête. Fit prêter à plusieurs reprises serment aux marins d'accomplir des pèlerinages s'ils rentraient sains et saufs en Espagne. Il marquait les territoires où il débarquait en plantant une croix sur le rivage. Il donnait aux îles rencontrées le nom de *San Salvador*, de *Concepción* ou d'*Asunción*.

Il espérait que l'or des Indes financerait l'ultime croisade qui délivrerait Jérusalem. Il permettrait de lever, prévoyait-il, pas moins de 100 000 fantassins et 10 000 chevaliers. Il s'y était solennellement engagé. Il prétendait que cette libération avait été prophétisée, au XIIe siècle, par Joachim de Flore (le plus extraordinaire est que l'or des Indes servirait, de fait, après lui, à arrêter l'expansion des Turcs, notamment à Lépante !).

Il prit possession sans scrupules, au nom des souverains d'Aragon et de Castille, de terres qui ne semblaient appartenir à aucun royaume organisé. S'il s'efforça de traiter avec humanité les Indiens pacifiques qui l'avaient accueilli, lutta contre les violences et la cupidité des colons espagnols, il pensa pouvoir légitimement réduire en esclavage les cannibales qui terrorisaient leurs voisins, avant d'en être empêché, en 1502, par la reine Isabelle. Il n'en était pas plus choqué que ne l'étaient les chrétiens, les juifs, les musulmans, les rois noirs qui pratiquaient la traite en Afrique sur une tout autre échelle. Il partageait pleinement leurs préjugés.

Il dut ses déboires avec la cour d'Espagne au fait d'avoir gardé l'esprit féodal, au moment où s'affirmait l'État moderne. Il rêvait d'être la souche d'une lignée de vice-rois jouissant des privilèges que leur auraient mérités ses découvertes, quand s'affermissait au contraire un pouvoir sans partage, un absolutisme ennemi des corps intermédiaires.

Son propre destin lui semblait évidemment échapper aux calculs d'une froide rationalité. Il recopiera, à la fin de sa vie, dans un *Livre des prophéties* où se mêlent en une « rhapsodie désordonnée » (Alexandre Cioranescu) les extraits des Écritures saintes, les homélies des Pères de l'Église et les oracles de la mythologie, un extrait de la tragédie composée par Sénèque autour de la figure de Médée, parce qu'elle lui semblait avoir prophétisé son entreprise : « Viendra le temps, dans un avenir lointain, où la mer Océane brisera ses chaînes ; et une vaste terre sera révélée aux hommes lorsqu'un marin audacieux comme celui qui se nommait Tiphi et fut le guide de Jason découvrira un nouveau monde ; et alors Thulé ne sera plus la dernière des terres. » Voyant, lors de son quatrième voyage, la mer se calmer alors qu'il poussait vers le sud depuis le delta de l'Orénoque, il crut avoir trouvé le paradis terrestre.

Il a changé le monde comme peu d'hommes peuvent se vanter de l'avoir fait. Il n'en était pas moins, avant tout, un rêveur, un mystique et un héritier. Le dernier personnage enté sur le Moyen Âge en même temps que le représentant des curiosités de son siècle. Le révélateur du globe s'était nourri de la méditation de ses devanciers. Ce littéraire étranger à toute idée de progrès avait tissé la trame de son aventure dans l'étoffe de ses songes. L'homme de l'avenir était un homme du passé.

LE RÊVE ITALIEN DES VALOIS

À s'en tenir au dictionnaire, en France, en 1500, il ne se serait rien passé. À Milan, Louis XII avait fait prisonnier Ludovic le More. À Grenade, ses ambassadeurs avaient conclu avec l'Espagne un traité pour se partager le royaume de Naples. De ces conquêtes, de ces projets, il ne resterait bientôt nulle trace. Il ne faudrait pas quatre ans aux Français pour perdre Naples, six ans de plus pour se faire chasser du Milanais.

Charles VIII et son successeur avaient pu faire des entrées triomphales à Milan, à Rome, à Naples, à Gênes. Être salués comme envoyés du ciel, fils aînés de l'Église, libérateurs de Jérusalem. Leurs expéditions ne se traduiraient, en définitive, que par le renforcement de la puissance de l'Espagne, l'hégémonie européenne de la maison de Habsbourg, l'héritière de ces ducs de Bourgogne que Louis XI croyait avoir définitivement abaissés. Fascinés par la tentation impériale, bercés par les rêves de croisade (il y avait moins d'un demi-siècle que Constantinople était tombée entre les mains des Turcs), les derniers Valois s'étaient détournés du patient travail de consolidation du pré carré entrepris, continué, de règne en règne, depuis Hugues Capet, alors même qu'une habile politique matrimoniale venait d'assurer l'arrimage définitif de la Bretagne à la France. Ils paieraient ces chimères par l'encerclement de leur royaume par la maison d'Autriche. Et il faudrait attendre Richelieu, Mazarin, bien des batailles, pour desserrer l'étau, redonner son rang à la France dans le concert des puissances européennes.

On comprend que les guerres d'Italie n'aient pas bonne presse en France. Bainville les a condamnées comme le fruit d'imaginations enflammées par des romans de chevalerie, des songeries carolingiennes hors de propos. Les historiens républicains du XIXe siècle avaient montré le chemin en faisant de Louis XI le fondateur de l'État moderne, de François Ier le restaurateur des arts et des lettres. Entre les deux, rien. De la mort du premier à l'avènement du second, c'est comme si l'histoire de France avait sombré dans un trou noir. L'insignifiance, l'agitation, la médiocrité.

L'aventure, pourtant, est de celles qui pourraient figurer parmi les plus belles pages de notre histoire civile et militaire. Elle avait porté, pour un bref moment, nos frontières aussi loin que les conquêtes de Napoléon Ier. Après la grande commotion de la guerre de Cent Ans et la restauration politique qui avait vu Louis XI consolider l'œuvre séculaire de l'unité française, la France était le plus grand royaume de la chrétienté. Le Saint Empire restait une mosaïque de principautés ; l'Italie était hérissée de républiques et de duchés ; l'Espagne achevait à peine sa reconquête et son unité ; l'Angleterre était déchirée par les guerres de succession. Le royaume capétien avait compté, sous Philippe le Bel, jusqu'à 18 millions d'habitants. Il n'en avait plus que 7 aux lendemains de la Peste noire et de la guerre contre l'Anglais. Cinquante ans plus tard, et la paix revenue, ce nombre avait doublé. L'agriculture était florissante, le commerce se déployait. On disait que la France était « le miroir du paradis ». On se la représentait comme un jardin, celui des fleurs de lys qu'on jetait en semis sur les peintures et les vitraux, les vêtements du roi, les pièces de monnaie. On racontait que le peuple français était issu de Francion, un fils d'Hector échappé, comme Énée, de l'incendie de Troie : c'était dire qu'il n'avait rien à envier à Rome, même pour l'ancienneté. On croyait qu'il était protégé par saint Denis, auquel, depuis Louis XI, avait prêté main-forte saint Michel, dont le sanctuaire avait victorieusement résisté aux Anglais.

Le royaume se reconnaissait comme celui de Clovis, de Charlemagne et de saint Louis. Le premier avait fondé la monarchie chrétienne. Le deuxième avait protégé l'Église, construit des monastères et restauré l'Empire romain d'Occident. Le troisième avait incarné l'idéal de croisade et le bon gouvernement. Ils tenaient lieu de modèles. À leur école, le roi ne se contenterait pas de faire régner la justice et la paix. Il présiderait à l'unité chrétienne en enlevant la dignité impériale aux princes germaniques qui l'avaient usurpée, et en prenant la tête d'une croisade qui mettrait un terme à la poussée des Turcs et s'achèverait par la délivrance des Lieux saints.

La réunion régulière des états généraux au sein desquels le tiers état était représenté donnait le spectacle d'une monarchie tempérée. Dans une Europe dont la division politique n'empêchait nullement la circulation des hommes et des idées, la profonde unité culturelle, la prospérité retrouvée permettait l'essor d'un mécénat princier qui se traduisait par le bourgeonnement de multiples foyers artistiques. Des artistes flamands s'illustraient dans le Bourbonnais, des Italiens contribuaient à transformer le Val de Loire en séjour enchanté. Le règne de Louis XII serait considéré, jusqu'au XIXe siècle, comme un âge d'or. À la veille de la Révolution, les cahiers de doléances demanderaient encore à Louis XVI de s'en inspirer. Louis XVIII se réclamerait de lui lors de la Restauration. Il avait réformé la justice, abaissé les impôts. Plus que par ses éphémères conquêtes, cela lui avait valu le surnom de « Père des peuples ».

De cet apogée méconnu témoigne l'infinie variété (peintures, sculptures, enluminures, émaux, vitraux, médailles) des œuvres d'art conçues, réalisées, en France, dans ces années injustement considérées comme l'automne du Moyen Âge, les débuts balbutiants d'une Renaissance qui n'aurait mérité son nom qu'avec l'avènement de François Ier. Elles montrent le danger de sacraliser les divisions conventionnelles, l'absurdité de renvoyer le Moyen Âge à sa caricature obscurantiste et de lui opposer le miracle d'une Renaissance qui ne fut que sa fleur ultime. C'est parce qu'il avait été mis en ordre par un roi aussi « médiéval » que Louis XI que le royaume de France put servir, après lui, d'écrin à l'efflorescence artistique dont il fut le théâtre. Parce qu'ils avaient l'esprit imbu de nostalgies « moyenâgeuses » – celle de l'empire de Charlemagne, ou celle de la croisade –, qu'ils croyaient réaliser les prophéties des sibylles qui avaient annoncé le règne d'un grand monarque avant la fin des temps, que Charles VIII et Louis XII s'étaient lancés dans les expéditions qui allaient encourager la circulation des idées nouvelles, accélérer, pour le meilleur comme pour le pire (l'émergence d'un individualisme qui se traduirait au « beau XVIe siècle » par de sanglantes guerres civiles), l'accès de la France à la modernité.

PONTIFEX MAXIMUS

Ils ne se seraient pas intéressés aux beaux-arts, on les considérerait comme des talibans. Ils furent les plus fabuleux mécènes de tous les temps : on leur reproche leur faste comme une manifestation d'impiété. Leur quête de la beauté, leur désir de concilier la foi et la raison, de manifester la puissance civilisatrice de la religion dont ils étaient les chefs, les propagateurs et les interprètes, se traduisirent par une profusion de commandes inouïes. Ils firent peindre à fresque les murs de leur palais, de leurs appartements, de leurs chapelles par une pléiade d'artistes comme il ne s'en rencontre pas deux fois dans l'histoire : Fra Angelico, Mantegna, Botticelli, Pérugin, Ghirlandaio, Rosselli, Pinturicchio, Raphaël, Michel-Ange. Construire leurs églises par Bramante, Sangallo, Borromini, Bernin. Ils collectionnèrent les statues d'époque hellénistique et les portraits romains, les dieux-fleuves et les sarcophages paléochrétiens, les manuscrits, les tapisseries, les mosaïques, les gemmes, les camées, les papyrus, les inscriptions. Peinture, sculpture, architecture, dessins, gravures, arts décoratifs ; archéologie grecque, romaine, égyptienne, étrusque ; géographie, astronomie, géométrie ; art sacré, art profane, érudition : leur curiosité ne se satisfit ni de l'Antiquité classique à la redécouverte de laquelle leur époque allait devoir son nom, ni des chefs-d'œuvre de la production artistique qui leur était contemporaine. Elle s'étendit jusqu'aux trouvailles exotiques des plus aventureux de leurs missionnaires.

Leur sûreté de jugement tient parfois du miracle. Jules II fait détruire les fresques tout juste peintes par Piero della Francesca et Lorenzo Lotto dans son appartement pour donner toute sa place à un jeune peintre à peine débarqué de Toscane : il offre au monde les chambres de Raphaël. Il confie la décoration du plafond de la chapelle pontificale à un sculpteur sans expérience de la peinture à fresque : c'est Michel-Ange. Clément VII sacrifie la splendide *Assomption* de Pérugin, où venait culminer le cycle des fresques brossées sur les parois de la Sixtine par les maîtres toscans du Quattrocento : c'est pour laisser la place au *Jugement dernier*.

Quelques pieds plats s'indignent de ce qui leur apparaît comme une confusion des genres. Il s'en trouvera toujours, à peine débarqués des Pullman climatisés que l'industrie du tourisme met à leur disposition, voyage tout confort, séjour *all inclusive*, pour s'offusquer que les vicaires du Christ n'aient pas vécu modestement. Certains guides ne les aident guère à réfléchir ou à comprendre, colportant trop souvent les images faciles que l'historiographie libérale du XIXe siècle a mises en circulation. Les Borgia sont commodes, tels au moins que les font apparaître la légende. Ils permettent d'expliquer la plus extraordinaire explosion artistique de tous les temps par le goût du lucre de grands seigneurs libres penseurs.

Nul doute que l'ambition, la recherche ostentatoire d'un luxe princier, furent pour des papes qui étaient aussi des souverains une tentation permanente. Le faste pontifical répondait cependant à un dessein qui n'avait rien d'inavouable. Les papes avaient trouvé en triste état la ville de Rome à leur retour d'Avignon (1420). Vingt mille âmes subsistaient entre les remparts construits par l'empereur Aurélien, quand la capitale de l'Empire romain avait compté sans doute plus d'un million d'habitants. Des troupeaux paissaient dans les décombres de la grandeur antique. Le Forum était un champ pour les bœufs ; le Capitole, une colline à chèvres. Colonna, Orsini, les familles princières s'y disputaient le pouvoir, les armes à la main. Les cités voisines s'étaient érigées en seigneuries indépendantes.

L'État pontifical hérité de Pépin le Bref n'était plus qu'un souvenir. Oncle de Jules II, bâtisseur de la chapelle Sixtine, Sixte IV della Rovere entreprit, le premier, de se rendre maître de ses possessions afin de donner à la papauté l'autonomie temporelle sans laquelle le pouvoir spirituel du pape n'eût pas franchi les murs de sa demeure. D'ôter aux étrangers, Français ou impériaux, les occasions d'intervenir en Italie pour tenter d'y assouvir leurs ambitions. D'imposer la suprématie de son autorité spirituelle par les armes de la puissance temporelle.

Cela n'alla pas sans combats ni sans inconvénients. Il y fallut des compromis, des batailles, des alliances, des prébendes. Il y fallait aussi de la munificence. Une prodigalité qui éblouisse les peuples et les cours, et assure au Saint-Siège le prestige nécessaire à l'accomplissement de sa mission.

Au Vatican, les papes de la Renaissance comprirent qu'il leur était donné de refonder Rome. De s'appuyer sur le prestige inégalé, inégalable, de la capitale du plus vaste empire qui ait jamais traversé l'histoire, pour en faire la figure de la vocation de l'Église à faire rayonner la foi catholique sur le monde.

Ils y parvinrent en y concentrant les splendeurs de la civilisation. En faisant sortir de terre, sur le lieu même du martyre de saint Pierre, une ville qui annexerait les marbres de l'Antiquité romaine pour les faire servir à la proclamation de la victoire de la Croix sur toutes les principautés de la terre.

Un esprit superficiel peut y voir un reniement de la simplicité que manifestait l'architecture romane, les voûtes pures des abbayes cisterciennes. C'est méconnaître le message spirituel qu'en dépit des limites, des fautes inhérentes à la nature humaine, proclame le déploiement du faste romain.

Ce message, un signe imperceptible en témoigne, au cœur même de l'un des plus prestigieux décors peints sur les murs du Vatican. Dans la chambre où il tenait ses audiences,

Jules II s'est anachroniquement fait peindre par Raphaël à genoux devant un autel où un prêtre célèbre la messe. La scène se passe deux siècles et demi plus tôt, en 1264, à Bolsena. Le prêtre, en proie au doute sur la présence réelle, avait eu la surprise et la grâce de voir du sang apparaître sur l'hostie alors même qu'il prononçait les paroles de la Consécration. Ce miracle eucharistique avait été à l'origine de l'institution de la Fête-Dieu. Raphaël l'a représenté de manière presque imperceptible au visiteur. Il faut avoir eu le privilège de s'approcher, sur un échafaudage, à quelques centimètres de la fresque pour découvrir des traces de sang auxquelles le peintre a donné, sur l'hostie, une forme de croix. Pape guerrier, pape mécène, botté, casqué, connu pour ses colères, Jules II avait ainsi, mystérieusement, fait inscrire, au centre de son appartement, là même où se déployait toute la magnificence de la pompe romaine, dans le plus splendide des décors d'apparat, ce qui en constituait l'assise et le secret, la signification, la fin : le signe de la Croix.

Le siècle des Borgia

On leur a prêté des crimes à foison. Il ne suffisait pas que le pape ait vécu maritalement avec ses maîtresses, qu'il ait entretenu au Vatican trois de ses enfants. Qu'il ait convoité, pour eux, de prestigieuses alliances, nourri d'immenses ambitions. Il fallait qu'il ait empoisonné ses cardinaux pour se saisir de leur fortune et entretenu un commerce infâme avec Lucrèce ; que César et Juan aient disputé à leur père les faveurs de leur sœur ; que le fils du pape ait fait lui-même assassiner son frère dans les rues de Rome par des spadassins.

Les ambassadeurs étrangers, les grandes familles romaines, qui n'avaient pas assisté sans scandale à l'ascension d'une lignée de parvenus captant des privilèges qu'elles s'arrachaient de haute lutte, d'ordinaire, n'avaient pas manqué de répandre, dans leurs lettres, les rumeurs les plus malveillantes. Le maître des cérémonies du souverain pontife avait tenu un journal dans lequel il avait consigné avec un soin maniaque les manquements du pape à la morale, en même temps qu'à l'étiquette. Il en avait inventé quelques-uns au passage. N'importe. Leurs témoignages allaient fournir, pour les siècles, la matière de la plus singulière des histoires, la plus rocambolesque des sagas familiales.

Les adversaires de l'Église romaine tenaient, avec eux, des héros tels qu'ils n'auraient pas osé les inventer eux-mêmes. Il leur suffisait de laisser aller leur verve pour broder autour du canevas qu'avaient dessiné leurs débordements. Les princes italiens racontèrent qu'Alexandre VI avait fait un pacte avec le diable. Les théologiens réformés le peignirent sous les traits de l'Antéchrist. Les philosophes des Lumières rapportèrent les ragots puisés dans les chroniques comme autant de pièces à conviction. Victor Hugo y trouva l'intrigue d'un mélodrame aux couleurs criardes d'un spectacle du Grand-Guignol. Le siège de Pierre n'avait pas connu, avec leur règne, un épisode hors du commun : les Borgia avaient fait voir la véritable nature des ennemis de la déesse Raison.

Notre époque a trouvé le mythe tout prêt à la consommation, sans avoir besoin de solliciter un obscur tâcheron des lettres afin qu'il en compose le *Da Vinci Code* pour public en mal d'énigmes policières, d'ésotérisme, de complots. Elle n'a eu qu'à se donner la peine de le décliner au cinéma et à la télévision. Du sang, du sexe, et des empoisonnements ; l'hypocrisie démasquée dans les couloirs mêmes du Saint-Siège ; le crime et la luxure révélés comme pratiques ordinaires dans les passages secrets du Vatican.

À qui se met en peine de briser la gangue dans laquelle a été figée leur histoire, pour replacer, simplement, les Borgia dans leur temps, ils apparaissent pourtant tels qu'en eux-mêmes. Ni anges ni démons : des princes de la Renaissance que la violence de l'époque et la singularité de leur condition d'étrangers dans une Rome hérissée des tours de ses familles nobiliaires obligeaient, pour survivre, à pousser l'amoralisme plus loin que leurs concurrents ; que les jalousies suscitées par leur position condamnèrent à ce que ne soit consentie aucune indulgence à leur part d'ombre.

Alexandre VI était devenu pape en 1492 : l'année même du voyage de Christophe Colomb, de l'expulsion des Juifs d'Espagne et de l'achèvement de la Reconquista. Autant dire qu'il lui avait été donné d'exercer la plus haute des magistratures spirituelles dans un monde en plein bouleversement.

La découverte de l'Amérique était celle d'un continent inconnu, habité par des peuples qui n'avaient participé, ni de près ni de loin, à l'aventure de la civilisation. La Renaissance ne se caractérisait pas seulement par la redécouverte du patrimoine antique, tel que l'avaient conservé les bibliothèques de Constantinople, désormais aux mains de l'Islam. Elle avait sonné le glas du double pouvoir de l'empereur et du pape au profit d'États monarchiques unifiés, dont les souverains ne se souciaient guère de l'autorité du Saint-Siège, au moment où la diffusion de l'imprimerie ouvrait la voie au libre examen de l'Écriture sainte par chacun.

L'homme que Léonard de Vinci inscrit dans un cercle parfait devient la mesure de son propre destin. L'illusion d'un progrès moral apporté par le perfectionnement des techniques se substitue à l'idéal de contemplation des vérités éternelles. L'individu s'affranchit des communautés au sein desquelles il avait accoutumé de s'inscrire, il se détourne de la méditation de l'ordre naturel du monde pour se mettre à l'écoute de sa volonté seule.

Les Borgia peuvent entrer en scène, et il est singulier que leur jettent la pierre ceux qui se félicitent de cette libération ; que condamnent César les admirateurs de Machiavel.

Car c'est en Italie que cette révolution trouve son épicentre. Là que, formé par les antiques disciplines médiévales, l'individu secoue soudain le joug pour ne plus laisser parler que sa force, son énergie, sa *virtù*, avide de prendre possession, ici et maintenant, des richesses de la terre, et de jouir sans entraves de son émancipation.

La situation y était, plus qu'ailleurs, propice, du fait de la présence des ruines spectaculaires d'un passé prestigieux. Les États s'y faisaient et s'y défaisaient avec l'appui de souverains étrangers. Les condottieri y vendaient leurs services aux princes les plus offrants.

De cette révolution politique et intellectuelle, naquit l'une des plus extraordinaires périodes de créativité artistique de l'histoire des hommes. Elle ne pouvait manquer de susciter, aussi, le trouble des esprits. Elle explique, sans excuser leurs crimes, les errements auxquels furent conduits les Borgia, à la tête d'une institution séculaire, mais dont les ressorts de pouvoir ne fonctionnaient plus.

Le discrédit que jeta sur eux leur inconduite ne manqua pas de porter atteinte à la réputation de l'Église. N'empêche : Alexandre VI n'en avait pas moins compris qu'il était devenu, pour un temps, nécessaire à la papauté de disposer de la puissance temporelle qui lui permettrait de survivre à la montée du scepticisme et de s'inscrire dans le mouvement du siècle pour attirer à elle les nouvelles élites, la placer au cœur du renouveau dont il avait vu se lever les prémices.

« Alexandre VI, note justement Voltaire, laissa dans l'Europe une mémoire plus odieuse que celle des Néron et des Caligula, parce que la sainteté de son ministère le rendit plus coupable. Cependant, c'est à lui que Rome dut sa grandeur temporelle, et ce fut lui qui mit ses successeurs en état de tenir quelquefois la balance de l'Italie. Son fils perdit tout le fruit de ses crimes, que l'Église recueillit. [...] Il ne conserva rien de toute sa funeste grandeur. Tout fut pour le Saint-Siège, à qui sa scélératesse fut plus utile que ne l'avait été l'habileté de tant de papes, soutenue des armes de la religion. »

Orson Welles le dit autrement : « L'Italie, pendant les trente années de règne des Borgia, connut la guerre, la terreur, les meurtres et des flots de sang. Mais elle produisit Michel-Ange, Léonard de Vinci et la Renaissance. La Suisse connut pendant cinq siècles la démocratie, la fraternité et la paix, et elle a produit le coucou. »

HENRI VIII EN LIBERTÉ

« Machiavel n'est, en général, pas lu sérieusement. » Il serait, selon Pierre Manent, victime des préjugés qu'inspire à nos contemporains le caractère extraordinairement concret de ses observations, en un siècle où les spécialistes de philosophie politique ont parfois quelque peine à prendre en considération ceux qui ne s'expriment pas dans leur jargon. En répudiant le vieil idéal de justice d'Aristote, l'illusion selon laquelle le but suprême de la politique ne serait ni la volonté de puissance ni la richesse des nations, mais la mise en conformité des sociétés à l'ordre naturel du monde, il n'en avait pas moins jeté les fondations de l'État moderne.

Lu, Machiavel l'avait été sans doute en son temps par le roi Henri VIII. Envoyé en ambassade auprès de Jules II, alors que le pape avait entrepris de reprendre par la force le contrôle des villes de ses États passées entre les mains de soldats de fortune, l'écrivain florentin avait assisté à la prise de quelques forteresses par le souverain pontife. Il avait consacré à l'épisode un chapitre de ses *Discours sur la première décade de Tite-Live*. « Parvenu à Pérouse avec une intention et une décision connues de tous », écrit-il, Jules II « n'attendit pas la protection de ses troupes pour entrer dans la ville, mais y pénétra sans armes », bien que son ennemi Giampaolo Baglioni « fût à l'intérieur avec force soldats qu'il avait réunis pour se défendre ». Estomaqué par la fougue de son adversaire, le seigneur de la guerre se laissa capturer par le pape, alors que celui-ci n'était accompagné que par une faible escorte. L'affaire donna à penser aux témoins, parmi lesquels se trouvait Machiavel.

Ils se demandaient, dit-il, comment Baglioni, qui n'avait jamais été, par le passé, étouffé par les scrupules (il avait assis son pouvoir sur l'assassinat de ses neveux et de ses cousins, et il couchait avec sa sœur), avait pu laisser passer l'occasion d'« acquérir une gloire immortelle » en se saisissant du pontife et de ses cardinaux, et par là d'« accomplir une entreprise où chacun aurait admiré son courage et qui aurait laissé de lui un souvenir éternel », « une action dont la grandeur aurait dépassé l'infamie et les risques qu'elle pouvait impliquer ».

Le livre de Machiavel parut, inachevé, quatre ans après sa mort, en 1531. Henri VIII en appliquerait, les années suivantes, les prescriptions à sa manière, en séparant définitivement l'Angleterre de la papauté, se proclamant chef d'Église, pillant et détruisant les monastères, vendant leurs biens immobiliers, envoyant au bourreau les récalcitrants. « Ne rien laisser intact dans le pays et faire en sorte qu'il n'y ait ni rang, ni magistrature, ni position, ni richesse dont les titulaires ne lui soient totalement redevables », tromper les hommes par la ruse en abjurant toute loyauté, « être renard pour éviter les pièges, et lion pour effrayer les loups », « s'ingénier que l'on perçoive dans ses actions de la grandeur » : le souverain britannique ne négligerait, pour régner, aucune des sulfureuses maximes du Florentin. Il serait l'illustration même d'une politique débarrassée de toute préoccupation morale, qui résume l'art du gouvernement à une technique de domination. D'une royauté mal assurée, encore féodale, et d'une Angleterre parent pauvre d'un équilibre européen que dominaient l'Espagne, le Saint Empire et la France, il ferait, à son école, une monarchie nationale étroitement associée aux élites sociales au sein du Parlement, en même temps qu'une puissance appelée à jouer l'un des tout premiers rôles dans le concert des nations.

L'historiographie contemporaine s'efforce désormais de débarrasser Henri VIII et ses successeurs des caricatures dont les ont affublés leurs adversaires, et du bric-à-brac romantique qui a fait d'eux, longtemps, les personnages d'un conte pour empêcher les enfants de s'endormir : en montrant que leurs crimes ne furent que les douleurs de l'accouchement au terme duquel ils eurent le mérite de donner à l'Angleterre le visage qui allait lui permettre de traverser le temps.

Les deux approches sont moins contradictoires qu'il ne semble. Car c'est en réalité à une salutaire réflexion sur l'État moderne qu'invite l'exemple des Tudors, et singulièrement celui de leur figure prédominante.

En s'affranchissant, en effet, d'une tutelle romaine dénoncée comme une ingérence étrangère et en s'appuyant, contre elle, sur les décisions des conciles nationaux et du Parlement, réputés libres de faire la loi sans autre considération que le désir de la faire correspondre à la volonté présumée du peuple et à celle, affichée, du souverain, Henri VIII pouvait, à bon droit, se considérer comme un émancipateur des entraves qu'invoquant le droit naturel, les lois divines ou non écrites, la tradition antique et médiévale avait apportées à la liberté des gouvernants. Réputant dès lors pour autant de trahisons les tentatives d'opposer, à la législation régulièrement adoptée, les droits de la conscience, il imposa cette liberté nouvelle par la condamnation de ses contradicteurs à la peine capitale, l'imposition de la loi martiale, la corruption des parlementaires, les exécutions sommaires, les bûchers, les tribunaux d'exception. D'Édouard VI à Elizabeth, en passant par Marie Tudor, ses successeurs suivront ses traces au fil de leurs tâtonnements contradictoires entre protestantisme, réaction catholique ou retour au compromis anglican.

« Ce sont là, avait reconnu Machiavel, des moyens très cruels [...]. Tout homme doit les fuir et préférer la condition de simple particulier à celle de roi, au prix de la destruction de tant d'hommes. Néanmoins, quiconque a écarté la voie du bien doit suivre celle du mal pour se maintenir », le pire étant de se cantonner dans une voie moyenne qui ne préserverait ni la sécurité du pouvoir ni l'innocence du souverain.

« Le seul exemple d'Henri VIII, remarquera au XVIIIe siècle le grand Bolingbroke, suffirait à démontrer que nulle tyrannie ne saurait être aussi sévère que celle qui s'exerce de concert avec le Parlement. La volonté arbitraire peut être transformée en seule règle de gouvernement, même quand l'on conserve les noms et les apparences d'une Constitution libre. Nul besoin d'abolir les Parlements pour que le prince ou son ministre deviennent des tyrans. »

Le règne d'Henri VIII ne se réduit certes pas aux aventures de Barbe-Bleue, à ses six femmes et aux centaines de cadavres rangés dans ses placards. Il n'empêche : clouée sur ordre du roi sur le pont de Londres, la tête de Thomas More, exécuté pour s'être abstenu d'approuver la mainmise de l'État sur les âmes et sur la religion, vient nous rappeler qu'en conjuguant le respect formel des institutions représentatives et le mépris des lois qui échappent à l'arbitraire des volontés humaines, le roi Tudor fut tout à la fois celui qui mit en œuvre au plus près les principes de la science politique moderne, et l'une des plus parfaites incarnations du despotisme.

INCAMANIA

Dans la forêt aux mille bruits, où volettent les aras, les toucans, les tanagras multicolores, on avait depuis longtemps entendu parler d'un royaume de l'or : l'Eldorado. Les émissaires de l'Inca s'aventuraient parfois vers le nord, aux confins de l'Amérique centrale, pour échanger bijoux, tissus précieux, contre des plumes, du miel, du tabac, des essences de bois. De Cuzco, le nombril du monde, le fils du Soleil régnait sur un immense empire. « Aucun oiseau ne vole, disait-il, aucune feuille ne tombe, si ce n'est par ma volonté. » Nul n'avait le droit de modifier sans son consentement la couleur de ses vêtements, l'ordonnancement de sa coiffure. Nul épi de maïs, nul tribut, ne devaient échapper à ses émissaires, « ceux dont les yeux se posent partout ». Dans les provinces, les *curacas* (les caciques) étaient tenus de lui fournir des corvéables : cultivateurs, maçons, serviteurs, potiers, rabatteurs de gibier, fabricants de parures, bergers, préposés aux salines, au piment, concubines. L'ordre avait succédé au chaos. Des ponts de cordes avaient été tendus au-dessus des rivières. Des routes interminables, d'immenses escaliers de pierre couraient le long de la cordillère des Andes. Nul ne devait les emprunter que ses messagers, ses porteurs. Juché sur sa litière, l'Inca avait soumis des peuples innombrables, il avait fait des tambours de guerre de la peau de ses ennemis. Exterminé ceux qui avaient eu l'audace de résister à sa domination. Déporté ceux qui lui paraissaient susceptibles de brandir l'étendard de la révolte.

Le jour de l'Inti Raymi, resplendissant sur son trône d'or, entre les statues du Soleil, de la Foudre, de l'Éclair, entouré des momies des ancêtres, le front ceint, le poitrail couvert de métaux précieux, il offrait une bière de maïs à son père, le Soleil, tandis qu'on égorgeait un lama pour asperger de sang la farine blanche, et que se succédaient les danses, les banquets, les chants, les beuveries.

Cinq siècles ont passé, et Pachacútec n'en croirait pas ses yeux : l'Inca est populaire comme jamais il ne le fut. Pizarro s'était emparé de l'empire du Pérou à la tête d'une maigre troupe de moins de 200 hommes parce qu'il avait pu s'appuyer, partout, sur la haine que le souverain suscitait chez les peuples qu'il avait assujettis. Son hégémonie s'étendait, du nord au sud, sur plus de 5 000 kilomètres, entre la barrière des Andes et la côte Pacifique : elle s'était effondrée d'un seul coup. Le fils du Soleil exerçait un pouvoir absolu, totalitaire. Son État avait disparu en quelques mois sans laisser derrière lui, jusqu'au XVIIIe siècle, la moindre nostalgie. Ainsi passent les empires.

Chaque année, lors de la fête du Soleil, l'Inca se lavait des souillures qui risquaient d'affecter le destin de sa race en déflorant une jeune fille. Elle était choisie pour sa beauté parfaite parmi les plus nobles familles, comblée de marques d'honneur pendant la procession qui la conduisait jusqu'à lui, ensuite droguée, enterrée vive au fond d'un puits.

On ne saurait réduire à de tels rites, non plus qu'à la pratique des sacrifices humains (il est vrai plus occasionnelle que chez les Mayas, les Aztèques), une civilisation qui eut le mérite de recueillir, avec ses masques d'or, ses coiffes en plumes de quetzal, sa vaisselle en métal précieux, ses colliers finement ciselés, ses collections de céramiques, les traditions artistiques des plus anciennes cultures andines.

La mythification du passé précolombien de l'Amérique latine, comme le ressassement des indiscutables excès de la conquête, n'en sont pas moins symptomatiques, chez les Européens, d'un étrange dérèglement de l'esprit.

L'« incamania » a pris possession de Cuzco, l'antique capitale de l'empire. Des monuments célèbrent la mémoire de Viracocha ou de Manco Cápac. Une association propose très sérieusement la reconnaissance officielle de la noblesse inca. La classe moyenne, qui reste européenne par ses origines, et ne se distingue pas toujours par l'attention portée aux populations indiennes, est la première atteinte. D'aimables commerçants, de timides employés de banque, de doctes universitaires procèdent au rituel de l'offrande à la Pachamama, la « Terre mère », dans leurs magasins, leurs bureaux. Le recteur de l'université délaisse pour un temps sa toge, l'écran de son ordinateur, ses livres, pour procéder au sacrifice de lamas entre les murs de sa faculté. Il est, à temps perdu, le grand prêtre et le chaman principal de la ville. D'autres annoncent le retour prochain de l'Inca.

Au XIXe siècle, l'incaïsme avait été redécouvert par les intellectuels indépendantistes. La nostalgie de l'époque préhispanique se nourrissait, chez ces républicains qui descendaient eux-mêmes des conquistadors, de la volonté de chasser d'Amérique latine la puissance coloniale (la *mala madre* : l'Espagne), et de forger une identité nationale à destination des populations disparates réunies dans des frontières artificielles.

Entre deux guerres, il se présentait comme un avatar du socialisme : les recensements systématiques, l'absence de liberté, d'initiative, la confiscation d'une partie significative de l'économie productive, étaient apparus comme autant de traits distinctifs du gouvernement parfait, la préfiguration de l'État moderne, dont l'Union soviétique donnait alors le modèle abouti. Sous sa bannière, on rendrait, disait-on, la terre aux Indiens.

Il s'affiche aujourd'hui sous l'étendard arc-en-ciel du New Age. Celui-ci a flotté, un temps, sur le palais présidentiel de Lima au côté de celui du Pérou. Chef de l'État de 2001 à 2006, Alejandro Toledo avait fait son dernier meeting de campagne à Sacsayhuamán, la forteresse sacrée des Incas. Il s'était fait introniser au Machu Picchu par un rituel chamanique. La cérémonie n'avait aucun précédent historique : on l'avait inventée pour lui. Le site archéologique est présenté par nombre d'agences de voyages, en Europe et aux États-Unis, comme « le centre magnétique de la planète ». On vient du monde entier pour s'y « charger d'énergies positives ».

Cette mode ne doit rien à ce que fut l'Empire inca, ses grandeurs, ses faiblesses, ses crimes, son histoire, sa production culturelle. Elle en dit en revanche beaucoup sur ce que nous sommes nous-mêmes devenus.

Les trésors artistiques qu'il a suscités nous offrent certes de faire un fabuleux voyage dans un monde perdu. Ils ne sauraient conduire à l'exaltation béate d'un art de vivre analogue à celui qu'avait connu Mycènes au XVIe siècle avant J.-C., d'une civilisation qui ne connaissait ni l'écriture, ni le fer, ni la roue, et pensait se concilier les forces de la nature en répandant du sang sur les autels. L'idéalisation irréfléchie, romantique, des peuples que l'Europe a conquis témoigne au contraire d'un avachissement de l'esprit qui fait de la haine de soi (pour mieux dire : de la haine de ses propres pères) le dernier mot de notre culture. Elle ne nous renseigne guère sur les Incas. Elle nous parle de nous.

~ GRANDS SIÈCLES ~

VIVE HENRI IV !

Il n'avait, à vrai dire, ni la majesté d'un monarque ni la silhouette d'un damoiseau ; il ne brillait guère par le goût des lettres non plus que par sa prestance dans les ballets. À la cour des Valois, la plus raffinée de l'Europe du XVIe siècle, il faut bien reconnaître qu'il faisait un peu tache. Il serait toujours provincial, trousseur de jupons et forceur de gibier. Il avait l'haleine forte, la barbe négligée. À sa naissance, son grand-père lui avait, disait-on, frotté les lèvres avec une gousse d'ail et fait boire une rasade de jurançon. Il avait conquis son royaume à la pointe de l'épée ; il était plus à l'aise parmi les hommes de guerre, les paysans, les cavaliers, que dans les cabinets noirs où l'on manie la dague et le poison, parmi les mignons passés maîtres dans l'art de faire la révérence, d'affûter les propos assassins contre les ennemis à terre, et de prendre le vent pour retourner opportunément son pourpoint.

Le panache qui ornait son feutre était-il aussi blanc qu'on l'a rapporté ? Son linge n'était pas toujours irréprochable. Sa garde-robe laissait à désirer. Il détestait par-dessus tout prendre des bains. Il dit un jour à l'une de ses maîtresses que l'eau lui eût « ôté son fumet ». Ce qui a fait sa popularité, ce sont les vertus de chevalerie qu'il avait su montrer sur les champs de bataille, sans jamais hésiter à s'engager lui-même au cœur de la mêlée. C'est l'alliance, en lui, de l'expérience des hommes et de la jovialité ; une bonhomie, une gaillardise, dans lesquelles les Français se reconnaissaient. À un notable qui, s'étant agenouillé pour lui faire un discours, s'était blessé au genou et avait, sous la douleur, crié « Foutre ! », il s'était empressé de répondre : « Voilà la meilleure chose que vous me puissiez dire. Je ne veux point de harangue, vous gâteriez ce que vous venez de dire. »

Ce qui fait pour nous, quatre cents ans après sa mort, de ce roi chef de guerre, coureur de femmes, aventurier, un exemple et l'un des héros fondateurs de l'identité française, c'est pourtant, plus encore, autre chose : sa volonté de mettre un terme à la guerre civile qui ensanglantait, depuis trente ans, la France, par la réconciliation des Français.

Il avait hérité d'un pays en lambeaux. Sous la houlette de la Ligue, Lyon, Amiens, Orléans, Marseille et Nantes avaient pratiquement proclamé leur indépendance. Toulouse, Dijon, Rouen, Grenoble en tenaient pour son oncle, le vieux cardinal de Bourbon. Paris ne jurait que par Mayenne, le dernier des princes lorrains. Il sut s'imposer par la force des armes, mais aussi par le pardon qu'il accorda généreusement à ses adversaires, convaincu que dans les discordes civiles, tous les torts ne sont jamais d'un seul côté. Immense leçon que Louis XVIII voulut, à la Restauration, reprendre à son compte, et que nos contemporains n'ont pas su appliquer. Face au parti de l'étranger, qui avait tenté de faire monter une infante espagnole sur le trône, il s'était appuyé sur le sentiment patriotique des Français. Il sut le ménager en refusant de considérer, une fois la victoire acquise, ses adversaires comme des traîtres.

Sans doute ne fit-il jamais, de son vivant, l'unanimité. Il échappa au contraire par miracle à un nombre incroyable d'attentats. Dès 1593, l'année de l'abjuration, un batelier de la Loire avait projeté de le tuer. Un an plus tard, un étudiant en droit l'avait raté de peu. En 1595, un soldat nommé Châteaufort vint de Flandre dans le dessein de le supprimer. En 1596, un avocat d'Angers fut arrêté à Chartres alors qu'il s'était fait par avance absoudre et délier de son serment de fidélité au roi. On mit à mort, à la même époque, un régent de collège, un vicaire, un Espagnol, un Italien, un Français : tous avaient projeté de l'assassiner.

En 1598, ce serait un chartreux. Un jacobin et un capucin suivirent en 1599. Nicole Mignon tenta de l'empoisonner en 1600. Julien Guédon essaya le poignard en 1602. Le geste de Ravaillac ne fut pas seulement celui d'un fou isolé. Les haines restaient vives, les passions déchaînées. N'empêche : la cohorte des régicides ne l'avait pas découragé.

Les catholiques doutaient de la sincérité de son abjuration. Ils craignaient que ce roi huguenot ne leur impose un jour la religion prétendument réformée. Les protestants lui reprochaient d'avoir trahi leur cause. Ils avaient refusé de marcher avec lui contre les Espagnols, quand Amiens était sous le feu de leurs canons. Ils menacèrent longtemps de reprendre les armes contre les troupes royales. Plus qu'un anachronique édit de tolérance, l'édit de Nantes fut un traité de paix. Il ne satisfit, sur le moment, personne : les ligueurs estimaient que la seule présence des hérétiques en France était une offense à Dieu ; les réformés regrettaient les limites qui étaient apportées à leur liberté de culte ; ils aspiraient à une large autonomie politique de leurs cités, qui eût réduit le pouvoir du roi à celui d'un « protecteur » militaire, sur le modèle du *stadhouder* des Hollandais. La noblesse voyait d'un mauvais œil le roi favoriser l'ascension des gens de robe. Elle rêvait d'aventures chevaleresques. Le parti dévot eût voulu qu'il s'alliât avec l'Espagne et mît la France au service du pape pour mener la croisade contre le Turc.

Henri IV avait un autre projet : le rétablissement de la monarchie capétienne. Catholiques, protestants, politiques, ligueurs ou royalistes, extrémistes ou modérés : pendant près d'un demi-siècle, on s'était entre-tué. Il fallait mettre un terme aux ambitions rivales, refermer les plaies, rassembler ; renouer avec l'idéal d'Aristote, qui définit la politique comme une amitié partagée ; reprendre le métier de l'unité française que ses prédécesseurs avaient tissée, depuis Clovis, Philippe Auguste et Jeanne. Il mit fin aux discordes en imposant une idée neuve : la nation.

MISSION IMPOSSIBLE

Les images sont de celles qui restent dans les esprits : ici, un missionnaire lié sur une croix est jeté de la cime des gigantesques chutes d'Iguazú ; là, un religieux s'enfonce seul dans la forêt paraguayenne avec, pour tout bagage, un hautbois ; ailleurs, s'élève au cœur d'une jungle impénétrable une cathédrale de pierre où la foule des Indiens convertis accueille par des chants célestes la visite du cardinal légat chargé par le Saint-Siège de procéder à leur dispersion ; plus loin, se déroule à la lueur des incendies, dans l'odeur de la poudre et les cris des enfants, le martyre des tribus massacrées par des troupes mises par les rois d'Espagne et du Portugal au service des marchands d'esclaves, dans le silence complice de la hiérarchie ecclésiastique. L'aventure de la Compagnie de Jésus en Amérique latine a sans doute inspiré à Roland Joffé, avec *Mission,* son plus beau film. À la splendeur des images, au charme envoûtant des musiques, répond l'âpreté des cas de conscience soulevés par cet épisode dramatique de l'histoire de l'Église.

Tout avait commencé en 1609, au nord d'Asunción, aujourd'hui capitale du Paraguay, alors ville coloniale de l'Empire espagnol. Deux jésuites dénués de tout parviennent à rassembler quelques centaines d'Indiens guaranis dans un village missionnaire. Un siècle et demi plus tard, la Compagnie de Jésus administrera sans partage un pays trois fois grand comme l'Angleterre, une trentaine de cités florissantes, où les Indiens jouiront d'un niveau de vie supérieur à celui de la majorité des colons d'Amérique latine, et où le culte sera célébré avec tant de piété et de splendeur que le pape Benoît XIV donnera ces « réductions » en exemple à toute la chrétienté.

Tout a fini en 1767 lorsque, au terme de dix-sept ans de crise et de conflit, les Jésuites ont été définitivement chassés de leurs colonies, prélude à la dissolution de leur compagnie par le pape Clément XIV en 1773. Les champs sont alors retournés à la friche, les églises sont tombées en ruine, les villages ont disparu.

Depuis sa fin tragique, l'expérience n'a guère cessé d'exciter les imaginations. Pour les philosophes du XVIIIe siècle, la théocratie des Jésuites avait marqué « l'apogée de l'obscurantisme ». Voltaire décrit, dans *Candide,* les missionnaires dégustant les mets les plus raffinés dans des vases précieux et se prélassant à l'ombre de cabinets de verdure à colonnades de marbre et d'or, tandis que, réduits en esclavage, les Indiens se nourrissent de quelques épis de maïs dans des écuelles de bois, sous l'ardeur du soleil, en plein champ. Diderot dénonce une théocratie qui aurait maintenu les Indiens dans un long abrutissement.

Deux siècles plus tard, les héritiers des Lumières ont changé de camp : dans *Témoignage chrétien,* le père Gonzalo Arroyo présente les fondateurs des réductions comme les maîtres d'œuvre d'une économie communiste, les précurseurs de la théologie de la libération.

Dans sa précieuse *Vie quotidienne des Indiens et des jésuites du Paraguay au temps des missions,* Maxime Haubert fait justice de l'une et l'autre de ces élucubrations. Contre la caricature voltairienne, il offre le tableau de missionnaires vêtus d'une simple soutane de coton, teinte en noir avec de la boue et du suc de feuillages, labourant eux-mêmes la terre et abattant des arbres à la hache, mangeant sans assaisonnement, dormant dans des hamacs, le corps affaibli par les privations, les maladies tropicales, les pratiques ascétiques et l'accomplissement de travaux agricoles harassants. Contre les rêves des progressistes, il démontre l'inanité du « communisme » guarani. C'est en effet pour pallier la paresse des Indiens, peu soucieux de cultiver leurs terres ou de s'occuper de leurs troupeaux, mais prompts à consommer les récoltes et à abattre le bétail pour satisfaire aux besoins du moment, que les missionnaires furent conduits à gérer un *tupa-mba'e* (« la chose de Dieu »), ensemble d'entreprises et de bien communs de la cité destinés à assurer le paiement de l'impôt à l'État espagnol, les travaux d'intérêt général, les secours aux déshérités et, plus généralement, l'entretien de ceux que leur négligence conduisait au dénuement. « Le catéchisme enseigné aux Guaranis indique expressément que ce n'est pas un péché de désirer acquérir beaucoup de biens, raconte Maxime Haubert. Plût au ciel que les néophytes aient tous répondu à cet "Enrichissez-vous !" avant la lettre. Mais comme ils ne semblent ni le vouloir ni le pouvoir, il revient aux missionnaires de nourrir leurs enfants dans le Christ et de leur enseigner, autant qu'il est possible, une économie rationnelle : les jésuites se plaignent amèrement d'avoir essayé pendant cent cinquante ans de former des capitalistes locaux et de n'y être pas parvenus. »

Au regard de ces divagations, le film de Roland Joffé paraît d'une plus grande fidélité à l'histoire. Sans doute brosse-t-il un tableau quelque peu idyllique d'un paradis terrestre qui gomme tout à la fois la sauvagerie des Guaranis avant leur conversion (notamment leur pratique rituelle de l'anthropophagie) et la direction souvent autoritaire des jésuites.

L'habitat indigène d'avant la conquête était primitif : il tenait de l'étable à bestiaux. Les Indiens s'y empilaient à même la terre, tous sexes et tous âges mêlés dans une effroyable promiscuité. On y faisait, dit un témoin, « tout et le reste » sans jamais rien nettoyer. Les jeunes Indiens, rappelle Jean Dumont dans *Une croix sur le Nouveau Monde*, « se servaient » des femmes quelles qu'elles fussent, y compris de leur propre mère. Le premier travail des jésuites avait été de « réunir » (c'est la signification du mot

« réduction ») les poussières d'habitats dispersés en villages où puissent prendre forme des familles, une ébauche de communauté politique.

Reste que les scènes les plus romanesques du film ne sont pas toujours sans fondement.

Lorsque le père Gabriel, l'un de ses héros, séduit les hommes des hauts plateaux en jouant du hautbois, il s'agit bien évidemment d'un raccourci, d'une ellipse. Les missionnaires ne partaient pas seuls à l'aventure, mais avec une escorte d'Indiens (et surtout de jeunes enfants) susceptibles de convaincre leurs congénères des bienfaits du christianisme. Ils emportaient avec eux du tabac, du savon, quelques indulgences, un rosaire, un fusil.

La musique et le chant n'en jouèrent pas moins, dès l'origine, un rôle primordial dans les conversions. Dès les premiers mois de l'installation des pères, les enfants se bousculent dans les écoles pour apprendre à jouer de la flûte et du violon. Des tribus de païens font venir les jésuites sur leurs terres pour en instruire leurs enfants. Un cacique se convertit en entendant un missionnaire jouer de la viole de gambe. En quelques années, orgues, bassons, cornets, guitares, harpes et cithares feront leur apparition dans les églises. Et les enfants chanteront avec tant de grâce que leurs maîtres jugeront qu'ils seraient dignes de se produire devant le roi d'Espagne.

Aucun cardinal-légat n'est venu promener sa soutane rouge dans la jungle pour nous en faire goûter, par contraste, la sauvage beauté. Œuvre de la couronne, la colonisation du Paraguay ne relevait nullement du Saint-Siège. Elle avait directement été déléguée aux Jésuites par le roi. La stupéfaction qu'éprouve le personnage qui incarne l'envoyé du pape au spectacle de la magnificence des réductions du Paraguay n'en reflète pas moins les impressions ressenties, au XVIIIe siècle, par les nouveaux missionnaires accueillis dans les villages chrétiens par des escadrons de cavalerie indigènes leur rendant les honneurs, puis conduits au son des cloches sous des arcs de triomphe de fleurs jusqu'à une église où plafond, coupole, lambris, autels et confessionnaux sont sculptés, peints, dorés à l'or fin, les murs chargés de tableaux, le sol couvert de tapis et de fleurs, arrosé même d'eau parfumée, tandis que l'air est embaumé par les cierges et les flacons à parfum.

Le reste du village n'est pas moins digne d'admiration. Le collège est un monument aux salles immenses, ornées de boiseries sculptées, de chaises en chêne du pays recouvertes de cuir doré. Les installations du *tupa-mba'e* (moulin, scierie, briqueterie) peuvent rivaliser avec les industries des villes coloniales. Toutes les corporations d'artisans, charpentiers ou tailleurs, doreurs, sculpteurs ou fabricants de chapelets, sont représentées. Dans certains villages, on fabrique des instruments de musique, des chandeliers d'argent, des cloches, et même des horloges astronomiques. D'autres disposent d'une imprimerie où sont édités par les soins des jésuites des livres en langue guarani.

Ce qui paraît, au fond, le plus anachronique dans *Mission*, c'est le centre de son argument : les réductions ne furent nullement livrées par l'armée espagnole aux esclavagistes portugais au terme de batailles rangées. Le conflit éclata à la suite du traité des Limites, qui avait modifié en 1750 les frontières établies en 1494 par le traité de Tordesillas entre les Empires espagnol et portugais. Passés sous la souveraineté du Portugal, dont le gouvernement anticlérical et maçonnique était hostile aux Jésuites et entendait faire droit aux revendications des colons, qui considéraient les réductions comme des terres d'asile où les Indiens échappaient indûment à l'esclavage, la majorité des habitants des 7 réductions situées sur le territoire concerné (sur les 33 qui existaient au Paraguay) refusèrent de se déplacer pour se réinstaller à l'intérieur du territoire espagnol (où la réduction en esclavage des Indiens était prohibée), non plus que de se soumettre aux nouvelles autorités portugaises.

Dessaisissant de tout pouvoir les jésuites dont ils estimaient qu'ils les avaient trahis au profit d'un roi parjure, mais les retenant parmi eux sous la contrainte afin qu'ils continuent à leur administrer les sacrements, ils déclarèrent la Vierge et saint Michel patrons de leurs armées, placées sous la protection du saint sacrement. Sur leurs bannières, ils firent inscrire « *Quis sicut Deus ?* ». « Notre Seigneur Jésus-Christ, dit l'une de leurs prières, nous vous supplions de jeter vos yeux miséricordieux sur vos pauvres créatures : sur nous, les Indiens pauvres et abandonnés. Vous qui savez toutes choses, vous savez que nous sommes innocents. Il est donc très juste que vous fassiez tomber les Espagnols et les Portugais entre nos mains. Amen. »

En 1756, des combats opposèrent dans la jungle les réfractaires aux troupes hispano-portugaises venues procéder à leur transfert par la force. Mal commandés par des caciques dépourvus de connaissances stratégiques, les Guaranis se battirent sans plan de campagne, en ordre dispersé : 2 000 d'entre eux furent tués sur les 35 000 qui peuplaient les missions en question. Deux ans plus tard, une nouvelle intervention espagnole réussit cependant à rassembler les Indiens qui s'étaient dispersés dans la jungle et à organiser pacifiquement leur déplacement vers l'Uruguay. Trois ans encore, et furieux des conditions d'application du traité, les Espagnols réinstalleraient les Guaranis dans leurs anciennes réductions et créeraient de nouvelles missions.

Anachronique encore, le débat qui anime les religieux sur la légitimité de prendre les armes pour défendre leurs fidèles. Le père Gabriel s'y refuse en affirmant que cela disqualifierait tout son enseignement, alors que, dans la réalité, les jésuites n'avaient jamais hésité à faire le coup de feu avec leurs paroissiens contre les tribus païennes voisines ou contre les colonnes infernales d'esclavagistes portugais venues se ravitailler illégalement en chair humaine. Ils avaient même fait, en 1644, le siège d'Asunción à la tête d'une puissante armée guarani pour obtenir l'expulsion d'un évêque qui prétendait les chasser de leurs réductions et en confisquer les terres au profit des colons. Si nul d'entre eux n'a, contrairement à ce qu'imagine Joffé, accepté de combattre aux côtés des Guaranis lors de leur révolte de 1756, s'ils s'efforcèrent au contraire, la mort dans l'âme, de les convaincre d'émigrer, ce n'est pas par idéal de non-violence, mais par respect d'une obéissance à leurs supérieurs qui était depuis le premier jour la règle d'or de la Compagnie de Jésus.

Les légitimes exigences de la dramatisation ont conduit, surtout, Roland Joffé à resserrer l'histoire pour lui donner une unité de temps et polariser l'attention sur la naissance et la fin cruelle de l'épopée. Les missions ne disparaîtraient en réalité qu'en 1767, onze ans après les combats mis en scène par le film : lors de l'expulsion des Jésuites des territoires de la couronne d'Espagne.

Déformée, amplifiée par les relations, les récits, la révolte des Guaranis avait achevé de convaincre les cours européennes que la Compagnie de Jésus constituait une dangereuse internationale et qu'elle avait formé, au Paraguay, un État dans l'État révélateur de son aspiration à la domination universelle. Expulsés de leurs réductions et embarqués comme du bétail à Buenos Aires, les Jésuites mourraient en grand nombre en mer pendant leur retour en Europe. Les autres seraient emprisonnés en Espagne, avant d'être exilés en Corse et dans les États pontificaux. Échaudés par la défaite de 1756, les Guaranis avaient laissé arrêter les missionnaires sans réagir. Déçus par leur passivité d'alors, ils avaient cru aux promesses d'autonomie qui leur avaient été faites par les autorités espagnoles. Livrés à la rapacité des colons, et à leur propre indolence, bientôt ravagés par l'alcool, ils ne tarderaient pas à tomber dans la misère. Leurs maisons détruites, leurs troupeaux dispersés, ils abandonnèrent bientôt d'eux-même leurs villages pour se fondre en ville dans une population désormais métissée. Triste épilogue d'une aventure qui ne peut faire oublier ce qui en fut pourtant la principale leçon : que pendant un siècle et demi, les jésuites du Paraguay avaient donné au monde l'exemple de ce que pouvait être une bienfaisante colonisation.

LE SOLEIL ET LES OMBRES

La majesté du château de Versailles a quelque chose d'un faux-semblant. Elle a pour toujours associé le règne de Louis XIV à l'idée d'une grandeur immobile et sereine. Sur le plafond de la galerie des Glaces, le roi n'avait pas voulu que Le Brun raconte l'histoire des divinités de l'Olympe : Apollon écorchant Marsyas, ou Hercule accueilli au banquet des dieux. Elle ne lui semblait plus à la hauteur de la sienne : on lui avait préféré le passage du Rhin et la reddition de Maastricht. La pratique gouvernementale n'avait pas démenti ce manifeste. Le roi ne s'était pas contenté de s'abstenir, après la mort de Mazarin, de pourvoir au poste de principal ministre (*Le Roi gouverne par lui-même*), d'écarter de son Conseil sa mère et les princes du sang. Il avait choisi ses ministres parmi des « gens de rien » (Saint-Simon). Entendre : des commis souvent issus de la noblesse de robe ou de la bourgeoisie industrieuse. « Satrapie de roture » dira avec mépris le marquis d'Argenson sous Louis XV. Bien plutôt sentiment que son service était seule source de véritable anoblissement.

La liturgie royale donnait à l'existence du souverain la régularité d'horloge, la majesté sans pareille de la course du soleil. La réception d'ambassadeurs venus de pays lointains avait offert autant d'occasions d'entretenir l'illusion d'une monarchie universelle. Les fêtes de cour avaient fait le reste. Dès le Grand Carrousel de 1662, le roi avait paru costumé en empereur romain. Il avait vaincu successivement les Perses de Monsieur, les Turcs de Condé, les Indiens du duc d'Enghien et jusqu'aux sauvages d'Amérique menés par le duc de Guise. Louis XIV y portait une cuirasse en brocart d'or et d'argent parsemé de rubis, une écharpe ornée de roses de diamants, un cimeterre en or massif, un casque en argent surmonté d'une crête de plumes noires et feu. Sur son écu, la devise « *Ut vidi, vici* » (« Sitôt que j'ai vu, j'ai vaincu ») renvoyait à la victoire de César sur le roi du Pont. Celles des grands seigneurs traduisaient la soumission des princes et des nations au monarque tout-puissant : « Seul le soleil est plus grand que moi », « Sans toi, je ne suis rien », « De tes regards vient mon ardeur ». Un an après la prise de pouvoir personnel du jeune souverain, et dix mois après la disgrâce de Fouquet, les grands avaient ainsi joué « la parade de leur propre déclin » (Jean-Pierre Néraudau).

À plus de trois siècles de distance, le spectacle nous éblouit encore.

L'esprit français aidant, avec sa méfiance naturelle pour les hommes providentiels, sa tendance à moquer ce qui paraît trop grand, le phénomène entretient, symétriquement, la légende noire d'un « roi des ombres » édifiant son pouvoir sans pitié pour la peine des hommes, sans considération des peuples obligés de ployer sous sa férule pour la satisfaction d'un prince fou d'orgueil, assoiffé de pouvoir, insoucieux du bien commun.

Dans l'un et l'autre cas, le regard que nous portons sur Louis XIV est trop souvent faussé par l'oubli des circonstances. Ce règne avait commencé par une guerre civile : c'est sur la paille du château de Saint-Germain, sans meuble, sans feu, contraint de fuir Paris, que Louis XIV avait fait les premiers pas de son éducation politique. La révolte brouillonne des parlements, le jeu des ambitions rivales des grands, l'enchevêtrement des complots, des retournements, des intrigues clandestines, avaient mis le pays à feu et à sang, alors même que pesait sur lui la menace de l'invasion étrangère. Rude école pour un prince de 10 ans. Tout son effort avait consisté à en conjurer le renouvellement.

Cette obsession est à la source de l'affirmation répétitive de sa gloire par l'architecture, la peinture, la sculpture, les arts décoratifs, la littérature, la musique ou la danse.

Elle explique les succès du règne : la paix à l'intérieur, obtenue par l'assujettissement des feudataires, la splendeur des beaux-arts, la constitution d'une armée, d'une marine et d'une industrie, la consolidation des frontières du nord et de l'est par la guerre de conquête et la mise en place du formidable réseau défensif conçu par Vauban.

Elle explique aussi ses erreurs et ses faiblesses : la persécution de Port-Royal, la révocation de l'édit de Nantes, quelques guerres où le prestige royal eut plus de part que l'intérêt de la France, le verrouillage excessif des corps intermédiaires, qui isola la monarchie de la nation.

C'est à son aune que doit être fait, en toute justice, le bilan d'un règne au terme duquel, recru d'épreuves, de deuils et de revers, le vieux monarque laissa la France revigorée, malgré tout, par un demi-siècle de paix civile, nantie de frontières renforcées, et nimbée du prestige que lui avait donné le rayonnement sans pareil de sa civilisation.

Le plus extraordinaire est que Louis XIV avait lui-même prévu, très tôt, les retours de balancier dont sa personne n'allait cesser de faire l'objet dans l'opinion. Dans les *Mémoires pour l'instruction du Dauphin,* écrits entre 1664 et 1670 par un jeune roi de moins de 30 ans, il observe lui-même : « Tant que tout prospère dans un État, on peut oublier les biens infinis que produit la royauté et envier seulement ceux qu'elle possède : l'homme, naturellement ambitieux et orgueilleux, ne trouve jamais en lui-même pourquoi un autre lui doit commander, jusqu'à ce que son besoin propre le lui fasse sentir. Mais ce besoin même, aussitôt qu'il a un remède constant et réglé, la coutume le lui rend insensible. »

LE GOÛT DU ROI

Il avait voulu être un souverain à nul autre pareil et il y était parvenu. À sa disparition, Frédéric-Guillaume de Prusse, qui avait été son adversaire, lui rendit hommage en disant, sans autre commentaire : « Messieurs, le roi est mort. » Le roi, c'était, ce ne pouvait être que lui. Jacques Bainville remarque, dans son *Histoire de France*, que le concert des louanges que nous a transmis la littérature et qui unit, à travers les siècles, Bossuet à Voltaire, témoigne de l'enthousiasme presque unanime de ses contemporains et de leurs immédiats descendants.

Son règne n'avait pas été marqué seulement par la naissance de l'État moderne. L'abaissement définitif des grands. L'avènement d'une paix civile, après les dissensions meurtrières de la Fronde, qui durerait cent trente ans. Il avait arrimé à la France l'Alsace, la Franche-Comté, les Flandres, pour lui donner, enfin, les frontières nécessaires à sa défense (il eût voulu les porter jusqu'à Maastricht, ce qui aurait garanti, peut-être, le pays contre les invasions des XIXe et XXe siècles), armé, contre l'envahisseur, les forteresses de Vauban. Il avait mis un terme à l'hégémonie de la maison de Habsbourg en imposant son propre petit-fils sur le trône d'Espagne. Porté à son apogée le renom de la France en faisant d'elle le berceau des arts, des sciences et des lettres, le phare de la civilisation. Il nous a légué Versailles et la Cour carrée du Louvre, les Invalides et l'Institut. Laissé aussi Molière et Racine, Boileau et La Fontaine, Mme de Sévigné et Mme de La Fayette, La Bruyère et La Rochefoucauld, Le Brun, Mignard, Lully,

Michel Richard Delalande, Hardouin-Mansart, Le Vau, Le Nôtre.

Philippe Beaussant souligne, dans son *Louis XIV artiste*, qu'il y a bien des manières, pour un roi, d'en être un. Un prince peut être un amateur, doté par la naissance des moyens d'assouvir ses goûts de collectionneur, de bâtisseur ou de mécène. Ouvrir sa table et délier les cordons de sa bourse au profit des poètes et des gens de plume qui ne manqueront pas de célébrer ses vertus en toute indépendance. Pratiquer en amateur la musique et la danse, comme M. Ingres jouait de son violon. Consacrer ses nuits de veille à la littérature, à l'image de l'empereur Julien. Répandre autour de lui la beauté, la culture avec le même soin qu'un roi met d'ordinaire à rendre la justice, tels Laurent le Magnifique, François Ier, Jules II. Enrégimenter les peintres aux fins de sa propagande, en les nommant barons, comme sut le faire Napoléon.

Il y a de tout cela chez Louis XIV, qui dansait comme un professionnel, promenait Le Nôtre dans sa chaise et avait fait de Racine son historiographe en même temps qu'un gentilhomme extraordinaire de la chambre. Tout cela, mais plus encore. Les beaux-arts furent pour lui, écrit Beaussant, « un pont jeté entre son plaisir et sa couronne » : un monument tout entier dédié à sa gloire ; le signe même du pouvoir souverain, à l'égal du manteau d'hermine, du sceptre, ou des bijoux de la couronne ; un reflet de la plénitude d'une autorité qui serait d'autant plus bienfaisante qu'elle s'imposerait par sa magnificence.

La confrontation des tableaux, des objets, des sculptures suscités par le souci de propager son image de roi de paix, roi de guerre, avec ceux dont il avait personnellement le goût, et qu'il aimait à contempler dans le secret de son cabinet de curiosités, ses collections privées, les plans de ses bosquets, ses projets de jardins, dessine de Louis XIV un portrait que l'on dirait saisi par réfraction : celui d'un monarque qui parvint à faire de sa vie une œuvre d'art, en même temps qu'il faisait des beaux-arts un instrument de son gouvernement.

Sacha Guitry, qui a mis en scène quelques-unes des illustrations artistiques de son règne – Molière, Mme de Sévigné, Le Brun, Lully –, leur prête, alors que le roi vient de rendre l'âme, un mot qui en dit long : « Louis XIV, c'est nous ! » La phrase est vraie dans les deux sens. Car s'ils avaient illustré de manière incomparable son siècle, ils lui devaient d'avoir permis l'éclosion de leur talent en répandant autour de lui, dit Bainville, « le goût pour tout ce qui était ordonné et grand ». L'amour aussi du faste, des jeux de couleurs, des fêtes de nuit, des surprises sans quoi le classicisme aurait sombré dans la monotonie d'une architecture de caserne. Louis XIV hante notre mémoire comme l'image de la majesté royale. Il jouait de la guitare à merveille. Il aimait comme personne les femmes et les jardins.

VERSAILLES SECRET

« Il y avait, écrit Cabanis, tout un monde de passages, d'escaliers, de "petits degrés noirs, étroits et difficiles" [...], de réduits obscurs, d'antichambres qui en commandaient d'autres et ne prenaient jour sur rien, de garde-robes qui empestaient, de pièces minuscules pratiquées dans la hauteur, sur deux ou trois niveaux, où les grands seigneurs s'entassaient, se supportaient mal, dormaient et folâtraient peu, car valets et femmes de chambre étaient à portée de voix, dans les entresols, et aux aguets » (*Saint-Simon l'admirable*).

Tout était en dégagements, en détours. Des Suisses rôdaient matins et soirs, la nuit même, dans les corridors, les galeries, pour y surprendre un mouvement suspect dans une encoignure, rapporter qu'on avait pressé ici une main furtive, échangé ailleurs un billet. Des duchesses logeaient dans des soupentes. La Dauphine, dit Mme de Caylus, « passait sa vie renfermée dans de petits cabinets derrière son appartement, sans vue et sans air ». Le Dauphin avait si peu de place dans l'alcôve où était installé son lit qu'il devait s'habiller et se déshabiller dans la pièce voisine. De grandes affaires se traitaient sous les combles, « dans les ténèbres des tête-à-tête » (Saint-Simon). On se recevait « bec à bec », à la lueur tremblante des bougies dans des « arrière-cabinets » sans fenêtre où tenaient avec peine une table, quelques livres. Là se jouait, incessant, le ballet des ambitions rivales, se nouaient les intrigues qui vous permettraient de passer un jour des petites entrées aux grandes, d'être même titulaire d'un brevet d'affaires vous autorisant à pénétrer dans la chambre du roi tandis qu'il serait à la chaise, de « traverser le parquet », d'obtenir des pensions, des gouvernements, des titres, le droit au tabouret, que sais-je ?

Être exclu de ce labyrinthe obscur et incommode, c'était l'exil. « On était presque consolé, dit encore Cabanis, de mourir sans en être jamais sorti. »

Versailles a pu devenir, aux yeux du visiteur pressé, le symbole de la rigueur classique. Les lignes horizontales de son immense façade, la majesté de la perspective offerte, depuis Latone, par le Tapis vert, le bassin d'Apollon, le Grand Canal, la chorégraphie des statues qui rythment les allées, l'allégorie cosmique qui affecte à chacun des salons de l'appartement d'apparat une planète du système solaire, une divinité de l'Olympe, la pompe sans pareille de la galerie des Glaces, avec ses meubles d'argent, ses candélabres, ses torchères, les rites hiératiques de la liturgie inventée par le roi pour donner à sa vie quotidienne la splendeur monotone d'un fastueux ballet de cour, ont achevé de nous convaincre que Louis XIV avait bâti le palais du Soleil qu'avait décrit Ovide dans ses *Métamorphoses,* « s'élevant sur de hautes colonnes, étincelant de l'éclat de l'or » (II, 1). L'ordre s'y conjuguait avec la mesure, la clarté, l'équilibre, au point de susciter, dit le jeune Musset, l'ennui des honnêtes familles qui s'y promènent le dimanche : « Ô dieux ! ô bergers ! ô rocailles ! / Vieux Satyres, Termes grognons, / Vieux petits ifs en rangs d'oignon. »

Le répéter, le croire, serait s'en tenir pourtant aux premières apparences, passer à côté de ce qui fait le génie même du lieu.

Rien de plus surprenant, de plus inattendu au contraire, qu'un palais construit à la diable, sans plan d'ensemble, par tâtonnements, repentirs. De moins ordonné qu'un château qui en cache un autre entre ses propres murs : le relais de chasse en briques rouges de Louis XIII, petit « château de cartes » masqué derrière l'enveloppe solennelle de Le Vau, mais gardé presque intact côté cour, comme un gage de piété filiale. Rien de moins pensé qu'une façade qui ne doit son horizontalité monumentale qu'à la nécessité de donner des logements dignes d'eux au Dauphin et à la Dauphine (ce fut en 1678 l'aile du Midi, suivie, six ans plus tard, de l'aile du Nord, pour rétablir la symétrie). De moins prémédité que le jeu de miroirs offert au soleil couchant par une galerie qui ne devait être, qui ne fut d'abord, qu'une immense terrasse à ciel ouvert. Rien de moins compassé qu'un domaine qui avait été choisi pour servir de décor à des fêtes galantes, des danses empanachées, des fantaisies baroques, des carrousels, des feux d'artifice, avant de devenir la ruche de pierre où viendrait s'entasser dans un désordre inouï tout un peuple de courtisans.

La magie de Versailles tient à ce paradoxe. Tout y semble cérémonieux, prévisible, alors que la surprise est en réalité partout.

L'ordonnancement des pièces nous paraît immuable : il n'a cessé de changer, au point que la chapelle eut trois emplacements successifs, en quelques décennies ; que la chambre du roi en eut quatre : Louis XIV n'adopta qu'en 1701 celle dont nous admirons, reconstitués, les ors et les tentures, et où s'effectuèrent dès lors les rites cérémoniels du coucher, du réveil. De somptueux décors ont disparu, et c'est en vain qu'on cherche l'escalier des Ambassadeurs, le cabinet des Médailles, le Trianon de porcelaine, l'appartement des Bains. À peine s'il en reste un pâle souvenir, ils se sont dissipés comme un rêve.

Le faste monarchique nous semble sans limite, et la majesté royale débordante comme un fleuve sorti de son lit. C'est oublier que Louis XIV était lui-même souvent vêtu, aux dires de ses contemporains, plus simplement que les grands seigneurs de sa cour. Tenir pour rien le raffinement, la modestie, des appartements que les successeurs du Soleil aménagèrent autour d'une petite cour sans lumière pour s'y réserver à grand-peine quelques moments de vie privée, à l'écart du public. Le cabinet des Dépêches de Louis XV est une antichambre qu'on ne remarquerait guère dans l'hôtel d'un bourgeois de Paris. On tient à peine debout dans la bibliothèque sous les combles où travaillait Louis XVI.

La société dont Versailles a été l'écrin, le réceptacle, nous est peinte comme paralysée par les préséances, les conventions, étouffée sous les falbalas, les grandeurs d'établissement. Mais Racine entrait sans se faire annoncer dans la chambre du souverain. Louis XIV faisait transporter le bonhomme Le Nôtre à côté de lui dans sa chaise, et le jardinier l'embrassa un jour sur les deux joues. Parcourant l'avenue de Versailles, accompagné de Mansart qui venait de la faire planter d'arbres, le roi fit couvrir devant lui l'architecte pour lui épargner la chaleur du soleil. « Je puis en un quart d'heure, dit-il, faire vingt ducs et pairs ; il faut des siècles pour faire un Mansart. »

La vie de cour nous paraît empesée, guindée, artificielle. C'est négliger les frasques de Lauzun, espionnant le roi et sa maîtresse, caché sous le lit où les deux amants se retrouvent après souper pour la bagatelle. Méconnaître la liberté de parole que révèlent les mémorialistes, dès que le rideau tombe sur les acteurs du spectacle, la crudité de leur vocabulaire, la sincérité, la fraîcheur avec laquelle, délaissant les circonlocutions savantes des précieuses, ils savent exprimer des sentiments tout naturels. La princesse Palatine ne parlait de Mme de Maintenon que comme de la « vieille ordure ». Désignant Mme de Montespan, la reine Marie-Thérèse avait eu ce mot tout simple : « Cette pute me fera mourir ! »

Le vrai secret de Versailles, ce qui fait qu'à deux siècles de distance ce palais déserté par ses rois continue de nous séduire, c'est qu'en lui la figure de l'ordre s'était incarnée dans le désordre et la fantaisie ; la grandeur et la beauté n'y avaient pas étouffé la vie.

LES CAPRICES DE MARIE-ANTOINETTE

Elle aurait tant voulu n'être qu'elle-même. N'appartenir qu'à soi, jouir de l'incognito qu'offraient, à l'opéra, les dominos, les loups des bals masqués, et vivre à Trianon, dans la petite société d'amis choisis pour leur esprit, c'est le rêve qui aura dominé toute son existence. « Ici, je ne suis plus la reine, je suis moi », disait-elle, une fois passé les grilles qui l'isolaient dans son domaine. Cela ne devait jamais lui être accordé plus qu'en de courts moments, qui garderaient pour elle la saveur d'un paradis perdu. À Versailles, on attendait d'elle au contraire qu'elle tienne sa partition dans le déroulement de la liturgie royale : le lever en présence de ses dames d'honneur, les repas en public, les phrases calculées, les compliments d'usage, les jeux de société, la tyrannie de l'étiquette. Dans l'immense théâtre à quoi Louis XIV avait associé la monarchie, les rois devaient s'offrir sans cesse à la vénération de leur public.

Être reine, pour elle, c'était sans doute, selon le mot de Zweig, être la femme la plus admirée de la Cour. Mais c'était jouir aussi de la liberté de n'en faire qu'à sa tête, gouverner son mari, être libre. Nul ne l'aura été moins qu'elle, bien avant la prison du Temple et la Conciergerie. Entre les mains de sa mère, Marie-Thérèse, de son frère Joseph II, ou de l'ambassadeur d'Autriche, le comte de Mercy-Argenteau, elle n'était guère qu'un pion sur l'échiquier des puissances européennes. Pour les membres de sa coterie, Mme de Polignac, Lauzun, Besenval, Vaudreuil, l'occasion d'assouvir leur soif inextinguible de prébendes. Pour les propagandistes jacobins, le sujet inépuisable de leurs pamphlets, de leurs calomnies. Pour les jurés du Tribunal révolutionnaire, comme pour les tricoteuses qui huaient sa charrette, elle fut, le jour venu, le prétexte du déchaînement de la haine la plus ordurière.

Elle voulait être elle-même, et elle n'aura jamais cessé, tout au long de sa vie, d'être instrumentalisée par les passions contraires, manipulée par les partis antagonistes.

Le paradoxe est que sa mort n'aura pas fait cesser le phénomène. Icône des royalistes, elle est vénérée, à la Restauration, comme la victime expiatoire de la violence révolutionnaire. Dumas exploite son histoire, où l'ombre succède soudain à la plus éclatante des lumières, pour faire d'elle une héroïne de roman d'aventures. Avec les frères Goncourt, elle devient, à la fin du XIXe siècle, l'incarnation du charme et du raffinement d'un monde disparu. Stefan Zweig l'étend sur le canapé du psychanalyste. L'école républicaine invoque le témoignage de ses lettres pour instruire le procès de son balourd de mari et condamner, à travers elle, l'Ancien Régime. Les historiens soucieux de réhabiliter Louis XVI la traînent dans la boue.

Les polémiques qu'a suscitées en 2006 le film que lui a consacré Sofia Coppola étaient bien de la même veine. Ici, l'on s'indignait de l'atteinte portée à la mémoire d'une reine dont on avait fixé l'image une fois pour toutes, dans les teintes pastel des tableaux intimistes d'Élisabeth Vigée-Lebrun. Là, on se réjouissait au contraire de voir souligné combien son refus des conventions faisait d'elle une princesse moderne, une préfiguration de Lady Di. Il fallait qu'elle soit rock star ou qu'elle reste l'otage du clan des vieilles perruques.

Le mérite de cette nouvelle incarnation de Marie-Antoinette était pourtant d'une autre nature. Il était d'avoir restitué à la figure de la reine ce qui lui manquait le plus : l'éclatante jeunesse de l'adolescente confiée, au matin du 7 mai 1770, à la France, comme un gage de pérennité au renversement des alliances. De l'avoir rendue à la vie en ressuscitant, d'abord, en elle, la jeune fille, ses étonnements devant l'aventure et l'exil doré de Versailles, son incompréhension de l'étiquette, ses difficultés à s'accorder avec Louis XVI, et la fureur de vivre par quoi elle exorcisa sa jeunesse en fuite, avant que l'Histoire ne vienne lui donner l'occasion de manifester la grandeur de son caractère.

On pourra discuter, à perte de vue, des partis pris esthétiques du film, de ses approximations historiques ou de son approche très hollywoodienne des relations de la reine avec Fersen. On ne peut lui contester d'avoir donné à la figure contrastée de Marie-Antoinette, jusque dans l'expression d'un bovarysme qui nous la rend si proche, qui fait d'elle notre contemporaine, une fraîcheur et une humanité singulières ; d'avoir incité, par là, le public français à revisiter ce chapitre de notre Histoire, où la proclamation des droits intangibles de la personne s'accompagna d'une suite de cruautés sans pareilles ; où la plus raffinée des civilisations sombra sans crier gare dans la barbarie.

Sofia Coppola avait choisi de ne montrer, de Marie-Antoinette, que les années versaillaises, et son film s'achève, le 6 octobre 1789, sur le départ forcé de la famille royale pour Paris, dans le rougeoiement d'une tourbe d'où émergent les faux, les fourches et les piques. C'était finement sentir que le destin de son héroïne avait brutalement changé, ce jour-là, de nature. Que son mal de vivre, son spleen et ses caprices ne survivraient pas à l'irruption de la tragédie qui, en menaçant sa famille, ses enfants, son mari, ses amis, allait donner à cette enfant gâtée une raison de vivre. Qu'en devenant prisonnière, elle allait enfin cesser de l'être. Et qu'en la révélant, sa descente aux enfers allait, pour l'éternité, lui donner d'être elle-même.

CE QUE C'EST QU'ÊTRE DAUPHIN

« Il n'y a donc point de père, parmi ces gens-là ? » Les derniers temps, au château de Meudon, où on l'avait confiné, l'enfant avait demandé qu'on installe son matelas sur la table de billard. Elle préfigurait le lit funèbre. Le visage livide, le corps déformé par la tuberculose, Louis-Joseph avait longuement agonisé avant de rendre l'âme. C'était le 4 juin 1789.

En 1781, sa naissance, après onze ans de mariage de Louis XVI et Marie-Antoinette, avait donné le signal d'une explosion de joie sans mélange. À Versailles, raconte l'ambassadeur de Suède, « toutes les têtes en étaient tournées. On voyait rire, pleurer alternativement des gens qui ne se connaissaient presque pas. Hommes et femmes sautaient au cou les uns des autres, et les gens les moins attachés à la reine étaient entraînés par la joie générale ». À l'apparition de l'enfant, il y avait eu des battements de mains, des acclamations. On s'était bousculé pour toucher son vêtement, la chaise dans laquelle le transportait sa gouvernante. Le déplacement de la famille royale à Notre-Dame, pour le traditionnel *Te Deum*, avait soulevé l'enthousiasme. Les régiments avaient fêté l'événement avec force coups de canon. On avait multiplié les feux d'artifice, les buffets, les fontaines de vin. Futur conventionnel, futur régicide, Collot d'Herbois avait composé pour l'occasion des vers de mirliton. Les corporations s'étaient succédé pour faire leur compliment. Celle des serruriers avait offert au souverain une serrure dont le ressort secret faisait jaillir un dauphin en acier. Les cordonniers avaient apporté à l'enfant une petite paire de bottes. Les dames de la Halle avaient défilé en robes de soie noire, les poissardes avaient composé en son honneur une chanson. On leur avait offert un banquet. « Les folies du peuple sont toujours les mêmes. On ne rencontre dans les rues que violons, chansons et danses », avait témoigné huit jours après la naissance du Dauphin la marquise de Bombelles. Le nom et la contenance de grenadier de la nourrice, Madame Poitrine, avaient suscité une mode vestimentaire qui voulait que les femmes eussent, en grand habit, la gorge découverte jusqu'à la pointe des seins. Les relevailles de la reine avaient été marquées par une nouvelle cérémonie à Notre-Dame, un banquet royal à l'Hôtel de Ville, des distributions de pièces de monnaie dans les rues par des officiers royaux, une donation de 100 000 livres d'argent aux curés de Paris pour les indigents.

L'enfant avait été élevé au Petit Trianon, entre parades, ballets, jeux de bague. Il possédait chariots, pantins, automates. Jouait à la marelle, au « cligne-musette », au voleur, à colin-maillard. S'exerçait au Siam, un jeu de quilles, sur les savonneries du salon. Menait les huit poneys de Sibérie que lui avait offerts Calonne, et qu'on avait attelés à un petit carrosse de vermeil, « couleur de coq-de-roche ». Le soir venu, à la ferme, il ramassait les œufs qu'on disposait autour de la poule d'or émaillée de la salle à manger particulière de Louis XVI.

On lui avait enseigné les mathématiques, la physique, le français, l'anglais, la grammaire ; lui avait fait apprendre des fables de La Fontaine pour qu'il en médite les leçons. Il avait étudié l'histoire de France et la doctrine chrétienne. Marie-Antoinette lui faisait réciter des tirades d'*Athalie* et d'*Esther*. Il pratiquait le jardinage et le piano-forte. Louis XVI avait fait construire à son intention un énorme globe terrestre. Il devait y situer les empires, les royaumes, désigner les quatre points cardinaux. Passionné de géographie, le roi lui faisait remplir des cartes muettes en précisant le nom des villes, des fleuves, des montagnes, des rivières. On l'avait amené, à 2 ans, à la Muette, pour assister au grand départ de la montgolfière de Pilâtre de Rozier. On reconstituait pour lui des batailles navales sur les plans d'eau.

Sans doute les jeunes enfants sont-ils toujours parés par leurs parents de tous les dons, a fortiori les enfants royaux. Louis-Joseph était réputé pour son intelligence, sa maturité exceptionnelle. « Il était, dit Mme d'Oberkirch, d'une charmante figure, plein d'esprit ; il avait des mots charmants et une soumission aveugle aux ordres de la reine. Je n'ai pas connu d'enfant d'une humeur plus sereine et plus égale. On le reprenait quand il disait je *veux*.

— Le roi dit *nous voulons*, lui répétait sa berceuse.

— Eh bien ! oui, répondait-il, le roi et moi, nous voulons tous les deux ; vous voyez donc bien que j'ai raison. Mon papa ne dirait pas *nous* pour lui tout seul. »

« Monseigneur, lui disait le vieux serviteur chargé de diriger le soir ses prières, il faut demander à Dieu la sagesse plutôt que la richesse.

— Mon cher Joseph, pendant que je suis en train, je vais les lui demander toutes les deux. »

La baronne rapporte ailleurs une anecdote qui laisse entrevoir un caractère peu commun. Accusé d'avoir cassé un bibelot de porcelaine, il avait refusé de dénoncer le compagnon de jeu qui en était responsable, et qui n'était plus là pour le faire lui-même quand la chose avait été découverte. Il en avait été puni par trois jours de privation de sa promenade à Trianon. « Est-ce que c'est à moi d'accuser quelqu'un ? » s'était-il exclamé quand, revenu auprès de lui, le coupable avait fait éclater la vérité.

Son père lui enseignait, au scandale de la Cour, que les hommes naissent égaux et que c'est la vertu qui fonde les seules hiérarchies qui tiennent. Qu'un roi se doit d'abord au bonheur de ses sujets. Il lui répétait sans cesse qu'il n'était qu'« un homme comme tous les autres, mais un homme dévoué par état au bien public ». « Tous vos droits, disait-il, seront des devoirs, toutes vos erreurs des calamités, et vos fautes volontaires des crimes. » Louis XVI prêchait par l'exemple en ouvrant, l'hiver, les cuisines de Versailles à tous les malheureux qui venaient s'y réchauffer et à qui il faisait distribuer de la soupe et des seaux de braises.

En septembre 1785, à l'initiative de Marie-Antoinette, on avait inoculé la variole au Dauphin, comme on l'avait fait pour sa sœur, Madame Royale, et comme on le ferait plus tard pour son frère cadet Louis-Charles. La cour de Vienne était tout acquise au principe de la vaccination. La reine avait insisté pour que le roi et ses frères s'y soumettent. Louis-Joseph avait éprouvé, en contrecoup, une forte fièvre. Puis s'était rétabli. Sa santé ne cesserait plus guère en réalité de se dégrader, jusqu'à la fin.

Le mal, d'abord souterrain, s'était affiché à l'été 1787. « Mon fils aîné me donne bien de l'inquiétude, écrirait bientôt Marie-Antoinette à son frère Joseph II. Quoiqu'il ait toujours été faible et délicat, je ne m'attendais pas à la crise qu'il éprouve. Sa taille s'est dérangée, et pour une hanche, qui est plus haute que l'autre, et pour le dos, dont les vertèbres sont un peu déplacées et en saillie. Depuis quelque temps, il a tous les jours la fièvre et est fort amaigri et affaibli. » Convaincus qu'il s'agissait d'un mal de dents, les médecins avaient recommandé de l'éloigner de Versailles pour le faire vivre dans la solitude au château de Meudon, abandonné depuis la mort du fils de Louis XIV, où l'air était réputé plus sain. « Le Dauphin, racontent Yves Murat et Reynald Secher dans le beau livre qu'ils ont consacré à la courte vie du petit prince, souffre de sa maladie, une tuberculose osseuse qui déforme ses membres et enlaidit son corps. Les maux sont de plus en plus fréquents, sournois, lancinants, terribles, insupportables. La durée des crises augmente après chaque attaque. » Louis-Joseph, qui ne peut bientôt plus lui-même tenir un livre, demande qu'on lui fasse la lecture. Sa seule distraction consiste en quelques promenades à dos d'âne. Louis XVI lui rend visite aussi souvent qu'il peut.

L'automne 1788, on l'a ramené, pour un temps, à Versailles. Il y a fêté sans joie son septième anniversaire. L'hiver est l'un des plus terrifiants du siècle. Il fait - 21 °C. À l'aube de l'année 1789, le sort de l'enfant, désormais difforme, paraît scellé. Il ne ressemble plus guère au garçonnet aux yeux immenses peint par Mme Vigée-Lebrun en costume de satin, jouant auprès de sa sœur avec un nid d'oiseau. Bossu, rachitique, la tête tombante, enfoncée dans les épaules, il ne marche que soutenu par deux hommes, le torse enserré dans un corset de fer. Son visage est couvert d'ulcères, son corps n'est plus qu'une plaie. « Il est déchirant, d'une souffrance, d'une raison, d'une patience qui va au cœur », témoigne Mme de Volude, venue lui rendre visite avec la princesse de Lamballe. Il refuse de demander qu'on éloigne un valet qui, en le déplaçant, lui fait mal, parce qu'on lui a fait observer que l'homme prendrait sa mise à l'écart pour un désaveu. Il donne à un autre une mèche de ses cheveux, pour qu'elle lui tienne lieu, après sa mort, de gage de son dévouement auprès de ses parents. À son précepteur, le duc d'Harcourt, qui se place, à son chevet, devant la reine pour lui cacher son visage bouleversé, il lance : « Éloignez-vous, Monsieur le duc, afin que j'aie le plaisir de voir pleurer ma mère. » Il ne se déplace plus qu'en fauteuil roulant.

Le 5 mai, au lendemain de l'ouverture solennelle des états généraux par une immense procession du saint sacrement dans les rues de Versailles, il est renvoyé, pour y mourir, à Meudon. Louis XVI prononce, le jour même, salle des Menus Plaisirs, un discours pour demander aux trois ordres de l'aider à concourir au bien de la France. Il viendra visiter son fils le 6, le 9, le 13, le 18, le 22, le 25, pendant que se joueront les premiers actes du drame qui emportera la monarchie française. Le 3 juin, il passe cinq heures et demie à son chevet. Le lendemain, il note dans le carnet de chasse qui lui tient lieu de journal : « Jeudi 4, mort de mon fils à une heure du matin. La messe en particulier à huit heures trois quarts. Je n'ai vu que ma Maison et les princes à l'ordre. » Venu à Meudon avec la reine, il n'a pu voir le corps avant qu'il n'ait été embaumé. Il s'est plié au protocole, et s'est contenté de pleurer sur le seuil. Secrétaire du duc d'Harcourt, Lefèvre a cru voir « un bon cultivateur et son excellente compagne en proie au plus affreux désespoir ».

À Paris, le 5 juin, tandis que sonne le glas, on interrompt les spectacles. Aux Menus Plaisirs, les états généraux marquent à peine un temps d'arrêt. L'autopsie du petit prince révèle que les premières vertèbres sont « noires comme de l'encre ». Elles tombent en poussière. Le médecin Petit, qui l'avait torturé, vivant, en lui infligeant de s'enduire d'onguents vésicatoires qui avaient couverts son corps d'ulcères, « fait remarquer avec satisfaction à l'assistance, note le vicomte Fleury, qu'il avait depuis longtemps discerné la maladie du Dauphin ». L'Assemblée envoie au même moment son doyen, le député Bailly, demander à quelle heure Sa Majesté compte recevoir la délégation qui souhaite l'entretenir du conflit qui persiste entre les trois ordres. Louis XVI lui fait répondre qu'il ne lui sera possible de la voir ni le jour même ni le lendemain matin. Il est reparti pour Meudon où, au terme de deux années de calvaire, son fils, enveloppé dans un voile d'argent, repose désormais dans un cercueil de velours blanc. Il y prie dans la chambre mortuaire quand il est avisé qu'une députation du Tiers insiste pour être reçue sans délai par le souverain. Excédé, il finira, à la troisième demande, par leur donner satisfaction : « Il n'y a donc point de père, s'écrie-t-il, parmi ces gens-là ? »

Le 17 juin, le tiers état se proclamera Assemblée nationale. Le 20, dans la salle du Jeu de paume, ses députés prêteront le serment de donner une constitution écrite à la France. Le 23, menés par Mirabeau, et pour ne rien devoir au « despotisme », ils rejetteront avec mépris la proposition de révolution royale par laquelle Louis XVI leur aura offert d'avaliser l'égalité devant l'impôt, l'autonomie de gestion des États provinciaux, l'abrogation des lettres de cachet. Quelques mois plus tard, Marie-Antoinette écrira à son frère Joseph II : « À la mort de mon pauvre cher petit Dauphin, la nation n'a pas seulement eu l'air de s'en apercevoir. À partir de ce jour-là, le peuple est en délire et je ne cesse de dévorer des larmes. »

La messe de Louis XVI

Il n'avait pas la majesté de Louis XIV, la prestance de Louis XV. Il n'avait pas été véritablement préparé au dur métier de roi. Il n'aurait jamais dû seulement être Dauphin. La mort de son frère aîné, le petit duc de Bourgogne, si sûr de lui, si doué, l'avait contraint à affronter soudain les feux de la rampe, quand il semblait voué aux seconds rôles, à l'ombre. Parler en public paraîtrait toujours une épreuve à ce bon géant qui épuisait ses compagnons à la chasse, excellait à travailler de ses mains, mais perdait contenance lorsqu'il aurait fallu briller dans les salons. Il avait gardé de sa triste enfance un caractère timide, peu loquace, une démarche hésitante. « Plus effrayé à l'idée de parler devant une assemblée que de recevoir un mauvais coup de pique ou de poignard », note Jean-Christian Petitfils dans la magnifique biographie qu'il a consacrée au dernier souverain de l'ancienne France. Il avait été roi à l'âge où l'on fait ses premiers pas dans le monde. Il n'avait pas 20 ans.

Il avait fait, au début, bien des fautes. Compromis la réforme qui aurait arraché le pays à la tyrannie des parlements, et qu'avait entreprise son grand-père Louis XV. Il devrait subir tout au long de son règne la fronde des parlementaires, voir les gens de robe, leurs relais, leurs auxiliaires crier au despotisme devant toute tentative de réformer la France. Il n'en sortirait qu'en convoquant les États généraux. Il avait montré, d'abord, trop d'indulgence envers une aristocratie soucieuse de défendre ses prébendes, indifférente au bien commun. Il se considérait comme le premier gentilhomme du royaume. Cela l'avait empêché de s'appuyer franchement sur le peuple pour restaurer l'État.

Rien dans son caractère ne le portait à l'exercice du pouvoir absolu. Il avait été éduqué, comme son père, à l'école de Fénelon. Sa pensée n'avait pas été toujours hostile aux Lumières. Il entendait être avant tout un « roi bienfaisant » (Jean de Viguerie). Il avait aboli la question préparatoire, abrogé le servage dans le domaine royal et donné un état-civil aux protestants. Et s'il était resté, jusqu'au bout, fidèle à la société d'ordres, il avait essayé de mener, avec Calonne, avec Brienne, une révolution royale qui aurait rénové l'ancienne monarchie sans violence en généralisant les assemblées provinciales, refondant le Code criminel pour faire prévaloir la liberté individuelle, imposant l'égalité fiscale et faisant des états généraux une assemblée chargée d'approuver les impôts.

Il ne sut pas susciter le dévouement, l'enthousiasme qui lui auraient permis de surmonter les oppositions. Ses ministres, ses frères, la reine, jouaient chacun leur partie de trictrac. Son cousin le duc d'Orléans ourdissait des complots dans l'ombre, multipliait les embûches, tissait sa toile en répandant autour de lui l'or de la corruption. Lui hésitait trop souvent entre les coteries qui se disputaient son influence. Trop incertain pour trancher franchement entre les conseils contradictoires. Trop modeste pour rester opiniâtre quand il avait pris la bonne décision. Il se montrait parfois ferme à contretemps.

Nul monarque n'avait été, depuis Charles V, aussi lettré, aussi savant. Il avait traduit lui-même, sous un pseudonyme, les premiers volumes de l'*Histoire de la décadence et de la chute de l'Empire romain* de l'Anglais Edward Gibbon. Il avait rédigé de sa main les instructions de La Pérouse pour son voyage autour du monde. En tournée d'inspection de sa flotte, en 1786, à Cherbourg, il avait ébloui les officiers par l'étendue de ses connaissances maritimes. Il y avait été accueilli sous les arceaux de fleurs, le concert des bombardes, les vivats. Au cœur de la tempête révolutionnaire, l'ambassadeur de Venise à Paris notera que les observations, les réserves qu'il faisait sur les textes votés par l'Assemblée dans la fièvre tranchaient par leur justesse, leur professionnalisme, avec l'amateurisme déclamatoire des représentants de la nation.

Il avait doté la France d'une marine qui lui avait permis de prendre une éclatante revanche contre l'Angleterre. Mais il était dit que ses victoires elles-mêmes lui seraient tenues à charge : la guerre d'Amérique avait été payée d'un endettement qui contribuerait puissamment à entraîner la monarchie à sa perte.

Il avait cru pouvoir s'appuyer sur les notables pour rétablir les comptes et imposer à tous l'égalité fiscale. Ils n'avaient songé qu'à défendre leurs privilèges. Il avait réuni autour de lui les trois ordres de la société française pour favoriser l'expression des intérêts de ses sujets, se donner la liberté d'y veiller en pleine connaissance. Il était resté à l'écart des élections pour que leurs représentants reflètent exactement les désirs de la France. Il avait trouvé devant lui des idéologues formatés par les sociétés de pensée, les loges maçonniques, les clubs, des doctrinaires enivrés par leurs lectures, leurs discours, leurs ambitions. Avides de jouer à tout prix un rôle et de s'imposer comme régénérateurs de la nation. Convaincus qu'il suffisait de prendre la pose, bomber le torse et donner des coups de menton pour se prétendre les héritiers des anciens Romains.

On ne l'avait pas laissé même pleurer sur la mort de son fils de 7 ans. Il avait dû céder pied à pied sous la pression de l'émeute par quoi les agitateurs appuyaient leurs revendications : le 14 juillet, le 6 octobre, le 20 juin, le 10 août. Toujours, il s'était retrouvé, face à l'épreuve, dans un pathétique isolement. Il n'avait pu compter sur personne. Pas même sur la troupe, qui avait, plus d'une fois, fraternisé avec la sédition. « Je sais que l'on me taxe de faiblesse et d'irrésolution, confiera-t-il en février 1792 à Fersen, mais personne ne s'est jamais trouvé dans ma position. [...] J'ai été abandonné de tout le monde. »

Il n'avait jamais manqué de courage. Il avait accepté, le 17 juillet 1789, de se jeter lui-même dans la fournaise parisienne pour calmer les esprits par le spectacle de sa bonne entente avec la municipalité née de l'insurrection, arborant la cocarde tricolore dans une humiliation qui renouait avec celle qu'avait subie Charles V, au temps d'Étienne Marcel. Il s'était livré, sans ses gardes du corps, au risque du lynchage, après avoir confié, en cas de malheur, la lieutenance générale du royaume à son frère. Il n'était revenu sain et sauf à Versailles que pour voir ceux qui avaient juré de lui prêter assistance partir sans gloire en émigration.

Le 20 juin 1792, il ferait face avec le même calme aux sans-culottes qui avaient envahi son appartement au chant du *Ça ira* pour exiger – en vain – qu'il signe le décret dissolvant les congrégations et condamnant les prêtres réfractaires à la déportation. Un grenadier lui ayant promis de lui faire rempart de son corps, il lui avait répondu qu'« un homme qui n'a rien à se reprocher ne connaît ni la peur ni la crainte ». Lui prenant la main pour la placer sur son cœur, il lui avait demandé : « Voyez s'il bat plus vite ? »

Il avait vu monter sous ses yeux la violence révolutionnaire comme une vague. Senti venir une guerre civile qui lui apparaissait comme la négation même de sa mission à l'égard d'un peuple dont il se tenait pour comptable. On l'abreuvait d'objurgations contraires. Lui recommandait alternativement de lâcher du lest et de reprendre la main. De faire un coup de force et d'éviter d'inutiles provocations. On s'étonne a posteriori qu'il n'ait pas suivi les conseils qui auraient pu le faire échapper à l'abîme. Il nous est plus facile de le dire qu'il ne le fut, à lui, de choisir.

Il aurait dû fuir Versailles, en 1789, lors des journées d'octobre, pour échapper aux émeutiers qui entendaient le ramener avec eux à Paris comme otage. Il n'avait pas voulu être un roi fugitif. Il espérait calmer l'émeute sans rompre en visière avec son propre peuple. Il savait que son cousin Orléans attendait, en embuscade, qu'un vide politique lui permette de s'imposer comme l'homme de la situation. Il était revenu à Paris entouré d'une forêt de baïonnettes. Des Parisiennes à moitié nues chevauchaient des canons en chantant d'une voix avinée des hymnes révolutionnaires. Des forts des Halles criaient : « Vive la Nation ! » En avant du hideux cortège, on portait, fichées au bout d'une pique les têtes des soldats qui lui avaient été fidèles. On les avait décapités à la hache. On s'était barbouillé le visage de leur sang.

« C'est un beau jour que celui où Votre Majesté vient dans sa capitale avec son auguste épouse, avec un prince qui sera juste et bon, lui avait dit le nouveau maire en l'accueillant.

— Je viens avec plaisir et confiance dans ma bonne ville de Paris », avait répondu Louis XVI sur le même ton.

Il n'avait pas voulu faire couler le sang. Les mêmes le lui reprochent avec un peu de commisération (« *Che coglione* », a tranché pour toujours Napoléon) qui considèrent les dictateurs prêts à faire tirer sur la foule comme de sanguinaires tyrans, d'ordinaire. Il avait refusé d'ajouter la violence à la violence, effrayé par l'ivresse qu'avaient fait naître les débordements, le fond de barbarie qui remontait, soudain, à la surface d'une société qu'on avait cru policée par les siècles. Devant l'abîme ouvert par la Révolution, il avait choisi de rester sur le seuil. Il serait désormais prisonnier au cœur d'une ville ennemie, vivant aux Tuileries comme dans un nid d'espions, surveillé par la garde nationale qui redoutait son évasion.

« J'aimerais mieux être roi de Metz, disait-il en privé, que roi de France dans une pareille position. »

Le premier jour de l'été 1791, il avait tenté trop tard de prendre le large en se réfugiant dans l'Est, à Montmédy, dans une place forte, à l'abri de ses troupes. Il avait compromis le succès de l'équipée en refusant de se séparer de sa femme et de ses enfants. Il n'était pas disposé à tout sacrifier à sa couronne. Il avait été trahi par l'étrange atonie de ses partisans.

Après Varennes, il avait compris que tout était fini. Qu'il ne lui restait plus qu'à mourir dignement.

« Il n'y a plus de roi en France », avait-il déclaré lors de son arrestation. Il était revenu à Paris au cœur d'un cortège de paysans armés de faux et de fourches, sous les huées et les imprécations. Un gentilhomme qui l'avait salué à la portière avait été abattu d'une décharge de fusil, puis achevé à coups de pioche. Un curé qui venait de célébrer la messe fut attaché à un cheval et percé à coups de baïonnettes. Des gardes nationaux promettaient de « confectionner des cocardes avec les boyaux de Louis et d'Antoinette et des ceintures avec leur peau ». Un passant avait craché au visage du souverain. Il s'était essuyé sans rien dire. Il savait qu'il lui était donné de connaître les mystères douloureux de son chemin de croix.

Il était entré dans un Paris lugubre. Des curieux avaient envahi les toits. La garde nationale jalonnait l'itinéraire de la berline, crosse en l'air, dans le roulement ininterrompu des tambours.

Il n'avait pas toujours été un catholique fervent. Plus passionné par les livres de géographie que par ceux de l'Histoire sainte. L'adversité l'avait pourtant rapproché de la religion. Il se demandait quels étaient les desseins cachés de la Providence. Quelle mission elle avait réservé à l'Oint du Seigneur dans une France qui avait cessé de reconnaître en lui « l'image vivante de la Divinité ». La Constitution civile du clergé et la rupture de l'Assemblée nationale avec Rome avaient porté au paroxysme les affres de sa conscience. Il en avait promulgué les dispositions sur le conseil des hauts prélats français. La condamnation du pape était arrivée trop tard : au moment où il ne lui était plus possible de faire machine arrière. Son directeur spirituel, un eudiste, l'entretenait dans la dévotion au Sacré-Cœur. Il communiait quotidiennement, se confessait deux fois par semaine.

« Tout est fini pour moi parmi les hommes », avait-il lâché à la veille du 20 juin. Pris en otage par la populace, il avait refusé de céder à ses exigences. Il ne serait pas dit qu'il ait sauvé son trône ou sa vie même en abandonnant à son sort le clergé qu'on voulait déporter, les congrégations vouées à la dispersion.

Il lisait et relisait le récit de la mort de Charles Ier dans l'*Histoire de l'Angleterre* de Hume. Le livre lui avait été recommandé par Malesherbes. Il avait fait venir aux Tuileries le portrait du roi par Van Dyck.

Il avait été marqué, enfant, par la mort de son frère aîné, Louis-Joseph. Il avait assisté, à 6 ans, à sa lente agonie. Avait vu l'orgueil de l'enfant royal, impérieux, arrogant, se plier, peu à peu, à la volonté divine. Offrir sa vie et ses souffrances. L'expérience lui avait appris, dès son plus jeune âge, ce que c'était que d'être un prince. Elle l'avait marqué au point qu'il avait donné à son fils premier-né le nom de son frère. Il lui avait fallu encore, à trente ans de distance, subir à nouveau, avec lui, la même épreuve. Telle est la vie des hommes. Il ne lui restait plus désormais qu'à suivre cet exemple. Il n'avait pas réussi à s'imposer comme souverain. Il ferait de sa mort un acte liturgique. Un sacrifice dont il voulut croire qu'à l'imitation du Christ, il apaiserait les passions en concentrant sur sa personne la violence et le châtiment.

Le 14 juillet 1792, il dut célébrer sur le Champ-de-Mars l'anniversaire de la fête de la Fédération en montant les degrés de l'« autel de la Nation » au milieu d'une foule menaçante. « Il fallait le caractère de Louis XVI, ce caractère de martyr qu'il n'a jamais démenti, pour supporter ainsi une pareille situation, nota Mme de Staël. Sa manière de marcher, sa contenance, avaient quelque chose de particulier ; dans d'autres occasions, on aurait pu lui souhaiter plus de grandeur ; mais il suffisait, dans ce moment, de rester en tout le même pour paraître sublime. Je suivis de loin sa tête poudrée au milieu de ces têtes à cheveux noirs ; son habit, encore brodé comme jadis, ressortait à côté du costume des gens du peuple qui se pressaient autour de lui. Quand il monta les degrés de l'autel, on crut voir la victime sainte, s'offrant volontairement en sacrifice. » *Introibo ad altare Dei.*

On préparait déjà, en coulisses, l'émeute qui provoquerait son renversement le mois suivant. L'un des projets des conspirateurs consistait à enfermer Marie-Antoinette dans une cage de fer. Cela compta, le 10 août, dans sa décision de se réfugier auprès de l'Assemblée nationale sans attendre l'assaut, quand même la reine se proclamait, quant à elle, prête à finir « clouée aux murs du château ». Tandis qu'ils quittaient les Tuileries pour la salle du Manège, une foule massée sur la terrasse des Feuillants criait : « À mort ! À bas le tyran ! »

Enfermé dans la tour du Temple, désormais déchu de son titre et captif pour de bon, privé de tout secours d'un prêtre, de l'accès même aux sacrements, il lisait *L'Imitation de Jésus-Christ.* « Son royaume, dit encore Jean-Christian Petitfils, n'était plus de ce monde. » Sur la porte de sa chambre, on avait écrit : « La guillotine est permanente et attend le tyran Louis XVI. » Sur les murs de la cour où il faisait sa promenade, des dessins représentaient son exécution. Il l'attendait sans impatience, en lisant à son fils Louis-Charles les *Commentaires sur la guerre des Gaules*, et en lui faisant apprendre des tirades de Corneille et la liste des nouveaux départements. Il lui faisait des dictées tirées de Montesquieu, traduisait pour lui Horace, Cicéron et Tacite. Il tenait la liste des ouvrages de la bibliothèque qu'il avait lus en prison. On en compterait 257. Il rassura ses geôliers inquiets de la reddition de Longwy et de l'investissement de Verdun par les Austro-Prussiens : l'ennemi n'avait pas les magasins nécessaires pour pousser jusqu'à Paris. Il serait bientôt contraint à la retraite. C'est ce qui se produisit un mois plus tard, après la canonnade de Valmy.

À la fin de l'été, sa prison faillit être investie par un groupe de massacreurs de septembre. Ils portaient en triomphe la tête de la princesse de Lamballe, traînaient derrière eux son corps nu, profané pour le donner à voir à Marie-Antoinette. La reine s'évanouit à ce spectacle. On finit par convaincre les écorcheurs d'aller faire admirer leurs sinistres trophées aux promeneurs du Palais-Royal.

Déféré à la Convention pour y être jugé, il répondit aux interrogatoires tête haute, sans manifester trouble ni émotion. « Il semblait avoir conservé toute sa majesté pour ce moment, écrira un témoin. Il se montrait plus grand que lorsqu'il était entouré de tout l'appareil du trône. » « Innocent, notera l'impitoyable Marat, qu'il eût été grand à mes yeux dans cette humiliation ! »

Sa grande affaire n'était pas son procès, dont il connaissait le terme. Elle était de se préparer à comparaître devant un autre tribunal. Le jour de Noël, il rédigea son testament. Ce grand timide y laissait enfin parler son cœur, dans un style rendu royal par les circonstances : « Au nom de la très sainte Trinité, du Père, du Fils et du Saint-Esprit, aujourd'hui vingt-cinquième jour de décembre, mil sept cent quatre-vingt-douze, moi, Louis, XVIe du nom, roi de France, étant depuis plus de quatre mois enfermé avec ma famille dans la tour du Temple, à Paris, par ceux qui étaient mes sujets, et privé de toute communication quelconque, même, depuis le onze du courant, avec ma famille ; de plus, impliqué dans un procès dont il est impossible de prévoir l'issue à cause des passions des hommes, et dont on ne trouve aucun prétexte ni moyen dans aucune loi existante, n'ayant que Dieu pour témoin de mes pensées et auquel je puisse m'adresser, je déclare ici en sa présence mes dernières volontés et mes sentiments. Je laisse mon âme à Dieu, mon créateur ; je le prie de la recevoir dans sa miséricorde, de ne pas la juger d'après ses mérites, mais par ceux de Notre Seigneur Jésus-Christ, qui s'est offert en sacrifice à Dieu son Père pour nous autres hommes, quelque indignes que nous en fussions, et moi le premier. Je meurs dans l'union de notre sainte mère l'Église catholique, apostolique et romaine, qui tient ses pouvoirs, par une succession non interrompue, de saint Pierre, auquel Jésus-Christ les avait confiés. [...] Je prie Dieu de me pardonner tous mes péchés ; j'ai cherché à les connaître scrupuleusement, à les détester et à m'humilier en sa présence. Ne pouvant me servir du ministère d'un prêtre catholique, je prie Dieu de recevoir la confession que je lui en ai faite, et surtout le repentir profond que j'ai d'avoir mis mon nom, quoique ce fût contre ma volonté, à des actes qui peuvent être contraires à la discipline et à la croyance de l'Église catholique, à laquelle je suis toujours resté sincèrement uni de cœur. [...] Je recommande mes enfants à ma femme ; je n'ai jamais douté de sa tendresse maternelle pour eux ; je lui recommande surtout d'en faire de bons chrétiens et d'honnêtes hommes, de ne leur faire regarder les grandeurs de ce monde-ci, s'ils sont condamnés à les éprouver, que comme des biens dangereux et périssables, et de tourner leurs regards vers la seule gloire solide et durable de l'éternité. [...] Je prie ma femme de me pardonner tous les maux qu'elle souffre pour moi, et les chagrins que je pourrais lui avoir donnés pendant le cours de notre union ; comme elle peut être sûre que je ne garde rien contre elle, si elle croyait avoir quelque chose à se reprocher. [...] Je recommande à mon fils, s'il avait le malheur de devenir roi, de songer qu'il se doit tout entier au bonheur de ses concitoyens ; qu'il doit oublier toute haine et tout ressentiment, et nommément tout ce qui a rapport aux malheurs et aux chagrins que j'éprouve ; qu'il ne peut faire le bonheur des peuples qu'en régnant suivant les lois, mais en même temps qu'un roi ne peut les faire respecter et faire le bien qui est dans son cœur qu'autant qu'il a l'autorité nécessaire ; et qu'autrement, étant lié dans ses opérations et n'inspirant point de respect, il est plus nuisible qu'utile. [...] Je pardonne encore très volontiers à ceux qui me gardaient les mauvais traitements et les gênes dont ils ont cru devoir user envers moi : j'ai trouvé quelques âmes sensibles et compatissantes ; que celles-là jouissent dans leur cœur de la tranquillité que doit leur donner leur façon de penser ! [...] Je finis en déclarant devant Dieu, et prêt à paraître devant lui, que je ne me reproche aucun des crimes qui sont avancés contre moi. »

Le 16 janvier suivant, la Convention procéda au vote par appel nominal sur la sentence qui devait le frapper, afin qu'aucun des députés ne puisse abriter dans le secret une honteuse indulgence. « Il n'y a point ici de procès à faire, avait tranché Robespierre. Louis n'est point un accusé. Vous n'êtes point des juges. [...] Louis fut roi, et la République est fondée ; la question fameuse qui vous occupe est décidée par ces seuls mots. » « On ne peut régner innocemment, la folie en est trop évidente, avait renchéri Saint Just, "l'archange de la Révolution". Tout roi est un rebelle et un usurpateur. » La culpabilité de Louis Capet dans le crime de conspiration contre la liberté de la nation fut reconnue à l'unanimité des votants. Il y avait eu quelques courageuses abstentions, quelques absents. La mort sans délai passa à une voix près : celle de Philippe Égalité, ci-devant duc d'Orléans.

Malesherbes avait été son ministre et son conseiller ; il avait accepté de se charger de sa défense – avec Tronchet et de Sèze – devant la Convention. C'est à lui que revint d'annoncer sa condamnation au souverain. Arrivé dans sa chambre, il ne parvint pas à lui adresser, d'abord, la parole. Louis XVI le serra contre lui sans un mot : « J'ai vu, témoignera-t-il, sa grande âme tout entière, le sang-froid inaltérable avec lequel il a écouté mon récit et m'a interrogé sur quelques circonstances, comme sur celles d'une affaire qui lui serait étrangère, la résignation avec laquelle il a fait le sacrifice de sa vie, et en même temps sa vive sensibilité sur le malheur de ceux qui sont condamnés à lui survivre, sa reconnaissance pour ceux à qui il croyait en devoir, et en même temps son indulgence pour les erreurs de ceux qui ont de grands reproches à se faire. »

Les jours suivants, on interdit à celui qui s'était fait son avocat la porte du Temple. Louis XVI s'était replongé dans le récit de l'exécution de Charles Ier. Le 20 janvier, il reçut la visite de commissaires empanachés, venus lui notifier que l'exécution aurait lieu le lendemain matin. Lui se préoccupait de bénéficier de l'assistance d'un prêtre insermenté, qui pût lui donner l'absolution. Malesherbes lui fit dépêcher l'abbé Henry Edgeworth de Firmont, un prêtre irlandais réfractaire, nanti de l'autorisation du Conseil exécutif provisoire. Louis lui remit son testament. Il le lui lut à deux reprises à voix haute, pour qu'il l'ait en mémoire au cas où on lui confisquerait le document. On accepta qu'il fît ses adieux à sa famille. Il leur recommanda le pardon. Il se retira ensuite avec le prêtre pour qu'il l'entende en confession.

Le lendemain, à 6 heures, l'abbé dit pour lui une messe à laquelle il assista à genoux par terre. Dans les rues de Paris, on battait la générale pour ameuter les sections. Il renonça à revoir les siens. Il ne voulait pas que de nouveaux pleurs viennent entamer son courage. Vers 8 heures, un détachement de cavaliers entra dans la cour. On ouvrit à grand bruit les verrous de la porte de la tour du Temple. C'était Santerre, le commandant de la garde nationale. Louis ordonna aux soudards de patienter un instant : « Je suis en affaire, attendez-moi là, je serai à vous. »

S'agenouillant devant son confesseur, il lui dit seulement : « Tout est consommé, monsieur, donnez-moi votre dernière bénédiction et priez Dieu qu'il me soutienne jusqu'à la fin. »

Un prêtre jureur figurait parmi les municipaux venus l'emmener vers le lieu de l'exécution. Il lui demanda de bien vouloir remettre un exemplaire de son testament à la reine.

« Nous ne sommes pas venus pour prendre tes commissions, mais pour te conduire à l'échafaud », répondit l'ecclésiastique.

Un autre accepta de s'en charger.

Sa voiture s'ébranla, escortée de 200 gendarmes à cheval, 4 canons, 1 200 hommes des sections. Les gardes nationaux et les sectionnaires, la pique à la main, s'alignaient le long des boulevards ; 72 canons avaient été installés à des points stratégiques pour prévenir tout soulèvement. Les chevaux marchaient au pas, accompagnés par le roulement ininterrompu des tambours. Le jour tardait à se lever ; le brouillard était épais ; il neigeait faiblement. Nulle fille de Jérusalem ne pleurait sur son passage. La tentative du baron de Batz, qui avait projeté de s'emparer de la personne du roi en prenant d'assaut sa voiture, tourna court. La plupart de ses compagnons avaient été empêchés par la police de sortir de chez eux. Il parvint à grand-peine à s'échapper après avoir provoqué une brève échauffourée. Le roi lisait la prière des agonisants et récitait des psaumes. Il fallut près de deux heures au cortège pour parvenir place de la Révolution. Une foule en armes l'attendait, hérissée par la curiosité et par le goût du sang.

« Messieurs, dit le condamné aux deux gendarmes qui l'avaient accompagné dans la voiture en leur désignant l'abbé Edgeworth de Firmont, je vous recommande monsieur que voilà : ayez soin qu'après ma mort il ne lui soit fait aucune insulte ; je vous charge d'y veiller.

— Oui, oui, grogna l'un d'entre eux, nous en aurons soin ; laissez-nous faire. »

Il ôta lui-même sa redingote et se dégrafa le col. Il refusa d'abord qu'on lui liât les mains. Au seuil de la mort, sa fierté de gentilhomme restait intacte. Il finit par s'y résigner à l'invitation du prêtre, qui voyait là une ressemblance de plus avec l'agonie de son divin maître.

« Faites ce que vous voudrez ; je boirai le calice jusqu'à la lie », dit-il enfin.

Edgeworth aida le roi à monter les marches raides et humides de l'escalier de l'échafaud. Arrivé sur la plateforme, celui-ci se porta vivement à la balustrade. La tête altière, la voix forte, il imposa soudain le silence : « Paix tambours ! Messieurs, je demande la parole ! »

Impressionnés par le ton de commandement, les tambours cessèrent soudain de battre.

« Je meurs innocent de tous les crimes qu'on m'impute. Je pardonne aux auteurs de ma mort et je prie Dieu que le sang que vous allez répandre ne retombe jamais sur la France. »

C'était encore les mêmes mots, toujours le même désir que son sacrifice ne soit pas inutile, qu'il lave le pays des péchés de la Révolution comme celui du Christ avait procuré le Salut au genre humain.

La suite se perdit dans le tumulte. Ressaisi de sa surprise, Santerre avait levé son sabre pour commander aux tambours de reprendre leur danse.

S'adressant au bourreau, Charles-Henri Sanson, le roi lui confia : « Vous savez tous que je suis innocent, mais si le sacrifice de ma vie peut être utile au repos de mon peuple, je le fais volontiers. » Le condamné, alors, se laissa lier à la planche verticale. *Hoc est enim corpus meum.*

Lorsqu'elle bascula sous le fer, il releva la tête pour regarder la foule en face.

Quand le couperet tomba, l'un des aides-bourreaux s'empara de la tête pour faire le tour de l'échafaud en la montrant au peuple. Les tricoteuses se précipitèrent sous l'édicule pour tremper leurs mouchoirs dans son sang. Bientôt on en ferait commerce. On mettrait aux enchères son tricorne, son ruban, son pourpoint.

Un sans-culotte plus hardi que les autres monta sur la plate-forme et plongea son bras dans le baquet que lui avait fourni le bourreau pour asperger les spectateurs : « Frères ! le sang d'un roi porte bonheur !... Républicains ! on nous a menacés que celui de Louis Capet retomberait sur nos têtes !... Eh bien ! qu'il y retombe… »

« Vive la République ! », répondit la foule, tandis que volaient les chapeaux.

Un enragé se badigeonna le visage de sang. Il s'offrirait, dans les rues, à l'admiration des passants. Des salves d'artillerie saluèrent l'exécution. Elles en apprirent l'issue aux prisonniers du Temple.

Il était mort les yeux ouverts. À plus de deux siècles de distance, il semble que son regard nous fixe encore.

Une journée d'Alexandre Issaïevitch

Il avait préparé son discours avec soin. Il en avait pesé chaque mot, ruminé chaque nuance. Il l'avait répété à voix haute, pour en apprivoiser les intonations. La Vendée, son histoire avait bercé son enfance. Cette insurrection spontanée de paysans, cette révolte des humbles auxquels on avait ravi leurs libertés concrètes, essentielles, ces flots de sang répandus par des discoureurs qui prétendaient « régénérer le genre humain » au nom des droits de l'homme, imposer « la liberté ou la mort », cette flambée de violence qui avait fait surgir l'aspect le plus boueux de l'âme humaine, ce retour de la barbarie au cœur de la plus raffinée des civilisations, et à laquelle avait fait face, au sein de modestes communautés villageoises, de paroisses, le sursaut désespéré des simples, lui parlaient depuis longtemps.

Il y avait discerné un avertissement. Les guerres de Vendée avaient été, à ses yeux, une répétition. Un prélude où l'on pouvait lire, déjà, les prémices des grandes tragédies du XXe siècle : celle qui, au premier chef, s'était abattue sur son propre pays en 1917. En 1920, dans la région de Tambov, les koulaks s'étaient révoltés, eux aussi, contre l'ordre nouveau en vertu duquel on leur confisquait leurs provisions de grains en leur promettant des lendemains qui chantent. On avait donné, contre eux, l'Armée rouge. Fauché à la mitrailleuse des paysans armés de fourches et de bâtons qui marchaient à l'ennemi au son des cloches. Écrasé la révolte à l'artillerie lourde avant de nettoyer au gaz toxique les forêts où les rescapés avaient trouvé refuge. Le futur maréchal Joukov avait gagné là ses premières décorations.

« Il nous faut des Vendée ! », avait proclamé Lénine.

Il avait tenu parole en multipliant les massacres. On avait noyé les contre-révolutionnaires dans la Volga comme Carrier l'avait fait dans la Loire. Considéré comme un crime de ne paraître révolutionnaire qu'avec modération. Exécuté les suspects sans jugement au nom du droit des peuples à accoucher l'histoire par la violence. La terreur jacobine tenait lieu de modèle. On n'aurait, seulement, pas la naïveté de Robespierre : on tuerait les apprentis thermidoriens avant qu'ils ne se manifestent. On irait, cette fois, jusqu'au bout. Et l'on réécrirait l'histoire comme on l'avait fait en France. On maquillerait crimes et châtiments. Les koulaks seraient des « bandits », comme les Vendéens avaient été des « brigands ». On nierait les procès truqués, les camps de travail, les déportations, les famines organisées, le goulag, comme on avait nié, on nie parfois encore, le tannage de peaux humaines, le massacre des prisonniers, l'empoisonnement des puits, la déportation des femmes et des enfants, l'extermination d'une population exclue de la condition humaine pour sa fidélité à l'ordre ancien, ses attachements immatériels à des réalités qu'on avait abrogées par décret.

Ce 25 septembre 1993, à l'invitation de Philippe de Villiers, Alexandre Soljenitsyne était venu prendre sa part de la commémoration de la Révolution française en présidant l'inauguration du Mémorial construit aux Lucs-sur-Boulogne. Là, le 28 février 1794, l'une des colonnes infernales chargées de porter le fer et le feu au pays des brigands avait exterminé l'ensemble de la population, formée de vieillards, de femmes et d'enfants, dont 109 avaient moins de 7 ans. Après avoir torturé et éventré le curé, l'abbé Voyneau, fusillé et achevé plusieurs centaines de villageois à la baïonnette pour économiser les cartouches, les soudards avaient incendié l'église où s'étaient réfugiés les derniers survivants. « Aujourd'hui, journée fatigante, mais fructueuse, avait noté un soldat bleu dans une lettre. Pas de résistance. Nous avons pu décalotter à peu de frais toute une nichée de calotins [...]. Nos colonnes ont progressé normalement. »

Chassé d'URSS en 1974, Soljenitsyne vit alors reclus dans le Vermont depuis plus de quinze ans. Il a 74 ans. « Haut de tête, taillé comme un bouleau immémorial, écrit Philippe de Villiers dans le chapitre de ses souvenirs qu'il a consacré à la naissance de son amitié avec le dissident (*Le Moment est venu de dire ce que j'ai vu*, 2015). Retenu dans ses gestes, dense et puissant, il a le regard farouche et puis un immense front dénudé, traversé d'un sillon vertical, sans doute creusé par l'épreuve de visions innommables ; [...] il porte la longue barbe blanchissante des anciens Rurikides. »

C'est avec émotion que, dit-il, il prend la parole. En songeant à nos morts, et aux siens. À l'innocence sacrifiée, aux illusions perdues, aux idées mortifères. Aux tragédies du passé, et à celles que réserve l'avenir. « Longtemps, dit-il, on a refusé d'entendre et d'accepter ce qui avait été crié par la bouche de ceux qui périssaient, que l'on brûlait vifs : les paysans d'une contrée laborieuse, pour lesquels la Révolution semblait avoir été faite, mais que cette même Révolution opprima et humilia jusqu'à la dernière extrémité. Eh bien oui, ces paysans se révoltèrent contre elle ! C'est que toute révolution déchaîne chez les hommes les instincts de la plus élémentaire barbarie, les forces opaques de l'envie, de la rapacité et de la haine [...] ; aucune révolution ne peut enrichir un pays, tout juste quelques débrouillards sans scrupule ; dans son propre pays, généralement, elle est cause de morts innombrables, d'une paupérisation étendue et, dans les cas les plus graves, d'une dégradation durable de la population. »

Quatre ans plus tôt, en 1989, il avait assisté, comme un roi en exil, à la chute du mur de Berlin. En 1991, à la disparition de l'Union soviétique. Il savait désormais que son séjour aux États-Unis s'achèvait : il retournerait en Russie l'année suivante. En marge de la rédaction de *La Roue rouge*, la fresque romanesque que lui avait inspirée la révolution bolchevique, il avait eu le loisir d'observer « le déclin du courage » dans les élites de l'Occident. À Harvard, en 1978, il avait décontenancé nombre de ceux qui s'étaient – tardivement – ralliés à sa dénonciation du goulag et du communisme, en pointant, presque symétriquement, les effets délétères d'un idéal qui a promis et obtenu, à l'Ouest, une liberté illimitée et une prospérité sans précédent, mais qui avait sacrifié à l'accumulation de biens matériels quelques-uns des « besoins essentiels de l'âme » : le droit au silence, à l'enracinement ; la liberté intérieure, la tension vers une vie plus pleine que celle que procure la satisfaction des sens, la conscience des devoirs qui permettent de « quitter cette vie en créatures plus hautes que nous n'y étions entrés ».

Son pèlerinage en Vendée est pour lui l'occasion de compléter ce discours de Harvard en développant l'autre versant de sa critique de la modernité occidentale et de l'idéologie du progrès qui lui est consubstantielle. De récuser sa folle prétention à extirper le mal de la société sans comprendre que, tapi au cœur de chacun, il n'est pas affaire d'organisation politique, de structure sociale, mais de morale, d'éducation, de maîtrise de ses propres passions. De fustiger sa volonté de libérer l'homme en l'arrachant à ses traditions constitutives, ses coutumes ancestrales, ses attentes spirituelles ; son désir de le délivrer de gré ou de force de ce qui fait en définitive la saveur de l'existence. Entreprise condamnée à l'échec parce qu'elle se fonde sur une erreur sur la nature humaine. Vouée au crime aussi, car ses promoteurs considèrent inévitablement ceux qui refusent de s'y plier comme des déviants passibles de l'asile psychiatrique ou de l'élimination.

Par ses massacres autant que par la phraséologie de ceux qui en avaient agencé l'ordonnancement, par les exemples que nous donnent ceux qui avaient su, au contraire, refuser d'être « libres » à ce prix, la Vendée lui était apparue comme une vivante leçon : l'un de ces lieux de mémoire dont on n'aura jamais épuisé la méditation.

SAUF POUR LA GLOIRE, SAUF POUR L'ART

Stendhal lui avait trouvé, en 1795, un sourire « faux et souvent mal placé ». La duchesse d'Abrantès, qui le connaissait bien, l'avait elle-même jugé fort laid. Elle l'a décrit marchant « d'un pas assez gauche et incertain, ayant un mauvais chapeau rond enfoncé sur les yeux, et laissant échapper ses deux *oreilles de chien* mal poudrées, et tombant sur le collet de cette redingote gris-de-fer, devenue depuis bannière glorieuse [...], portant des bottes mal faites, mal cirées, et puis tout cet ensemble maladif résultant de sa maigreur, de son teint jaune ».

Deux ans plus tard, au sortir d'une visite qu'il lui avait rendue à son retour d'Italie, David s'émerveillera de la pureté d'un visage qu'il jugera « beau comme l'antique ». Doit-on croire qu'entre-temps, la gloire et le succès l'avaient transfiguré ? Ou constater qu'un portrait en dit plus sur le regard de celui qui le dessine que sur le modèle qui en est l'objet ?

Toute l'histoire de Bonaparte porte le sceau de cette ambiguïté. À s'en tenir aux faits, on pourrait en tirer une caricature à l'eau-forte. Des premiers balbutiements de son patriotisme corse à la cérémonie qui le voit ceindre la couronne de Charlemagne, on ne croise pas les seules images d'une épopée. De sombres silhouettes se profilent entre chacun des tableaux qui ont donné des couleurs éclatantes à sa légende. Celle du canonnier de Vendémiaire, qui s'étonne des hésitations des thermidoriens à l'idée de tirer sur la foule. Celle du coureur de dot insatiable, qui finit par épouser une demi-mondaine dans l'espoir d'arracher à son protecteur un commandement prestigieux. Celle du général en chef de l'armée d'Italie, qui pille sans scrupules les pays conquis, viole la neutralité de principautés sans défense, réprime sans états d'âme les révoltes paysannes. Celle du conquérant de l'Égypte, qui massacre 2 500 de ses prisonniers turcs, rase des villages entiers et fait achever les soldats pestiférés deux mois après avoir joué les disciples de saint Louis au milieu d'eux. Celle du fondateur de l'État moderne, qui se montre comploteur médiocre en Brumaire, truque sans vergogne les résultats des scrutins, livre la presse à la censure, met en place des juridictions d'exception et fait condamner l'innocent duc d'Enghien par une section spéciale le jour-même où il publie le Code civil.

Et que dire de la comédie du sacre, qui vit se réunir à Notre-Dame l'une des plus belles collections de fripouilles empanachées de l'histoire, pour couronner du prestige de l'idée impériale une dictature destinée à assurer la tranquillité des acheteurs de biens nationaux ?

À une époque qui n'aime rien tant que les jugements anachroniques, Bonaparte pourrait apparaître comme l'archétype du chef de guerre sans principes, du général factieux et du politicien sans foi ni loi : il ferait aujourd'hui figure de gibier de prédilection pour le cabinet des juges d'instruction, le pilori du journal télévisé, voire les cellules aseptisées du Tribunal pénal international.

À quoi tient-il que chacun sente qu'un tel procès n'épuise pas le sujet ? « Sauf pour la gloire, sauf pour l'art, écrit Jacques Bainville, il eût probablement mieux valu qu'il n'eût pas existé. » Sauf pour la gloire, sauf pour l'art : c'est peu, mais c'est aussi beaucoup. C'est peu, c'est presque tout. C'est lui laisser en propre tout ce que, renouvelant dans l'Europe civilisée du XVIIIe siècle une aventure telle qu'on les avait cru réservées aux steppes de l'Asie centrale ou à l'histoire du monde antique, et donnant, par là même, aux peuples d'Occident, une prodigieuse leçon d'énergie, sa formidable ascension a pu représenter, pour eux, comme ébranlement de l'esprit. Lui reconnaître un héritage que n'ont entamé ni la fragilité de ses conquêtes ni la mise à bas de ses institutions : « l'empreinte ineffaçable » que laissèrent à plusieurs générations les récits héroïques ramenés des campagnes, le mirage lointain des conquêtes, le chatoiement des uniformes, le silence des absents, « l'amour, la mort, la gloire attendant sur tous les chemins » (Élie Faure). Entre 1796 et 1804 – la première campagne d'Italie et le sacre – naissent Vigny, Delacroix, Michelet, Balzac, Hugo, Dumas, Berlioz. Leurs œuvres prolongeront par un feu d'artifice la poésie que Bonaparte avait vécue en action en chevauchant des plaines du Tibre à la vallée de l'Oronte, parmi les jardins plantés de cyprès, les collines bleuâtres, les glaciers inaccessibles, les minarets pointant au-dessus des eaux. Stendhal fera de la campagne d'Italie la préface de sa *Chartreuse de Parme*. Gérard de Nerval ressuscitera le souvenir de sultan Kébir, le général aux cheveux longs, au cours de son *Voyage en Orient*. Chateaubriand écrira, avec ses *Mémoires d'outre-tombe*, la contre-épopée de l'aventure impériale. Et Géricault aurait-il peint le naufrage de *La Méduse* s'il n'avait assisté à celui de la Grande Armée ? « Un seul homme était en vie alors en Europe, écrit Musset dans sa *Confession d'un enfant du siècle* ; le reste des êtres tâchait de se remplir les poumons de l'air qu'il avait respiré. » Cet air, c'était celui de la jeunesse, de l'espérance, de l'héroïsme. C'est lui qui fit du XIXe siècle un nouveau grand siècle français. C'est grâce à lui qu'en dépit de ses pages d'ombre, l'aventure de Bonaparte nous exalte encore.

BONAPARTE PACHA

Il n'est pas entré à cheval dans la mosquée du Caire. Il n'a jamais livré bataille au pied des pyramides : sa victoire sur les mamelouks s'est déroulée à plusieurs kilomètres de là, dans un bourg obscur du nom d'Imbaba. Il n'y a pas invoqué quarante siècles d'histoire : il n'a pas prononcé de harangue ce jour-là devant ses troupes. Il n'a pas donné le baiser aux pestiférés à Jaffa. Il n'a jamais songé à menacer Constantinople, non plus qu'à marcher sur les Indes sur les traces d'Alexandre. Sa campagne de Syrie ne visait qu'à couvrir l'Égypte d'une marche-frontière. Elle s'est achevée sur un échec : il n'est pas parvenu à prendre Saint-Jean-d'Acre. Elle a été déshonorée par un massacre : celui des prisonniers de guerre qu'il avait faits à Jaffa.

L'expédition d'Égypte est, dans l'histoire napoléonienne, l'épisode où le mythe s'entremêle le plus étroitement à l'Histoire, au point de rendre parfois les faits indiscernables. Des monuments incomparables y servent de cadre à la plus incroyables des épopées. On y voit charger Murat sabre au clair, chevaucher le long du Nil les hussards de Desaix, et mourir Kléber comme meurent les héros.

Reste que ses objectifs stratégiques étaient indéfendables : la route des Indes, qu'on prétendait couper à l'Angleterre, passait alors par le Cap. L'Empire ottoman était l'allié traditionnel de la France : on le jeta dans les bras de l'ennemi. On privait le pays de ses meilleures troupes au moment où la deuxième coalition se formait à ses frontières : elle lui ferait bientôt perdre le bénéfice des victoires remportées, l'année précédente, en Italie, par Bonaparte.

La destruction de la flotte, à Aboukir, par Nelson, était inscrite dans la disproportion des forces navales ; elle assurerait pour longtemps la maîtrise de la Méditerranée aux Anglais ; elle rendait, par avance, inutiles les batailles que l'armée d'Orient remporterait dans un pays coupé de toute communication avec la métropole.

L'aventure s'est achevée par la plus humiliante des capitulations : une défaite comme l'armée française n'en avait pas connues depuis la perte du Canada.

Et pourtant... Pourtant, c'est là que tout s'est joué. Sans l'expédition qui avait associé son nom à celui des plus grands conquérants de l'Histoire – César, Alexandre, Ramsès II –, la magie d'un verbe qui allait lui permettre de transformer une campagne incertaine en épopée orientale, jamais Bonaparte n'aurait été nommé Premier consul, en attendant de devenir l'empereur Napoléon.

Sans l'inspiration qui lui fit embarquer avec lui 167 des savants les plus éminents de son temps – historiens, géologues, médecins, naturalistes, archéologues ou mathématiciens : Monge, Conté, Vivant Denon –, l'égyptologie serait restée, longtemps encore, balbutiante ; Champollion n'aurait pas déchiffré le secret des hiéroglyphes sur la pierre de Rosette ; les planches incomparables de la *Description de l'Égypte* n'auraient pas fait connaître à toute l'Europe savante les secrets de l'architecture pharaonique ; l'Orient n'aurait peut-être pas conquis nos peintres ; les places de nos villes, nos fontaines publiques, nos ponts ne seraient pas ornés de pyramides et d'obélisques ; les sphinx de bronze ne se seraient pas nichés au pied de nos commodes et de nos guéridons ; l'Égypte ancienne ne serait pas devenue une passion française.

On aurait tort de ne voir là qu'un tour de passe-passe : le triomphe d'une propagande capable de transformer une défaite militaire en victoire éclatante. Ce retournement fait mesurer, au contraire, jusque dans les revers, le génie de Bonaparte.

Son expédition n'avait, dès l'origine, pas été conçue comme une conquête ordinaire, et il n'avait choisi l'Orient qu'avec la conscience qu'il pourrait y faire « quelque chose de grand ». Ce qu'il y poursuivait, dit Michelet, c'était « l'espoir fantastique, sublime, d'une résurrection » : le rêve de faire renaître, sur cette terre antique, désormais laissée en jachère, les bienfaits de la civilisation.

Sitôt débarqué à Alexandrie, il avait créé un lazaret pour y soigner la population égyptienne. À l'annonce de la destruction de la flotte à Aboukir, c'est à peine s'il a un moment de trouble : « Ceci nous obligera à faire de plus grandes choses que nous n'en voulions faire. » Huit jours après avoir appris la nouvelle, il fonde l'Institut d'Égypte.

C'est qu'il a vu, d'emblée, la portée de la défaite. Elle ne le décourage pas, au contraire : elle le confirme dans le projet de faire de l'Égypte un pays capable de vivre par lui-même. Il fait construire des arsenaux, des salpêtrières, des moulins, des fours, des hôpitaux ; imprimer des journaux qui diffusent les découvertes de ses savants. Le pillage est sévèrement puni. Sa sympathie pour la population n'excepte pas ses croyances religieuses. Il multiplie les protestations de respect envers le Coran. Il eut même un instant, dit Michelet, « l'idée de s'habiller à la turque. Mais il était petit ; cela lui allait mal ; il renonça ». L'Institut d'Égypte attire les notables du Caire, qu'on initie par des démonstrations à l'usage d'instruments de physique, d'astronomie ou de chimie susceptibles d'améliorer la fabrication d'objets d'art ou de manufacture.

Du palais mamelouk où il s'est installé, au centre du Caire, Bonaparte amorce un programme de travaux publics, réforme le système de perception des impôts. À Suez, il prévoit que la restauration de l'antique canal pourrait faire du pays un point de passage obligé du commerce mondial.

En Égypte, résume Sainte-Beuve, il fait « son expérience et comme sa *répétition* de souveraineté et d'empire, à huis clos, dans cet Orient où il est enfermé, et loin de l'Europe qui a les yeux sur lui, mais dont un rideau magique le sépare ».

Il y pose, en même temps, les bases de ce qui permettra, tout au long du XIXe siècle, l'édification de l'Égypte moderne. C'est ce qui fait de cette équipée une rencontre sans pareille. Sans doute nous séduit-elle d'abord par la beauté des paysages comme par la grandeur des batailles, les complots de palais ou la découverte des vestiges d'une civilisation ensorcelante. La légende une fois dissipée, et la part faite aux ombres qui entachent l'épopée, on est obligé d'admettre que la fascination qu'elle exerce demeure légitime. Critique acerbe de la politique napoléonienne, Jacques Bainville l'admit le premier : elle constitue sans doute « l'œuvre la plus féconde et la plus durable de Napoléon ».

LE SONGE DE L'EMPEREUR

Chateaubriand, qui ne l'aimait pas, l'a reconnu comme « l'une des premières figures de l'Histoire ». Nous en sommes toujours là aujourd'hui. En un temps ou la guerre de conquête a été mise hors la loi et où la dictature militaire est la figure même du mal sur terre, l'intérêt que suscite toujours son aventure témoigne de ce que les modes intellectuelles ne sont pas toutes-puissantes : pour être aux antipodes de l'idéal citoyen du bourgeois bohême, l'épopée de Napoléon n'est pas devenue un sujet de macération pour les enfants des écoles, une occasion de repentance pour les pouvoirs publics ; elle n'a rien perdu de sa magie.

Cela ne va pas sans malentendus. De ce qui fut en effet toute sa pensée, tout son effort, toute son ambition, force est de constater qu'il ne reste rien. Alexandre, avant lui, avait conquis le monde, et sans doute son empire ne lui avait-il pas non plus survécu : au moins avait-il laissé, derrière lui, des royaumes qui allaient permettre à la culture grecque de continuer de rayonner et de séduire, à leur chute, jusqu'à l'envahisseur romain. Napoléon laissa la France plus petite qu'il ne l'avait prise à des directeurs incapables et corrompus. Et de son aventure, date le commencement de la fin de nos ambitions de grande puissance.

C'est le mystère de cette existence. On dit et on répète que nous lui devons nombre de nos institutions : le Code civil, la Légion d'honneur, les préfectures, la Banque de France, la Cour des comptes. Mais que représentaient dans son esprit ces créations ? La rationalisation ou la suppléance des cadres administratifs hérités de l'ancienne France, revisités par les principes de la Révolution. À Sainte-Hélène, il a prétendu qu'il avait voulu diffuser en Europe les idéaux de 1789. Vision rétrospective de l'artiste. Car s'il a bien fait surgir des combattants de la liberté, ce fut d'abord contre lui.

Autre devait être à ses yeux le grand œuvre de son règne : la réorganisation de l'équilibre européen autour d'une France rendue hégémonique par l'arrimage définitif de la rive gauche du Rhin. De cela, après lui, il ne pourra plus jamais être question. Parce qu'il avait laissé 3 millions de morts sur le sol de l'Europe sans y être parvenu.

Il y a quelque chose de terrifiant dans le spectacle qu'offre la poursuite de ce songe immense. Napoléon, c'est son drame, a voulu, en dix ans, boucler l'ouvrage millénaire de la monarchie : reconstituer la Gaule dans ses frontières naturelles en faisant reconnaître définitivement par le concert des nations les conquêtes arrachées par les armées de la République. Il s'épuisera dans ce travail de Sisyphe qui le conduira, l'épée à la main, des bouches de l'Èbre aux portes de Moscou, dans une guerre perpétuelle où tout lui semblera permis : déposer les rois, ébranler les empires, dessiner les frontières, enlever le pape, fusiller les récalcitrants, changer les couronnes de tête comme on réorganise un peloton de gendarmerie. Entreprise de démiurge, placée tout entière sous le signe de la force, et qui finira par donner à l'Europe la haine du nom français, en épuisant la France d'une saignée d'hommes dont elle ne se relèvera pas.

Les coalitions renaissent sans cesse, les obstacles se multiplient, il s'obstine, parce qu'il n'a pas le temps, parce qu'il n'a pas le choix. Saint Louis peut rendre aux Anglais le Limousin, le Périgord ou le Quercy. Il sait qu'il appartiendra à l'un de ses descendants, un jour, de les ressaisir. Lui, n'a pas les moyens de consolider la paix ou d'être magnanime, parce qu'il ne peut compter que sur lui. Il lui faut toujours vaincre, toujours éblouir, toujours montrer qu'il est invincible.

Ce qui domine son règne, c'est l'incertitude du lendemain. Une bataille perdue, et l'on sent que tout peut être compromis. Il a cru, par le sacre, donner la stabilité qui manquait à son régime, passer du statut de général heureux à celui de fondateur de la quatrième dynastie. Personne, au fond, n'y a cru. Toujours, il resta pour ceux qui lui donnaient du « Majesté », l'appelaient « Sire », le joueur auquel on avait associé sa fortune, en guettant le premier signe de faiblesse, afin de retirer sa mise avant d'être entraîné avec lui dans sa chute. Napoléon, c'est ce qui fait toute la modernité de son histoire, a cru que l'on pouvait s'affranchir des fatalités de sa naissance et de son siècle par la mise en œuvre de dons exceptionnels, l'exercice d'une volonté intraitable. Mais il n'a jamais perdu de vue la fragilité de tout ce qu'il avait entrepris. Il n'a cessé de se méfier de son entourage et de fuir le contact avec la foule.

Il faut lire le récit de son voyage de Fontainebleau à Fréjus sur la route de l'île d'Elbe. C'est la page la plus émouvante de son aventure, son retour de Varennes, son chemin de croix. Son humanité s'y révèle de la manière la plus saisissante sous les quolibets des anciens camarades, les menaces et les injures des passants. Et la terreur qui s'empare de lui est d'autant plus touchante qu'on a vu, quelques semaines auparavant, le même homme s'exposer sur les champs de bataille de la campagne de France au point de décourager ses proches de lui faire entendre raison. L'exil de Sainte-Hélène lui offrira, quelques mois plus tard, une captivité à sa mesure : elle lui permettra de draper son histoire dans les plis de la Légende. La colère de la populace qui pend son mannequin sur son passage le renvoie au contraire a ce qui aura été sa hantise, cette angoisse qui explique les aspects les plus mesquins de son régime : le ridicule des plumes dont il a empanaché ses généraux, le « faste de parvenu » d'une « cour de Bas-Empire » (André Suarès), comme la surveillance policière qu'il fit subir à tout le corps social, le règne du mensonge, les mouchards, la propagande.

Le gouvernement de Napoléon est un gouvernement mal assis, auquel il manque également un passé et un avenir, Il n'aura pas changé l'ordre du monde, du moins pas dans le sens qu'il avait souhaité. À une France qui a désormais abjuré la tentation de la puissance, il n'offre plus que l'occasion de songer avec nostalgie à la cavalcade enivrante dans laquelle elle a jeté quelques-uns de ses plus beaux feux. Mais, fut-il fracassé par l'histoire, léguer à un peuple un grand rêve, ce n'est peut-être pas tout à fait rien.

1814

Il s'était battu jusqu'au bout. La France de Napoléon n'avait pas compté moins de 130 départements. Parmi eux, ceux de Rome, du Zuiderzee (chef-lieu : Amsterdam), des Bouches-de-l'Elbe (préfecture : Hambourg !). Elle avait tenu pour vassales l'Italie, l'Illyrie, la Confédération du Rhin, l'Espagne. Il devait maintenant se battre pied à pied pour défendre son propre territoire contre l'invasion étrangère. En Champagne, dans la vallée de la Marne, sur les rives de la Seine, à 75 kilomètres de Paris.

Il avait fait la preuve qu'il n'avait rien perdu de son génie militaire, en dépit du désastre de Russie, de la défaite de Leipzig. Il s'était battu, seul contre tous, à un contre trois, servi par des « Marie-Louise » de moins de 20 ans qui savaient à peine charger leur fusil. Il avait multiplié les théâtres d'opération, se projetant sans cesse d'un adversaire à l'autre dans l'espoir de les battre tour à tour, renouant avec ses 30 ans et la mobilité de sa première campagne d'Italie dans une prodigieuse démonstration d'énergie. « Il faudrait que je fusse partout à la fois ! », disait-il. Il y était presque. Champaubert, Montmirail, Vauchamps : la litanie de ses victoires fait écho à la poésie du *Carillon de Vendôme* : Orléans, Beaugency, Notre-Dame de Cléry… Il avait pris l'ennemi de face, de flanc, de revers, pointant lui-même les canons sur l'adversaire, payant de sa personne et s'exposant en première ligne. « Laissez-le donc ! Vous voyez bien qu'il le fait exprès, avait lancé Sébastiani à Exelmans, qui tentait de l'empêcher de risquer inutilement sa vie. Il veut en finir ! »

Soudain, ce fut vraiment fini. Les armées alliées convergeaient depuis la Belgique, le Rhin, le Lyonnais, l'Espagne. Les Français reculaient partout. Nul n'avait répondu à son appel aux armes. La population, épuisée, demandait grâce. Les Alliés refusaient de continuer à négocier avec lui. Son frère Joseph et l'impératrice Marie-Louise avaient fui la capitale avec le roi de Rome. Les armées étrangères étaient entrées dans Paris. Le Sénat conservateur n'avait rien conservé du tout : pas même la décence, le sentiment du ridicule. Les sénateurs revêtirent la tenue chamarrée dont il avait décoré leurs silhouettes d'arrivistes et de parvenus pour proclamer sa déchéance. Au terme d'un souper fin, Talleyrand avait converti le tsar à la cause de Louis XVIII. Il prit la tête d'un gouvernement plus provisoire encore que d'habitude. Bientôt, les anciens régicides voteraient eux-mêmes le retour des Bourbons sur le trône de leurs pères, sous réserve qu'ils leur laissent leurs dignités (ils n'en avaient guère qu'au pluriel) et rendent leurs pensions héréditaires. Mobile et incertain, lui rêvait encore, depuis Fontainebleau, de raccompagner l'ennemi à la frontière. Les maréchaux n'y croyaient plus. Il n'avait plus qu'à se démettre. Ils le lui dirent.

Ce furent alors les mauvais jours. L'abdication et la tentative de suicide. Les salons qui se vident de tous ceux qu'il avait écrasés de titres d'un autre âge, de cordons et de fanfreluches. Le retournement des soldats de fortune dont il avait fait des ducs. La solitude du maître abandonné par son chef d'état-major – Berthier –, son valet de chambre – Constant –, comme par Roustan, le mamelouk. « Celui-ci ne reviendra pas », disait-il lorsqu'on venait prendre congé de lui en l'assurant d'un prompt retour.

De Fontainebleau à Fréjus, où il devait s'embarquer pour l'île d'Elbe, il connut sa grande déréliction. Son épreuve la plus cruelle. À Valence, Augereau le rudoya en le tutoyant avant de s'en aller faire sa cour à Louis XVIII. Ils avaient fait la guerre ensemble, dix-huit ans plus tôt, en Italie. À Orgon, en Provence, on brisa les vitres de sa voiture tandis qu'était pendu un mannequin à son effigie. « Tel sera, tôt ou tard, le sort du tyran », lisait-on sur l'écriteau accroché autour de son cou. Il résolut de revêtir une redingote bleue, un chapeau rond frappé de la cocarde blanche pour ne pas être reconnu. Demanda à son vis-à-vis de lui souffler la fumée de son cigare au visage et de siffler devant lui, afin que nul ne soupçonne la présence dans la voiture de celui qui avait été maître de tant de nations. À l'étape, il n'osait toucher à la nourriture, de peur qu'on y eût mis du poison. « Au moindre bruit, témoignera l'un de ses compagnons, il tressaillait et changeait de couleur. » Enfermé dans sa chambre, la tête dans les mains, il pleurait à chaudes larmes. Il finit son voyage costumé en officier autrichien, caché sous la pelisse d'un général russe.

On a légitimement commémoré le bicentenaire de la campagne de France et la fin de l'Empire. La défaite des armes françaises y est nimbée de gloire. Elles avaient cédé sous le nombre sans être véritablement vaincues. Elles avaient arrêté, un moment, l'invasion, en dépit d'une disproportion des forces qui apparente les dernières victoires de Napoléon au miracle. L'année 1814 est pourtant mémorable, aussi, à d'autres titres. Elle n'allait pas seulement voir les débuts de l'ultime tentative de restauration de la monarchie à laquelle avait été liée, pendant tant de siècles, notre histoire. La mise en place d'un régime décrié qui n'en allait pas moins constituer, après vingt ans de soubresauts, de divisions et de tourmentes, une tentative réussie d'accorder liberté et volonté réformatrice, tranquillité de l'ordre et rejet de la tyrannie. Elle allait être, surtout, le théâtre de la plus pitoyable des comédies. Donner, au lendemain de l'incroyable épopée militaire dont la France sortait exsangue, l'étrange spectacle d'une foire aux vanités qui verrait l'âme humaine afficher ses noirceurs sans la moindre retenue. Les vieilles perruques revenues d'émigration sans avoir rien oublié, rien appris, y côtoieraient les hommes de la Révolution et de l'Empire empressés de cracher sur le passé pour s'assurer du présent et de l'avenir. Les capitaines intrépides y multiplieraient les assauts de servilité à l'égard d'un régime curieusement décati, à l'image de son roi podagre, avant même d'avoir vraiment servi, pour le remercier de les avoir laissés en place, avec leurs décorations, leurs uniformes, leurs prébendes. Elle marquerait pour la vie Musset, Géricault et Vigny, inspirerait Chateaubriand, Hugo, Balzac et Stendhal avant d'être mise en scène, plus tard, par Jean Anouilh. Tout le romantisme en est issu.

Le canon de Waterloo

Depuis Gand où il avait suivi l'exil de Louis XVIII, Chateaubriand avait entendu tonner le canon de Waterloo. Il se promenait alors dans les environs de la ville, cheminant lentement en lisant, dit-il, les *Commentaires sur la guerre des Gaules* ! Appuyé contre un peuplier, il avait senti le souffle chaud du vent du sud, qui portait avec lui le roulement sourd de l'artillerie, dans un silence que seuls troublaient les cloches d'une horloge de village, le cri d'une poule d'eau à travers les joncs.

« Auditeur silencieux et solitaire du formidable arrêt des destinées, écrira-t-il dans les *Mémoires d'outre-tombe*, j'aurais été moins ému si je m'étais trouvé dans la mêlée : le péril, le feu, la cohue de la mort ne m'eussent pas laissé le temps de méditer ; mais seul sous un arbre, dans la campagne de Gand, comme le berger des troupeaux qui paissaient autour de moi, le poids des réflexions m'accablait. » Cette bataille serait-elle décisive ? Et quelle issue fallait-il lui souhaiter ? La victoire de Napoléon n'obligerait pas seulement le fugitif à reprendre lui-même la route. Elle enfermerait la France dans une fuite en avant meurtrière. « Je veux qu'il gagne une ou deux batailles, avait prophétisé Fouché depuis Paris. Il perdra la troisième. » Il n'y avait pas d'issue à une guerre perpétuelle contre toutes les puissances européennes. Pouvait-on cependant souhaiter d'un cœur léger la défaite des armes françaises ? Elle donnerait certes le signal d'un retour des Bourbons dans leur capitale, mais ils y entreraient « derrière ces uniformes rouges qui venaient de reteindre leur pourpre au sang des Français ». Elle condamnerait la royauté à avoir « pour carrosses de son sacre les chariots d'ambulance remplis de nos grenadiers mutilés ».

La bataille de Waterloo a été considérée par Hugo comme l'un de ces châtiments dont les dieux se plaisent à frapper l'*hubris*, la démesure, des conquérants. Elle eut, plus sûrement, ceci de particulier qu'au prix de 23 000 morts et de 65 000 blessés, elle ne pouvait déboucher, quelle que soit son issue, que sur une catastrophe.

Les Cent-Jours ont pu déchaîner l'enthousiasme des thuriféraires de l'Empire : ils demeurent le moins défendable des chapitres de l'histoire de Napoléon. Celui par quoi il avait le plus évidemment renoncé à rester dans l'histoire comme un réformateur, un homme d'État, pour endosser sans équivoque la défroque de l'aventurier. L'épisode, resserré à quelques courtes semaines, est de ceux qui ont porté au paroxysme la puissance dramatique de l'épopée. La route Napoléon avait été, dans les Alpes, l'itinéraire d'une marche triomphale. Le « vol de l'Aigle » avait offert, de clocher en clocher, une revanche éclatante à l'Empereur déchu qui avait quitté la France, un an plus tôt, sous les huées des Provençaux, et n'avait échappé que de peu au lynchage. Le retournement des régiments envoyés par le roi à sa rencontre, les accolades des maréchaux, avaient fait oublier leur départ furtif du château de Fontainebleau, au lendemain de la cérémonie des adieux, le ralliement massif des dignitaires de l'Empire à la monarchie restaurée. La dernière campagne avait opposé, seul contre tous, le génial tacticien à pas moins de quatre armées, dans un rapport de force de un pour trois. La défaite elle-même avait été émaillée de manœuvres hardies, de charges héroïques, de mots fameux. Elle avait été suivie du plus romantique des exils, et avait donné à l'Empereur vaincu la figure de Prométhée enchaîné. Elle avait offert au héros terrassé de réécrire lui-même son histoire, de ciseler sa légende pour la postérité.

L'aventure, pour autant, s'était traduite par un désastre comme l'histoire n'en offre que peu d'exemples. Elle avait fait perdre au pays le bénéfice du tour de passe-passe par quoi Talleyrand s'était ingénié à faire figurer la France vaincue dans le concert des vainqueurs et à la faire participer, à Vienne, à la reconfiguration du continent européen. Elle avait condamné un royaume amoindri dans ses frontières, dépossédé de ses places fortes, occupé pour la première fois depuis plus de deux siècles, à payer les lourdes indemnités de guerre dont il avait été, un an plus tôt, exempté, et à entretenir, pendant plusieurs années, les 150 000 soldats étrangers qui bivouaqueraient dans ses départements du Nord et de l'Est.

Comme le souligne justement Emmanuel de Waresquiel dans ses *Cent-Jours*, elle avait, dans le même temps, ravivé la guerre civile que la fusion des élites opérée sous l'Empire et la modération affichée par Louis XVIII en 1814 étaient parvenues à apaiser. Elle avait ranimé la fièvre révolutionnaire, dont le revenant s'était voulu le porte-drapeau en multipliant les proclamations contre les Bourbons, les nobles et les prêtres, catalogués comme autant de représentants du parti de l'étranger, en même temps que réveillé la volonté de revanche des émigrés et des ultras, convaincus que la magnanimité du souverain était responsable de la facilité avec laquelle les ralliés l'avaient abandonné, et désormais décidés à solder leurs comptes avec « l'autre France ».

Elle avait associé pour l'avenir le plus libéral des régimes dont le pays ait bénéficié avec le déshonneur d'un pouvoir installé par une armée étrangère. Brouillé toutes les notions de légitimité, provoquant, par là, l'instabilité constitutionnelle dont tout le XIXe siècle serait affecté.

Elle avait, surtout, mis un terme à la plus extraordinaire des épopées, la plus singulière des démonstrations de gloire militaire de notre histoire, celle qui avait, aux dires de Stendhal, appris « au monde qu'après tant de siècles, César et Alexandre avaient un successeur », par le spectacle d'une burlesque foire d'empoigne qui avait vu les élites se déconsidérer par leurs retournements de veste, leurs trahisons, leurs lâchetés, suscitant à leur égard un scepticisme dont le pays ne devait plus jamais tout à fait se départir. « Je n'irai pas, misérable transfuge, me traîner d'un pouvoir à l'autre », avait annoncé Benjamin Constant dans le *Journal des débats,* à la veille du départ de Louis XVIII pour l'exil. Il serait quelques jours plus tard, le principal rédacteur de l'Acte additionnel aux Constitutions de l'Empire. « Je ramènerai le Corse dans une cage de fer », avait proclamé le 7 mars le maréchal Ney. Il tomberait, onze jours plus tard, à Auxerre, dans les bras de celui qui l'avait embrassé en rappelant au « brave d'entre les braves » les heures de gloire de la Moskova.

Lors du retour définitif de Louis XVIII, le 8 juillet, trois semaines après Waterloo, des élégantes dansèrent dans les rues de Paris avec des officiers prussiens et anglais. Le soir venu, on illumina dans la capitale. L'un des hôtels les mieux éclairés fut celui de Cambacérès. Archichancelier de l'Empire, il avait été pendant quinze ans le deuxième personnage de l'État.

Napoléon a-t-il existé ?

À quoi servent les Anglais ? Ils se retirent dans un fumoir après le dîner, ils pratiquent le *mooning* après boire ; ils ont inventé les règles complexes du cricket. Leur reine met souvent des chapeaux ridicules et certains d'entre eux portent des jupes à carreaux, ceux du moins qui se piquent de compter quelques Écossais parmi les ancêtres accrochés aux murs de leur *dining room*. Ils se posent des questions auxquelles personne n'aurait songé ; elles sont souvent extravagantes : ce n'est pas dire qu'elles soient sans intérêt.

Napoléon a-t-il véritablement existé ? C'est à cette interrogation qu'un théologien anglican du nom de Richard Whately s'est attaché à doctement répondre en 1819 dans un charmant opuscule. Napoléon était alors, depuis quatre ans, en exil à Sainte-Hélène. Les pamphlets contre lui s'étaient multipliés, en France comme en Angleterre. Ils dénonçaient le parvenu, l'imposteur, l'aventurier qui avait mis l'Europe à feu et à sang pour assouvir une ambition démesurée.

Napoléon avait-il existé ? L'éclat de ses actions avait rempli la terre. Avant de se prononcer sur le crédit à accorder aux témoignages qui les rapportaient, trois préalables n'en devaient pas moins, en bonne méthode, être levés : les témoins avaient-ils eu véritablement les moyens de se renseigner ? N'avaient-ils aucun intérêt à travestir la vérité ? Les témoignages pouvaient-ils se recouper, ou au moins s'accorder ?

Sur quoi, demande ainsi Richard Whately, se fonde la certitude que Napoléon a existé ? Sur le fait que tout le monde en parle. La plupart n'en disent pourtant que ce qu'ils ont lu dans les journaux. On sait ce que valent de telles nouvelles. Les trois quarts des journalistes « ne font que répéter ce qu'ils trouvent chez d'autres avec autant de naïveté que leurs abonnés en mettent à les lire ». Quels moyens ceux qui, d'aventure, se seraient rendus sur place avaient-ils eu de vérifier ce qu'ils écrivaient ? Avaient-ils eux-mêmes approché l'empereur des Français ? Et s'ils s'étaient contentés de l'apercevoir de loin, de le reconnaître à son bicorne, à sa redingote, étaient-ils assurés que c'est bien de Napoléon lui-même qu'il s'agissait ? « Nous nous trouvons, écrit-il, dans le même cas que les Hindous ; les Bramins leur disent que la terre est soutenue par un éléphant, et l'éléphant par une tortue, mais ils leur laissent à deviner par quoi la tortue est soutenue, ou même si elle l'est du tout. »

La diffusion des nouvelles incroyables dont l'histoire de Napoléon fut l'occasion ou le prétexte servait évidemment les intérêts de ceux qui les colportaient. Nul n'a, mieux que lui, fait vendre du papier imprimé. Il n'est pas jusqu'aux gouvernements coalisés qui n'aient trouvé en lui un commode épouvantail pour tenir dans l'obéissance leurs sujets et faire entrer plus facilement les impôts.

Les contradictions qui entachent les témoignages sur quoi se fonde son histoire, son épopée, telle qu'on nous la rapporte, ont quant à elles de quoi décourager l'historien le mieux disposé. Les uns présentent Napoléon comme un modèle de magnanimité, les autres comme un monstre de cruauté. Est-ce à dire qu'il y eut deux Bonaparte ? Français et Russes revendiquent pareillement la victoire dans la bataille de la Moskova. Les Russes l'appellent Borodino. Il faut donc que l'un des deux comptes rendus soit faux. Mais alors, pourquoi pas les deux ? On doit en tout cas en déduire « l'importante maxime que voici : un récit pourra être aussi détaillé, aussi fermement soutenu, aussi gravement appuyé que l'on voudra ; les événements pourront en être aussi notoires, aussi importants que bon semblera, et le tout pourtant n'être qu'une pure fable ».

La certitude de l'existence de Napoléon ne se fonde, en dernier ressort, que sur l'universalité de la croyance dont elle fait l'objet. La difficulté de la remettre en cause tient à la répugnance naturelle du grand nombre à se déjuger. La beauté, la grandeur des événements, des personnages, « grandes armées, grandes victoires, grands froids, grands revers », les empires renversés en un jour, contre l'expérience des siècles, les hasards incroyables, les retournements de situation insensés n'en suffisent pas moins à dénoncer le caractère romanesque de cette histoire. La vie de Napoléon est un conte inventé pour servir à la gloire des Anglais, leur permettre de se vanter d'avoir terrassé un ogre d'autant plus redoutable qu'il est aussi imaginaire que celui du Petit Poucet.

Le livre de Richard Whately est un *nonsense*, une fable. C'est aussi la plus stimulante des réflexions sur l'histoire. À contester l'incontestable, il ne montre pas seulement la relativité de nos certitudes, la difficulté de départir les faits des mensonges de la propagande et des exagérations de la légende. Il démontre, en creux, les excès auxquels le scepticisme, l'hypercritique, la méfiance à l'égard des vérités établies peuvent, eux aussi, mener ; les ravages d'un esprit de système conduisant à nier l'évidence au terme d'un enchaînement de syllogismes biaisés. L'histoire n'est pas une science expérimentale (ce pourquoi l'appellation de sciences humaines est très largement usurpée). Elle est le fruit d'une quête incomplète, partielle : une connaissance amendable, provisoire, incertaine. Elle n'est pas réductible aux raccourcis binaires, aux jugements tranchés. Napoléon ne fut, sans doute, ni le héros des hagiographes ni le tyran des pamphlétaires. L'historien n'en peut pas moins tenir qu'il a existé sans l'avoir rencontré. La vérité n'est pas le contraire de l'erreur en histoire, moins encore qu'en toute autre matière. Elle est d'un autre ordre.

LES TSARS MAUDITS

Ils n'ont eu que trois siècles à peine. Trois siècles pour forger une nation, pour bâtir un empire. Au regard de l'histoire, un bref instant, un souffle, et l'on s'émerveille, en dépit de ses insuffisances, de ses ombres, de l'ampleur de l'œuvre accomplie.

La Russie avait existé avant eux, bien sûr. Elle avait eu ses heures de gloire sous Vladimir, le Soleil rouge, ou sous Ivan le Terrible. Elles n'étaient plus qu'un souvenir. Le pays avait rompu tout lien avec l'Europe. Son commerce entravé par l'absence d'ouverture sur la mer, sa diplomatie réduite à l'insignifiance par son instabilité politique, son armée en retard de plusieurs guerres, il ne jouait plus aucun rôle hors de ses frontières : condamné à subir la loi de ses puissants voisins, l'Empire ottoman, la Pologne, la Suède. Ni école ni université : sa noblesse n'était guère portée sur les lettres, elle n'excellait que dans la chasse à l'ours et l'art de la fauconnerie. Ses paysans associaient l'ignorance à l'ivrognerie. Les querelles dynastiques, l'esprit d'indépendance des grandes familles, avaient fait basculer le pays dans l'anarchie.

D'immenses territoires, un peuple laissé en friche. « Le plus beau mélange, dit Michel de Saint Pierre, de fermentation et de passivité dont la race humaine ait donné l'exemple » : telle était la Russie qui s'était donnée, un matin de février 1613, pour sortir de la guerre civile, à Michel Romanov. Un jeune homme de 16 ans qui vivait jusqu'alors reclus dans un monastère. Un cœur pur sans aucune expérience politique, coiffé de la couronne de Constantin Monomaque par des boyards vêtus de peaux d'ours, dans un pays où l'on tuait les loups à mains nues.

Trois siècles plus tard, la Russie serait l'une des grandes puissances mondiales, l'un des acteurs majeurs du concert des nations. Son territoire s'étendrait des plaines de la Pologne aux confins de la Chine, de la Crimée au Kamtchatka, et des monts du Caucase à la mer Baltique. Sa population, en voie de triplement, atteindrait 175 millions d'habitants, et verrait apparaître, en lieu et place du servage dont l'aurait délivrée un tsar libérateur, une classe de paysans riches. Son économie serait en cours d'industrialisation. Son commerce en pleine expansion. Elle possèderait le deuxième réseau ferroviaire du monde, après celui des États-Unis. Aurait mené un effort d'alphabétisation au terme duquel, en 1914, 75 % des conscrits sauraient lire.

« Nul doute, écrit l'historien américain Alexander Gerschenkron, qu'au train où croissait l'équipement industriel pendant les années du règne de Nicolas II, sans le régime communiste, la Russie eût rattrapé les États-Unis. »

D'un siècle l'autre, son histoire avait été ponctuée de sanglantes tragédies. De complots et de crimes. D'assassinats et de supplices. Pierre le Grand échappant de justesse, enfant, au couteau des streltsy, et faisant mourir sous la torture son propre fils, le tsarévitch Alexis ; Catherine II s'emparant du pouvoir en faisant empoisonner le tsar légitime, son mari, au cours d'une beuverie ; Ivan VI, rejeton d'une branche maudite écartée du pouvoir, tué dans l'obscurité du cachot où il avait passé sa vie ; Paul Ier étranglé dans sa chambre lors d'une révolution de palais commanditée par son fils ; Alexandre Ier assistant, impuissant, à l'incendie de Moscou ; Nicolas Ier inaugurant son règne en décimant la fleur de son aristocratie ; Alexandre II assassiné par les anarchistes ; Nicolas II massacré avec sa femme et ses enfants par les bolcheviques, visages défigurés à coups de crosse par la soldatesque, corps démembrés à la pelle, arrosés d'essence et réduits en cendres avant d'être jetés dans un puits : l'histoire des Romanov est une histoire de fureur et de cris. Elle semble avoir été conçue pour illustrer le mot de Louis XIV à Philippe V d'Espagne, son petit-fils : « Si vous avez cru qu'il fût fort facile et fort agréable d'être roi, vous vous êtes fort trompé. »

C'est une histoire haute en couleur aussi. On y assiste avec Pierre le Grand à de gigantesques fêtes où une salve de coups de canon salue le tsar chaque fois qu'il vide sa coupe, des nains ornés de rubans rouges jaillissent de gigantesques tourtes, un bouffon galope sur un petit cheval tout autour des convives en tirant des coups de pistolet tandis que l'empereur oblige des vieillards souffrant de la goutte à danser jusqu'à l'aube pour les initier aux mœurs occidentales (trop heureux s'il ne lui prend pas la fantaisie d'exercer sur eux ses talents de dentiste en leur arrachant à la diable une molaire ou une incisive). On y voit Élisabeth Ire gifler en plein bal sa parente, Nathalie Lopoukhine, parce qu'elle avait eu le malheur d'y paraître avec la même robe qu'elle (la tsarine en possédait elle-même 15 000). Catherine II ordonner que l'on montre au peintre auquel elle avait commandé une série de tableaux sur ses victoires navales à quoi ressemblait l'incendie d'un navire de guerre en en faisant exploser un devant lui. Nicolas Ier organiser un simulacre d'exécution capitale pour Dostoïevski et ses compagnons du cercle de Petrachevski, et attendre que les condamnés soient attachés au poteau, tête couverte, pour commuer leur peine et les envoyer, chaînes aux pieds, croupir dans les bagnes de Sibérie.

Ces hommes de fer auront souvent eu la main lourde. Régir un pays de 22 millions de kilomètres carrés (40 fois la France), imposer des réformes à une myriade de peuples, européens ou asiatiques, sur des terres qui subissent, ici le froid polaire, là le climat désertique, où la violence des éléments a forgé, depuis des siècles, les caractères et les habitudes, où l'horizon est, comme l'imagination, sans limites, a , sans doute, des exigences inconnues de la gestion d'un canton suisse. « Le peuple russe, confiait en 1915 le prince Viazemski à Maurice Paléologue, l'ambassadeur de France à Saint-Pétersbourg, est le plus docile de tous quand il est sévèrement commandé ; mais il est incapable de se gouverner lui-même. Aussitôt qu'on lui lâche la bride, il tombe dans l'anarchie. Toute notre histoire le prouve. Il a besoin d'un maître, d'un maître absolu : il ne marche droit que lorsqu'il sent au-dessus de sa tête une poigne de fer. La moindre liberté le grise. »

Ces intraitables autocrates avaient été de fabuleux mécènes : on leur doit le miracle de pierre de Saint-Pétersbourg. Les 2 000 portes et fenêtres du palais d'Hiver, les mille et une volutes de stuc des façades baroques dont les silhouettes se reflètent dans l'acier des canaux d'une nouvelle Venise. Des collections de tableaux où Rembrandt voisine avec Rubens, Van Dyck, Raphaël ou Vinci. Des résidences impériales qui feraient passer Schönbrunn et Sans-Souci pour de modestes Sam'suffit.

L'épanouissement ultime de leur autocratie et la mise en place de la plus tatillonne et la plus soupçonneuse des censures (« Le fouet, dit l'écrivain Alexandre Ivanovitch Herzen, sert autant à nous pousser à faire des études qu'à châtier ceux qui sont trop instruits. ») correspondirent au XIXe siècle à un apogée artistique. Le siècle de Nicolas Ier et d'Alexandre III fut aussi celui de Gogol et de Pouchkine, Tourgueniev et Dostoïevski, de Tchekhov et Tolstoï. Celui de Glinka et de Tchaïkovski, Rimski-Korsakov et Moussorgski. Comme si, pour ce peuple ingouvernable, il n'y avait pas eu de contradiction entre l'arbitraire des lois et le rayonnement d'une civilisation d'une richesse inouïe, la liberté créatrice et le knout.

Out of Africa

Peu d'idéaux ont suscité, depuis deux siècles, une adhésion si unanime. La colonisation de l'Afrique était apparue comme un devoir sacré aux pères fondateurs de la IIIe République. Elle avait été célébrée par Gambetta comme la condition même du relèvement de la France après son humiliante défaite face à la Prusse, avant d'être défendue comme un impératif moral par Jules Ferry. Les « races supérieures » ne devaient-elles pas « civiliser les races inférieures » ? C'était l'autre versant d'une politique qui visait, au même moment, à arracher la conscience des enfants de France à l'obscurantisme ecclésiastique. Sa promotion avait valu à Paul Leroy-Beaulieu un poste à l'École libre des sciences politiques, une chaire au Collège de France, un fauteuil à l'Institut. Son principe ne souffrait pas de discussion pour les gouvernements conservateurs du Royaume-Uni, non plus qu'il n'avait soulevé d'objections, outre-Rhin, parmi les théoriciens de l'impérialisme à casque à pointe. Il avait lancé les nations européennes dans une course de vitesse qui tenait, plus que de la guerre traditionnelle, du noble art de la compétition sportive. Le roi des Belges lui-même y avait trouvé l'occasion de faire entrer son pays dans l'histoire en se taillant un « empire ». Le Portugal n'était pas en reste avec son rêve immense : réunir ses comptoirs d'Angola à ceux du Mozambique !

Le projet avait emporté l'adhésion de l'Église qui voyait là un puissant moyen de faire reculer l'esclavage, l'islam et l'animisme pour répandre l'Évangile, comme celle de la franc-maçonnerie, qui s'impliqua en première ligne parmi ses administrateurs pour favoriser la diffusion des Lumières et former, chez les indigènes, de nouvelles élites.

Nous n'en sommes plus là aujourd'hui. Au contraire : quelques lignes ajoutées à une loi de circonstance, invitant les auteurs des programmes scolaires à « reconnaître le rôle positif de la présence française outre-mer », ont suffi en janvier 2005 à mettre le feu aux poudres, susciter l'une de ces polémiques en forme de psychodrame que le monde entier, dit-on, nous envie. Le président Bouteflika a dénoncé le texte comme un mauvais coup porté à l'amitié franco-algérienne. Pour l'avoir laissé adopter sans un cri, le président du groupe socialiste à l'Assemblée, Jean-Marc Ayrault, a cru devoir s'excuser d'un instant de défaillance républicaine. Bernard-Henri Lévy y avait senti « un parfum de bond en arrière », ce qui témoignait d'une belle audace conceptuelle, en même temps que d'un certain raffinement olfactif.

Un drapeau, trois couleurs : le rêve s'est évanoui et l'exposition coloniale de 1931, à Paris, nous paraît relever d'un passé si lointain qu'on a peine à imaginer que « le temps béni des colonies » et la vocation impériale de la France aient pu recueillir, il y a moins d'un siècle, l'assentiment de tout un peuple. Les élégantes parcouraient alors à dos de chameau le bois de Vincennes, pour s'y émerveiller de constructions en terre battue inspirées des mosquées de Tombouctou, s'étonner des formes audacieuses d'un art nègre qui avait miraculeusement préparé la révolution des arts décoratifs. Il ne reste guère qu'un témoin – un peu honteux – de cette folie collective : notre palais de la Porte Dorée, musée des Colonies devenu celui de la France d'outre-mer puis encore des Arts africains et océaniens avant d'être significativement transformé, en 2007, en Cité nationale de l'histoire de l'immigration.

La colonisation fait toujours l'unanimité, mais c'est dorénavant contre elle. Elle fait partie des pages sombres de notre histoire : de celles dont on n'a jamais cessé de nous inviter à faire repentance. Parce qu'au nom d'une mission prétendument civilisatrice, notre pays s'était laissé dominer par d'obscures aspirations impérialistes, indignes d'une démocratie moderne.

Les Français ont répudié sans retour de telles nostalgies. Ce qui recueille leur adhésion, c'est désormais l'intervention de notre armée au Mali (75 % d'opinions favorables, selon un sondage réalisé par BVA pour *Le Parisien* lors de son déclenchement en janvier 2013). On le conçoit sans peine : elle visait à mettre fin au désordre dans une société que son immaturité politique avait conduit à osciller entre la tyrannie et l'anarchie ; interdire les rezzous par lesquels des irréguliers venus du désert terrorisaient les populations sédentaires du sud du pays. Plus prosaïquement, à sécuriser une zone dont les richesses minières pouvaient se révéler décisives pour notre approvisionnement énergétique, et mettre hors de combat les irréductibles qui avaient levé contre l'Occident l'étendard de la guerre sainte. L'étrange est que ces raisons étaient précisément celles qui avaient présidé, il y a cent trente ans, à la colonisation de l'Afrique.

~ LA PEINE DES HOMMES ~

LE MIRACLE DE LA MARNE

En juillet 1914, les lecteurs du *Figaro* se passionnaient surtout pour le procès de Mme Caillaux. Il est vrai qu'elle avait, par amour, assassiné le directeur de leur quotidien préféré, ce qui n'était pas rien. Ils n'avaient prêté qu'une attention distraite à la mort de François-Ferdinand : l'Empire austro-hongrois regorgeait, après tout, d'archiducs, et l'Europe balkanique n'en était pas à un anarchiste, à un attentat près. L'affaire n'avait pas fait longtemps la une. La Bosnie-Herzégovine, c'était loin et c'était compliqué.

Quand le 25 juillet, le journal avait évoqué, pour la première fois, les risques d'un conflit armé, les vacances étaient bien engagées. Les estivants avaient gagné leurs propriétés de campagne, leurs hôtels, leurs villes d'eaux. Quant à la majorité de la population laborieuse, elle était occupée aux moissons. Lorsque le 3 août, l'Allemagne avait déclaré la guerre à la France, les villages en avaient été prévenus par la sonnerie du tocsin. C'était la deuxième fois en moins de cinquante ans. Cela ne serait pas la dernière.

La mobilisation n'eut, sans doute, pas le caractère de kermesse qu'on lui a souvent prêté, sur la foi de quelques images d'archives – toujours les mêmes – indéfiniment rediffusées, illustrant l'inconscience d'une jeunesse sacrifiée. Les Français avaient eu l'occasion d'apprendre dans leur chair, en 1870, que la guerre avec les Allemands n'était ni joyeuse ni fraîche. Si, comme l'observe François Cochet dans l'excellent petit livre qu'il a consacré aux *Idées reçues sur la Première Guerre mondiale*, la mobilisation de près de 2 millions d'hommes se fit dans l'ordre et avec une extraordinaire rapidité, si les désertions furent tout à fait exceptionnelles, ce n'est pas parce que la guerre soulevait l'enthousiasme des intéressés. Bien plutôt parce que les Français communiaient alors dans le sens du devoir et de l'obéissance ; que l'Église et l'école les avaient également imprégnés de l'idée que chacun d'entre eux avait contracté, en naissant, une dette à l'égard de ceux qui les avaient précédés et leur avaient transmis le pays comme un patrimoine façonné par les siècles, qu'il leur appartenait, à leur tour, de remettre aux générations qui les suivraient. Ils montèrent au front sans rire et sans chanter : simplement parce qu'il le fallait.

On pensait que la guerre serait courte, il est vrai. On le pensait non par l'absurde présomption de détenir une écrasante supériorité militaire, mais parce que les progrès de la technologie des armes avaient, durant les trente années précédentes, été tels que les états-majors, les gouvernements, les experts savaient que les affrontements seraient terriblement meurtriers. Ils ne manqueraient pas de donner à celui qui manifesterait, sur le terrain, la supériorité de sa puissance de feu un tel ascendant sur son adversaire que celui-ci n'aurait d'autre choix que de demander au plus vite la paix.

L'été fut, de fait, aussi meurtrier qu'on l'avait escompté. Les pertes se comptèrent, en quelques semaines, en centaines de milliers.

Le plan Schlieffen prévoyait « l'extermination » de l'armée française. Il ne fut pas loin d'y parvenir. S'il échoua, on le dut à l'incapacité de Moltke, qui avait installé, à Luxembourg, son QG à 250 kilomètres de ses propres lignes, beaucoup trop loin pour contrôler l'action de ses subordonnés, confiant sans doute dans la feuille de route qu'il leur avait donnée ; à l'erreur de von Kluck, le chef de l'« aile marchante », qui infléchit contre les ordres son avancée vers le sud-est, présentant son flanc droit à une contre-offensive française ; au coup d'œil de Joffre et de Gallieni, qui surent aussitôt exploiter la faute de l'adversaire. On le dut surtout à l'extraordinaire élan qui permit à une armée harassée et déjà presque défaite, qui n'avait cessé, depuis près de trois semaines, de reculer, de se retourner pour défendre, cette fois, sa terre, résister pied à pied : « Que des hommes [...] couchés par terre, à demi morts de fatigue, puissent reprendre leur fusil et attaquer au son du clairon, écrira von Kluck dans ses Mémoires, c'est là une chose avec laquelle nous n'avions jamais appris à compter. »

Cette chose ne figurait pas dans le manuel. Et elle était, pour l'état-major allemand, d'autant plus difficile à imaginer qu'au regard de la masse grise, uniforme, impeccable de leur propre armée, les troupes françaises lui paraissaient débraillées.

Elle n'avait nul besoin, pour se manifester, de déclarations solennelles, de bruits de bottes, de chants guerriers. Elle s'était moins nourrie du désir de la revanche que de piété filiale, de sens de l'honneur, d'attachement à la terre des ancêtres. Elle a fait le miracle de la Marne en réunissant ce jour-là, contre l'invasion, l'instituteur et le curé, le bourgeois, le paysan et l'ouvrier. Elle s'appelle le patriotisme français.

LE CHEMIN DES HOMMES

Ils s'étaient battus, naufragés dans des étendues mortes, pour gagner à grand-peine quelques mètres de terrain. Ils avaient subi, trois cents jours, le pilonnage incessant des grandes orgues de feu : une pluie de fer et de boue dans un ciel maculé par une fumée noire, le vacarme assourdissant des explosions, les secousses d'un interminable tremblement de terre. Soixante millions d'obus tombés sur un étroit couloir de 20 kilomètres de long, transformé en charnier à ciel ouvert ; 163 000 morts français, 140 000 morts allemands, dont un tiers n'auraient jamais de sépulture, feraient corps pour toujours avec le paysage dévasté, les arbres arrachés, les balafres de la terre. Comme tombés dans le cratère d'un volcan.

Verdun, c'est une bataille sans manœuvres et sans charges épiques. Sans coup de main spectaculaire, sans percée décisive. C'est pourtant celle qui résume, aux yeux des Français, la Grande Guerre. Celle qui la resserre. La victoire la plus éclatante et la plus célèbre des armes françaises : qui connaît le nom des offensives qui contraignirent, deux ans plus tard, les Allemands à demander l'armistice ?

Ses faits d'armes ont les couleurs mélancoliques qu'on prête d'ordinaire aux défaites héroïques. C'est la mort du lieutenant-colonel Driant en première ligne, au bois des Caures, dès le lendemain d'une attaque dont il avait en vain annoncé l'imminence au grand commandement. La reddition glorieuse du commandant Raynal et de la garnison des 500 défenseurs du fort de Vaux : ils avaient, pendant près d'une semaine, encaissé 8 000 obus par jour, enfermés sans lumière et sans eau dans la forteresse où les assaillants déversaient des gaz toxiques et des flammes par les meurtrières. La défense victorieuse du fort de Souville par le lieutenant Dupuy, arrêtant à la tête de 69 hommes, l'avancée de l'armée du Kronprinz.

Verdun n'est guère, dans la mémoire allemande, que l'une des nombreuses tentatives infructueuses pour enfoncer le front français et mettre un terme à la guerre de position. L'échec qui provoqua la disgrâce de Falkenhayn, le commandant en chef, et hâta l'entrée en scène de Hindenburg et de Ludendorff.

Pour les Français, Verdun, c'est autre chose. La bataille où il fallait être. Celle qui résume la violence et l'inhumanité de la guerre, en même temps qu'elle révèle les ressources infinies d'héroïsme que recèle l'âme humaine, le sacrifice des simples, la ténacité des terriens : le « royaume des ombres et des âmes nues » (Kessel).

Son pouvoir d'évocation n'a rien perdu de sa force en traversant le siècle. Son histoire a pu même apparaître comme une confirmation de la nouvelle approche de la Grande Guerre : celle qui ne la présente plus que sous l'aspect de la douleur des hommes, comme le point culminant d'une brutalisation de l'histoire conduisant aux rives du chaos ; celle qui justifie un pacifisme sans limite par le seul spectacle des horreurs de la guerre moderne. « Un sous-lieutenant, de quoi cela rêve-t-il ?, écrivait dès 1934 Drieu La Rochelle (*La Comédie de Charleroi*). D'être un homme qui court au soleil, comme le Grec à Marathon. Oui, à Verdun, j'ai pensé à Marathon. Et j'ai pleuré. Oh, ma pauvre jeunesse déçue. Je m'étais donné à l'idéal de la guerre et voilà ce qu'il me rendait : ce terrain vague sur lequel pleuvait une matière imbécile. Des groupes d'hommes perdus. Leurs chefs derrière, ces anciens sous-lieutenants au rêve fier, devenus de tristes aiguilleurs anxieux chargés de déverser des trains de viande dans le néant. »

Si Verdun n'en a pas moins occupé sa place singulière dans la mémoire française, c'est qu'elle fut, aussi, autre chose.

Une bataille que les Français avaient menée tout seuls : sans l'apport des alliés anglais puis américains qui les aideraient, plus tard, à arracher la décision. Verdun, c'est une victoire intégralement française.

C'est plus encore une incroyable aventure humaine : la bataille n'avait pas été anticipée par le haut état-major, concentré sur les préparatifs de la Somme ; elle avait été gagnée dans la peur, la sueur noire, la fange, par des hommes qui n'avaient pas plié sous l'orage de fer et de feu : qui avaient, simplement, tenu bon. Les régiments, les divisions s'y étaient engouffrés tour à tour, au gré de la noria instituée par Pétain pour accélérer la relève. Elle avait été le rendez-vous de toute la jeunesse française. Elle ne dut rien à l'audace stratégique de ses chefs : Verdun offre l'exemple rare d'une victoire purement défensive. Elle n'avait consisté qu'à s'en tenir aux plus simples des mots d'ordre : « Courage, on les aura ! » ; « Ils ne passeront pas ! » À renouer avec l'antique serment des éphèbes d'Athènes : « Je ne déshonorerai pas ces armes sacrées ; je n'abandonnerai pas mon compagnon dans la bataille ; je combattrai pour mes dieux et pour mon foyer [...] ; je ne laisserai pas la patrie diminuée, mais je la laisserai plus grande et plus forte que je ne l'aurai reçue. »

Aucune bataille, sans doute, n'avait paru plus juste et plus légitime à ce peuple de paysans devenus des soldats. Loin de la complexité des buts de guerre, des arrière-pensées politiques qui déshonorent parfois les proclamations altières, il ne s'était agi que de défendre leur terre contre l'invasion. Ils s'étaient révélés, pour cela, prêts à verser le plus pur de leurs vies comme de l'eau fraîche (Montherlant, *Chant funèbre*). Ils avaient pris le chemin des hommes sans se poser de question. Dans un pays qui a, depuis, abdiqué des pans entiers de sa souveraineté et ouvert à tous vents ses frontières, où le plus âpre des individualismes va de pair avec l'affichage d'un sentimentalisme larmoyant, son seul récit a, pour nous, quelque chose d'indéchiffrable. Il renvoie les déclamations intrépides et les torses bombés des défenseurs de la République comme les discours martiaux tenus devant les baraquements des cellules de soutien psychologique à leur véritable dimension.

LA PLUS GRANDE DES GUERRES

Ils avaient bravé le froid, la boue, les privations, la faim. La mort qui frappe au hasard, l'éclat d'obus qui défigure, la mine qui vous ensevelit vivant, les blessures, les amputations ; la saleté, les poux, la nourriture infecte, la promiscuité avec les rats et les cadavres, l'odeur des excréments. La peur qui noue le ventre lorsqu'il faut sortir de la terre et monter à l'assaut pour gagner quelques mètres sous la mitraille. L'horizon limité au moutonnement sans fin d'une terre désertée par la vie, lunaire. Le tonnerre incessant du canon. Et les nuits sans sommeil sous un déluge de feu.

Ils nous semblent si près, ils nous semblent si loin. La guerre de 14-18 a modelé notre siècle. C'est d'elle que sont nées les idéologies, les illusions, les conflits qui ont dominé l'histoire contemporaine. D'elle qu'ont procédé communisme, fascisme, nazisme, guerre mondiale, déclin de l'Europe, décolonisation, résurgence des nationalismes arabes ou centre-européens.

Elle a liquidé les empires qui avaient survécu à la secousse de la Révolution, détruit les aristocraties qui servaient de référence et de modèle à la société européenne.

Elle a inventé les principes qui régissent les guerres modernes : la mobilisation de masse, l'artillerie industrielle ; elle a vu les premières apparitions des chars et de l'aviation, l'utilisation des gaz de combat, les bombardements aériens. Elle a fait perdre à la guerre le caractère chevaleresque qu'elle avait conservé, depuis l'*Iliade* ou Marathon. Elle a fait des morts, des blessés, des veuves par millions. La Grande Guerre devait être la dernière parce que ceux qui l'ont faite n'imaginaient pas que la folie des hommes puisse aller jusqu'à renouveler une tragédie aussi meurtrière.

La guerre de 14 est la plus grande des guerres jamais gagnées par l'armée française. Ce n'est pas cela qui nous la rend si proche, qui explique la fascination qu'elle continue d'exercer. Cette guerre n'est pour nous semblable à aucune autre, elle nous est familière parce qu'il n'est pas de famille française qui n'y soit rattachée par le souvenir d'un père, d'un grand-père, d'un oncle, d'un ancêtre. Cette guerre est la nôtre, elle a brassé tout un peuple, fait coucher dans le même lit de boue, sous le même ciel de suie traversé de l'éclair des obus, ouvriers, bourgeois, paysans. Elle a modelé le sol de France : à Verdun, dans la Somme, on peut encore relever ses cicatrices sur les monuments, suivre la trace des boyaux par où l'on conduisait la foule des hommes au front. Sur les places du moindre de nos villages, s'élèvent, entre quatre obus noircis par le temps, des monuments de pierre où sont gravées les listes interminables des noms des fils de France. Ils s'égrènent comme la litanie de la douleur française. Ils disent l'ampleur du sacrifice consenti par un peuple de paysans pour sa terre. Ce qu'a représenté, pour nos pères, la patrie.

La guerre de 14 ne nous a pas laissé le souvenir d'une épopée menée sabre au clair, d'une victoire comparable à celles que nous offre l'histoire napoléonienne. Sa gloire est plus modeste. Sa mémoire s'attache aux simples images de la vie quotidienne : la tranchée, la cagna, la popote, la partie de cartes sous le canon. Passé les premières illusions de la bataille des frontières, les pantalons garance allongés par milliers sur le sol – Péguy, Alain-Fournier –, elle n'a pas été menée dans l'enthousiasme : bien plutôt dans la patience et la résignation. Sa victoire la plus éclatante est survenue au terme de la plus grande bataille défensive de l'histoire : c'est Verdun.

Des généraux qui s'y illustrèrent, on a pu faire des maréchaux de France. Aucune magie particulière ne s'attache à la plupart de leurs noms. Joffre arrêta à la Marne l'assaut allemand au terme d'une bataille qui plongea l'ennemi dans la stupéfaction. Il a disparu des tablettes de la gloire militaire. Pétain arrêta la ruée allemande, et redressa la situation au moment où semblaient devoir se disloquer nos forces et notre front. On se souvient à peine qu'il commanda en chef l'armée française. Foch triompha des Empires centraux à la tête d'une coalition de peuples, d'une accumulation de soldats et de matériel tels que n'en avait jamais connu notre histoire. Son souvenir ne perdure guère que par la beauté de l'avenue qui, à Paris, porte son nom.

Ce qui hante nos mémoires, au point que nous avions fini par considérer les derniers survivants du conflit comme ces « Trésors vivants » que l'on entretient, au Japon, parce qu'ils sont détenteurs de secrets de fabrication en voie de disparition, c'est la figure individuelle des combattants. Parce qu'ils avaient tenu, ensevelis sous la terre. Parce qu'ils avaient tenu pour leur terre. Pour que le sol français ne soit pas livré à l'occupant.

La Grande Guerre n'a pas été gagnée par quelque génial tacticien. Elle a été gagnée par l'humble fantassin en capote bleu horizon dans lequel chacun d'entre nous peut reconnaître son grand-père, et dont le seul mérite est d'avoir tenu sa place et son rang.

Il nous semble si proche, il nous semble si loin. Sa gloire nous paraît d'autant plus inouïe qu'elle devrait nous être accessible puisqu'elle ne demande pas de qualités extraordinaires. Qu'elle n'est qu'affaire de piété filiale et d'amour de sa terre, de dévouement aux siens, d'oubli de soi, de patience et de détermination. Son héroïsme nous éblouit pourtant parce que nous sentons confusément que nous en serions incapables, et notre sympathie est acquise aux « fusillés pour l'exemple », parce que c'est à eux que nous nous identifions le plus facilement.

Son secret ne tient guère qu'en un mot, si galvaudé que c'est à peine si on ose l'employer aujourd'hui tant on l'a prostitué là où il n'avait que faire, tant on a moqué, décrié, ce à quoi l'avaient appliqué les soldats de la Marne, de Verdun, de la Somme ou du Chemin des Dames. Un mot tout simple, venu du fond des âges, et qui dit tout de ce qui rend, pour nous, son souvenir si proche et si lointain : le courage.

L'ANTÉCHRIST DES CLASSES MOYENNES

Friedrich Reck-Malleczewen est mort à Dachau le 16 février 1945. Il n'avait jamais été là où on l'attendait. Issu d'une aristocratique lignée de junkers, il avait préféré la carrière des lettres à celle des armes : après des études de médecine, des voyages au long cours en Amérique et en Afrique, il s'était consacré au journalisme, à la critique théâtrale et à l'écriture de romans picaresques. Protestant, il s'était converti en 1933 au catholicisme parce que l'Église lui était alors apparue comme le dernier rempart de la civilisation européenne contre le règne des masses fanatisées. Originaire de Prusse-Orientale, il n'avait pas de mots assez durs pour les traditions politiques et les « vastes plaines désolées » de son pays natal ; il avait fait de la Bavière sa patrie d'adoption, de son prince héritier, le suzerain auquel il réservait sa fidélité. Monarchiste et tenant de la révolution conservatrice, il avait éprouvé d'emblée, à l'égard du nazisme, une répulsion irrésistible. De 1936 à son arrestation par la Gestapo, en octobre 1944, pour « sabotage de l'effort de guerre », il l'avait exprimée dans un journal secret, dont il avait enterré les feuilles manuscrites, au fur et à mesure de leur rédaction, dans le parc de son château de Chiemgau. Retrouvé à la fin de la guerre par sa femme, le texte a été publié pour la première fois en 1947, sans rencontrer beaucoup d'écho. Il s'agissait pourtant, selon les mots d'Hannah Arendt, de « l'un des témoignages les plus importants sur l'Allemagne de Hitler ».

Sous le scalpel impitoyable de l'écrivain, c'est toute l'imposture d'un « Antéchrist des classes moyennes » et d'une entreprise de gangstérisme mal déguisée sous la défroque du nationalisme et de l'honneur militaire qui se dévoile en effet, dans sa médiocrité. Visions prophétiques, tableaux au vitriol et vanités s'enchaînent dans une langue rendue étincelante par la rage impuissante d'un patriote condamné à souhaiter la défaite de son propre pays pour échapper au spectacle de sa patrie défigurée. C'est ici le récit de ses rencontres fortuites avec Hitler, au temps où, « assis avec le visage d'un garçon de café qui aurait mal tourné », celui-ci n'était encore qu'un comploteur famélique à la recherche d'appuis haut placés. Là, l'expression du dégoût que lui inspire la foule des « derviches-hurleurs » acclamant le « dignitaire suprême », « la casquette profondément enfoncée sur le front, ressemblant assez à un receveur de tramway ». Toujours, le rejet hautain de ce « machiavélisme de petites gens » qui n'imaginait dès l'origine la politique de l'Allemagne que comme « une série de vols avec effraction, l'activité d'un homme d'État de premier plan comme une chaîne d'abus de confiance, de faux en écritures publiques et de ruptures de contrats, toutes choses qui devaient lui valoir par la suite auprès de tous les maîtres d'école, surnuméraires des contributions directes, et sténodactylos, [...] la réputation d'un Gengis Khan ».

Jamais, et c'est son grand mérite, Friedrich Reck-Malleczewen n'est dupe de la militarisation postiche des dignitaires du régime, du romantisme factice de ses grandes liturgies, des discours patriotiques de son chef. Le retour à l'ordre imposé par une clique de voyous et de parvenus en bottes d'écuyers sur fond de chants de taverne et sous le claquement des bannières ne lui apparaît que comme une burlesque singerie de la société aristocratique à laquelle il accorde ses vœux ; et dans l'exaltation d'une politique ignorant les frontières du juste et de l'injuste, il n'entend que le cri du « macaque féroce qui a rompu sa chaîne ». Jamais non plus les victoires diplomatiques et militaires du Reich, en Tchécoslovaquie, en Autriche, en Pologne, en France, n'ébranlent sa certitude que l'aventure est sans issue et qu'un « Moloch dégénéré » entraîne à la honte une « génération élevée [...] selon les principes du brigandage de grand chemin » et qui considère « la volonté du Führer comme une loi cosmique, et tous les opposants, y compris ceux d'au-delà des frontières, comme des criminels ».

Le livre de Friedrich Reck-Malleczewen va pourtant au-delà de ce jeu de massacre, rendu jubilatoire, en dépit de sa hargne et de son amertume, par un exceptionnel bonheur d'écrire. La stupeur que lui inspire l'aveuglement collectif d'une nation qui avait construit autrefois des cathédrales gothiques, produit les chants choraux de Bach et les poèmes de Schiller, et se satisfait désormais d'être devenue « un peuple de pirates qui exécute ses mauvais coups sur la terre ferme, avec accompagnement de *Te Deum* », le conduit à une stimulante réflexion sur le péché originel de l'unité allemande, maladivement constituée autour d'une Prusse qui n'était qu'une colonie militaire, sans patriciat, sans bourgeoisie, sans lettrés, et , par là, étrangère à la civilisation qui avait fait la gloire du vieux Saint Empire.

Elle l'amène, plus encore, à une mise en cause radicale de la modernité technicienne dont le nazisme lui apparaît comme un avatar tragique et ridicule, et dans laquelle il dénonce, à l'école d'Ortega y Gasset, la racine du mépris plébéien pour la culture, l'hégémonie d'une « pensée désormais entièrement absorbée par l'idée de la prospérité ». « Lorsque le déclin du monde aura commencé », prophétise-t-il, le nouvel homme formé par la valorisation sans limite de l'accumulation et du bien-être « demandera au gouvernement ce qu'il compte faire pour que le match Allemagne-Suède fixé au dimanche suivant puisse avoir lieu ».

Friedrich Reck-Malleczewen ne s'est pas contenté de comprendre les ressorts cachés du nazisme. On trouve, dans ses confessions, plus d'un trésor susceptible de nourrir la méditation sur son époque, et sur la nôtre. N'y manque pas même cette profession de foi surgie de sa plume en 1937, et à laquelle son destin allait donner une dramatique résonance : « Oui, je crois que notre martyre, que la destination spécifique de notre petite phalange sont le prix d'une résurrection de l'esprit et qu'à cet égard nous n'avons rien à espérer pour le reste de notre vie physique, malmenée et mutilée, ayant tout à espérer au contraire pour le sens qu'aura l'heure de notre mort. Je ne me crois nullement au-dessus de la crainte de la mort [...], et je sais parfaitement qu'un jour tous les grands mots que l'on a écrits se présentent devant vous, exigeant qu'on leur fasse honneur. »

Le livre de Friedrich Reck-Malleczewen devrait être étudié dans les écoles. C'est un bréviaire pour temps de solitude, un antidote pour les désespérés.

ECCE HOMO

« Tout est dans la Croix, et tout consiste à mourir. » Il avait lu cela dans *L'Imitation de Jésus-Christ*. Il l'avait recopié dans un cahier. Le 26 mai 1941, la cour martiale du *Gross Paris* avait rendu son verdict. Il lui était revenu de juger vingt membres d'un réseau d'espionnage mis en place par un officier de marine rallié à la France libre, qui avait été « donné » par un traître, le radio Alfred Gaessler, dit Georges Marty. Les audiences s'étaient succédé pendant douze jours. Le commandant d'Estienne d'Orves n'y avait cessé de prendre sur lui toutes les responsabilités. De prétendre avoir exploité la bêtise de comparses qui l'avaient à l'entendre, assisté dans ses entreprises dans une parfaite ignorance de la véritable nature de ses activités. Il n'avait abusé personne.

Pour lui-même, il ne réclamait aucune indulgence : « Connaissiez-vous les risques que vous couriez en acceptant cette mission ?

— Vous savez bien que la mort est un aléa du métier d'officier. »

L'heure venue de lire la sentence, le président du tribunal militaire allemand voulut la faire précéder d'une déclaration liminaire : « Le tribunal, dit-il, se trouvait en face d'une tâche lourde. Il fallait juger des hommes et des femmes qui s'étaient manifestés comme des personnes de mérite et d'une grande fermeté de caractère et qui n'ont agi que par amour de leur patrie. Mais de même que ceux-là ont cru être obligés à remplir leur devoir envers leur patrie, nous, les juges, étions tenus à remplir notre devoir envers notre patrie et à juger les accusés selon les lois de la cause. Les lois de la guerre sont dures et inexorables. Celui qui les viole doit se rendre compte qu'il encourt les punitions les plus sévères que la loi comporte. »

Neuf des accusés furent condamnés à mort, sept autres à des peines de travaux forcés. Deux complices écopèrent de six mois de prison ; deux autres furent acquittés.

Honoré d'Estienne d'Orves était né avec le siècle. Sa jeunesse avait ressemblé à celle de son cousin Antoine de Saint-Exupéry. Elle avait eu les couleurs enchantées de l'enfance d'un porteur de costume marin, rejeton de cette noblesse de province qui a donné quelques-unes de ses plus belles figures à la France. Elle s'était partagée entre Nice, la Provence, la Sologne, Paris : les propriétés de campagne où l'on se retrouvait entre cousins, les châteaux où l'on se faisait des visites, où l'on chassait la grive, entre deux parties de croquet. On avait chouanné ensemble pendant la Révolution française. On était resté, depuis, indéfectiblement fidèle au roi : le vrai, le légitime, pas l'héritier des Orléans. On s'était donné à la cause des humbles avec Albert de Mun. On visitait les pauvres avec la Conférence Saint-Vincent-de-Paul.

La formation d'Honoré d'Estienne d'Orves avait suivi les codes de la bonne société : celle pour qui la douceur de vivre n'était que l'avers d'une existence qu'on avait aussi le devoir de consacrer, autant que possible, à servir. Les promenades dans les jardins en espaliers, parmi les oliviers des collines niçoises, les vergers plantés d'orangers, les baignades au pays du soleil lui avaient tenu lieu d'école primaire, tandis qu'un digne abbé était chargé de jeter les bases de son éducation. Sa sensibilité s'était formée au cœur de la Provence, entre les bois touffus et les plateaux pierreux, dans l'une de ces maisons carrées pleines de lumière et d'ombre, où le silence n'est troublé que par le chant des jets d'eau dans les vasques de pierre. Des voyages en auto – on ne parlait pas encore de voitures – lui avaient fait découvrir les beautés de la France (à parfois près de 50 à l'heure !). D'autres, plus lointains, en Italie, en Espagne, en Angleterre, en Flandres, lui avaient permis d'approfondir ses classiques, de donner chair et âme à ses humanités. Quelques années à Franklin et à Louis-le-Grand lui avaient ouvert les portes de l'École polytechnique. Il avait ensuite intégré la Royale, fait le tour du monde sur la *Jeanne,* suivi comme officier d'état-major l'amiral commandant les forces françaises en Orient jusqu'en Chine, au Japon et en Indochine, fondé une famille en épousant la fille d'amis de ses parents au terme d'un mariage d'amour d'où naîtraient cinq enfants.

Il avait aimé la vie comme personne. « Je ne suis pas du tout détaché de la vie, dira-t-il, en captivité. J'admire ceux qui se sentent en exil sur cette terre et attendent le Ciel avec la même impatience qu'un plaisir humain, comme sainte Thérèse de l'Enfant-Jésus pendant sa maladie. »

Il savait ce qu'il avait sacrifié.

L'armistice l'avait surpris, sans avoir combattu, en mouillage à Alexandrie. Il n'avait pas assisté, comme Saint-Ex dans le ciel d'Arras, au « pourrissement de la défaite ». N'avait pas vu le front enfoncé, le pays jeté sur les routes, les parlementaires en fuite, l'armée les yeux fixés sur la ligne bleue des Pyrénées ; l'effondrement soudain du pays sorti vainqueur vingt ans plus tôt de la *der des der* sous le choc d'un ennemi qui semblait seul avoir pris la guerre au sérieux. Il avait eu la liberté de continuer le combat. Il lui avait paru tout naturel de saisir l'occasion comme une chance. « À l'armistice, expliquerait-il plus tard dans une lettre à sa femme, je ne m'étais pas battu, je n'avais rien fait pour la France. J'ai considéré que mon devoir était de continuer puisque tout n'était pas perdu. Bien d'autres Français étaient prisonniers et ne pouvaient rien faire. J'étais libre. J'ai continué la lutte pour la France, mais sans vous oublier, toi et nos enfants… »

Il avait choisi de rejoindre Londres, en faisant le tour de l'Afrique depuis Djibouti, via Le Cap et Sainte-Hélène. Il y avait été nommé adjoint du colonel Passy, le chef du service de renseignements de la France libre. Il n'y resterait pourtant pas trois mois. Peu attiré par le jeu des rivalités politiques qui animent, trop souvent, la vie de la petite colonie française et soucieux d'organiser, en liaison avec les Britanniques, une collecte efficace des renseignements militaires sur le continent, il se porte très vite volontaire pour aller lui-même la mettre en place sur le terrain. À ses supérieurs – Passy, De Gaulle – qui tentent un moment d'y faire obstacle, il objecte qu'un chef se doit d'être en première ligne. Dès le 21 décembre 1940, il s'embarque avec un opérateur radio sur la *Marie-Louise*, un bateau de pêche spécialisé dans les liaisons clandestines avec la France. « Des amis à nous sont partis pour la France relever le moral de nos concitoyens et saper l'œuvre des Allemands, explique-t-il dans une lettre destinée à être remise, en cas de malheur, à sa femme. J'ai voulu prendre ma part dans ce travail. C'est pour cela que je pars moi aussi. » Il doit retrouver un de ses hommes à Plogoff, dans une anse au nom prédestiné : la baie des Trépassés.

Pendant un mois, il va tisser des liens solides avec les membres du réseau implantés à Nantes, à Paris et à Vichy jusque dans l'entourage du gouvernement, installer une liaison radio clandestine avec Londres, recueillir des renseignements sur les bâtiments susceptibles de participer à un débarquement allemand en Angleterre, repérer les terrains d'aviation, les batteries côtières, les centraux téléphoniques, les stocks de carburant.

La mission, pourtant, tounera court. Le radio, Georges Marty, alsacien, a lui-même proposé ses services à l'*Abwehr*. Le contre-espionnage bénéficie avec lui de la présence d'un agent au cœur du dispositif. Il le maintiendra en place aussi longtemps que nécessaire pour repérer et capturer tous les membres du réseau. La nuit du 21 janvier 1941, d'Estienne d'Orves est surpris pendant son sommeil. Il tente d'ameuter le quartier par sa résistance violente pour donner l'alerte à ses camarades. Mais ils sont déjà, eux aussi, entre les mains des Allemands. Tous sont expédiés à Berlin, tandis que l'agent double continue à émettre, pour intoxiquer les Anglais avec de fausses informations, encourager l'envoi de nouvelles équipes qui seront arrêtées à leur tour.

Honoré d'Estienne d'Orves avait l'habitude, avant-guerre, de tenir le journal de ses voyages. Bientôt rapatrié avec ses camarades à Paris, il noircit, au secret, plusieurs cahiers avec ses méditations, ses prières, ses notes de lecture sur Paul Valéry, Corneille, Péguy ou saint Augustin. Sa voix s'y fait entendre avec une présence singulière. Nous connaissons, par eux, ses pensées et ses sentiments, et jusqu'aux plus secrètes de ses aspirations. Ils font de lui un héros hors du commun. Rédigeant à l'intention de ses enfants de précieux souvenirs de jeunesse, des recommandations, des notes en forme de testament spirituel, écrivant jusqu'au dernier jour à sa femme, à sa sœur, à ses proches pour leur faire toutes les confidences que sa vie d'officier de marine et ses années de guerre l'avaient jusqu'alors empêché de leur faire, leur confier par écrit ce que la mort le priverait de leur dire, il y laisse percer sa gravité mélancolique, sentir sa bienveillance, mesurer sa profondeur spirituelle.

C'est ici une remarque sur le bonheur que lui procure une nouvelle cellule d'où, par une lucarne, il entrevoit le chevet d'une chapelle. Privé du droit d'entendre la messe, il raconte : « Dimanche dernier, vers 6 heures, on y jouait de l'harmonium, et je me suis associé au Salut que l'on célébrait sans doute. Parfois aussi l'on entend les cloches de Saint-Sulpice, et je m'unis à la prière des hommes libres. » Ailleurs, cet appel à la piété filiale destiné à ses propres enfants, où se lit le sens profond de ce qu'est une tradition, une lignée : « Imitez l'exemple de vos parents et grands-parents. Vous recevez d'eux l'honneur, la foi chrétienne, l'amour de la patrie. [...] Vous êtes, ne l'oubliez pas, une maille de la longue chaîne que forme la famille : vous devez continuer cette chaîne... »

Plus loin, cette remarque de moraliste : « La charité constitue le fondement de notre civilisation, nul ne peut le nier, même ceux qui n'ont pas de religion. » Et encore ce constat, qu'on croirait tiré de la *Lettre au général X* : « Une forme de la charité consiste à faire bénéficier les autres des biens intellectuels et moraux que l'on possède soi-même. [...] On peut considérer le boulanger comme un distributeur automatique de pain. Mais alors, quelle pauvre vie ! » Toujours, revenant comme un leitmotiv, le même refus que Saint-Ex d'apposer sur une réalité complexe une grille dialectique. De classer pour toujours les individus entre bons et mauvais en fonction de leurs choix politiques. D'ajouter aux malheurs de la défaite et de l'occupation la violence des règlements de comptes, les passions de la guerre civile.

Ce qui se révèle, de page en page, à le lire, c'est une hauteur d'âme sans pareille. Elle ne lui avait pas fait seulement accepter son sort avec résignation, répudier la moindre amertume, et montrer, dans le jugement des personnes, une magnanimité de grand seigneur et d'ascète. Elle l'avait conduit sur le chemin d'une ascension spirituelle qui évoque, sans le crime, l'itinéraire de Jacques Fesch.

L'été venu, l'avocat de l'officier, l'*Oberleutnant* Moerner, se rendit à Berlin pour présenter le recours en grâce des condamnés. Il relevait de Hitler. De Vichy, l'amiral Darlan intervint de son côté pour l'appuyer auprès du gouverneur de Paris. La commission de Wiesbaden fit de même auprès du gouvernement de Berlin, au nom du maréchal Pétain. Ils arrachèrent la grâce des six marins qui avaient été condamnés, mais pas celle des trois principaux agents de renseignement : d'Estienne d'Orves, Barlier, Doornik. Le 28 août au soir, ceux-ci apprirent que l'exécution était fixée au lendemain. Ils obtinrent de passer leur dernière veillée ensemble. D'Estienne d'Orves recommanda aux marins graciés de vivre en souvenir de lui en bons chrétiens. Au matin, à 4 h 30, l'aumônier de la prison, l'abbé

Stock, vint dire pour eux la messe. Honoré fit remarquer que c'était la fête de la décollation de saint Jean-Baptiste. Elle leur permettrait d'avoir la messe des martyrs, en ornements rouges. On emmena les condamnés dans un car, assis sur leurs cercueils, avec leur peloton d'exécution. Ils avaient emporté des missels, pour y lire, à voix haute, les prières des agonisants. D'Estienne d'Orves proposa ensuite de chanter. Ils le firent sous l'œil interloqué des soldats allemands. L'abbé Stock leur fera observer que c'est ainsi que devaient mourir des chrétiens. Arrivés au mont Valérien, ils refusèrent d'avoir les mains liées, ni de porter le bandeau. D'Estienne d'Orves embrassa l'officier chargé de commander le feu. Ils tombèrent en priant pour leur famille et pour la France.

Honoré avait chargé sa sœur d'annoncer sa mort à son épouse. « Que personne, insistait-il, ne songe à me venger. » En ouverture des cahiers qu'il avait rédigés à l'intention de sa famille, il avait fait figurer cette note : « Je ne puis préjuger de l'avenir, et affirmer dès maintenant si, dans mon action, j'ai eu raison ou tort. Mais j'affirme solennellement que je n'ai agi que pour la France et la France seule. Je n'ai eu en vue que la libération de notre patrie. Je crois avoir suivi la tradition de fidélité de notre famille, et me suis inspiré de l'exemple de nos grands-pères [...], qui ont sacrifié, l'un sa liberté, l'autre sa vie, par fidélité à leur roi. [...] Je n'ai jamais fait de politique autre que celle qui tendait à la libération intégrale de mon pays. Comme mes camarades, j'ai toujours respecté le Maréchal et tenu à maintenir l'intégralité de l'Empire français. Je ne me suis jamais occupé de la politique intérieure du gouvernement français. Je crois mériter l'honneur que l'on inscrive sur ma tombe, à côté de mon nom : "*Mort pour la France.*" Je n'éprouve bien entendu aucune amertume vis-à-vis de ceux qui n'ont pas donné à leur action la même direction que moi, les circonstances n'ont pas été pour eux les mêmes que pour moi, et je suis sûr qu'ils n'ont eu comme moi qu'un but : la grandeur de la France. N'ayez à cause de moi de haine pour personne, chacun a fait son devoir... »

Le testament d'Honoré d'Estienne d'Orves a la grandeur mélancolique de celui de Louis XVI : « Je recommande à mon fils, s'il avait le malheur de devenir roi, de songer qu'il se doit tout entier au bonheur de ses concitoyens, qu'il doit oublier toute haine et tout ressentiment, et nommément tout ce qui a rapport aux malheurs et aux chagrins que j'éprouve... » Il fait écho aux confessions par quoi Saint-Ex avait conclu *Pilote de guerre* : « Puisque je suis d'eux, je ne renierai jamais les miens, quoi qu'ils fassent. Je ne prêcherai jamais contre eux devant autrui. S'il est possible de prendre leur défense, je les défendrai. S'ils me couvrent de honte, j'enfermerai cette honte dans mon cœur et me tairai. Quoi que je pense alors sur eux, je ne servirai jamais de témoin à charge. »

Ces pages font partie de celles que l'on devrait savoir par cœur, lire et relire à nos enfants. Elles expriment sans phrases ce que l'amour de la France a donné de meilleur. Elles nous font respirer, soudain, l'air des cimes. Quand s'effacent les grandeurs d'établissement, quand la mort fait surgir, soudain, la vérité sans fard. Voici l'Homme.

LE JOUR LE PLUS LONG

Pour les parachutistes de la *82nd Airborne,* c'est la nuit qui avait été la plus longue. À la veille du jour J, ils avaient été largués du côté de Sainte-Mère-Église pour interdire aux blindés ennemis les routes qui menaient aux plages du Débarquement. Isolés et perdus dans le bocage, certains se noieraient dans les zones inondées par l'occupant. D'autres seraient cueillis par les Allemands à leur atterrissage. À l'autre extrémité du dispositif, des Britanniques devaient se poser en douceur avec leurs planeurs pour s'emparer des ponts de l'Orne. Les plus malchanceux se fracasseraient au sol dans une nuit sans lune.

À Courseulles, à Arromanches, cette nuit avait été illuminée par les bombardements, les explosions, les incendies. Prélude à un déluge de feu qui verrait se déverser en six semaines quelque 22 500 tonnes de bombes sur la Normandie, rayerait des villages de la carte, détruirait des villes à 50 ou 75 %. Dans leurs appartements, dans leurs fermes, les résistants français avaient appris l'imminence du grand jour par la diffusion à la radio d'un vers de Verlaine. Ils étaient aussitôt passés à l'action. Il leur appartenait de saboter les voies ferrées et de brouiller les communications.

À 6 h 30, dans l'aube naissante, la plus gigantesque flotte jamais réunie sous le ciel faisait son apparition en vue des côtes normandes : près de 7 000 navires convoyant pas moins de 156 000 hommes. « *Sie kommen !* » avaient hurlé les soldats de la *352. Infanterie-Division* qui montaient la garde dans leurs bunkers.

À Berchtesgaden, Hitler avait écouté tard dans la nuit de la musique de Wagner. Il dormait d'un sommeil de brute. On ne le réveillerait qu'à 10 heures. Il refuserait longtemps de croire que les Alliés venaient d'engager la bataille décisive.

À quelques centaines de mètres de la rive, les rampes s'étaient soudain abaissées dans l'eau froide. Pour les milliers de rangers de la première vague, c'était le moment du face-à-face, attendu, redouté, avec la mort. Il leur appartenait de renouer avec la charge des temps héroïques. Omaha, Utah, Sword et Juno avaient soudain cessé d'être des noms de fantaisie sur une carte. Ils étaient devenus, pour eux, la préfiguration de l'enfer. Il avait fallu s'élancer, sous le feu de l'artillerie, patauger, la peur au ventre, au milieu des copains qui s'effondrent, dans un fracas de fin du monde. Ramper entre les ouvrages de défense, les mines, les pièges mortels dont Rommel avait truffé le rivage : hérissons de rails entrecroisés, pieux reliés à des grenades. Escalader ici une falaise à l'échelle de corde. Neutraliser là les batteries d'artillerie. Au soir du premier jour, près de 10 000 hommes auraient été tués, blessés ou auraient disparu.

Il est bien vrai que la mémoire pèse parfois sur l'écriture de l'histoire. Celle de la Seconde Guerre mondiale a dû se frayer un chemin entre l'horreur suscitée par les crimes des nazis, le respect inspiré par la souffrance des victimes, les nécessités de la réconciliation entre nations européennes, la domination culturelle des États-Unis, l'instrumentalisation des événements par nos propres partis, l'influence des acteurs qui avaient survécu. Elle nous a tour à tour conduits à réduire la complexité des faits à la simplicité d'un combat du bien contre le mal, ou à les relire à la lueur de nos préjugés politiques ; elle nous aura vus tâtonner entre la gloriole d'un peuple qui se serait libéré par sa propre énergie, la reconnaissance à l'égard de ceux qui avaient donné leur vie pour la victoire, la mauvaise conscience inspirée par la diffamation de nos pères, qui s'étaient, disait-on, contentés de survivre, quand ils n'avaient pas fait le jeu de l'ennemi.

Le soixante-dixième anniversaire du débarquement de Normandie a été, en 2014, l'un des derniers à pouvoir encore associer à sa commémoration des témoins qui avaient vécu la tragédie dans leur chair, qui lui ont apporté le poids de leur expérience et de leurs souvenirs.

La mémoire a désormais passé le témoin à l'histoire. Celle qui ne s'écrit que par le recoupement et la critique des documents et des témoignages, l'analyse qu'on voudrait sans passion ni parti pris des enjeux sociaux et politiques. Or, l'histoire ne se contente pas d'aligner les chiffres spectaculaires de la plus grande opération militaire jamais conçue. Elle nous dit que le débarquement de Normandie fut une entreprise autrement plus complexe qu'une simple épopée libératrice, une croisade contre une dictature qui avait pris le visage du mal absolu. Que bien des arrière-pensées comptèrent dans le choix de faire de la France un champ de bataille et de propager, sur les villes de Normandie, l'incendie ; d'y ravager le pays qu'on entendait libérer de la servitude. Elle nous révèle que les exigences de Staline, soucieux de soulager l'Armée rouge pour lui permettre d'arriver plus vite au cœur de l'Allemagne et d'imposer, de là, son joug sur l'Europe centrale, comme la volonté de Roosevelt de bâtir avec lui l'utopie d'un nouvel ordre international sur les ruines d'une Europe des nations condamnée, à ses yeux, par l'histoire jouèrent les premiers rôles sur le grand échiquier stratégique.

Le dire est nécessaire : l'histoire ne s'écrit pas comme le scénario d'un film à grand spectacle. Les bons sentiments y ont moins de place que ne l'avait imaginé Hollywood. N'empêche : le risque auquel nous devons prendre garde est, à cette aune, que l'histoire en vienne à étouffer la mémoire dans ce qu'elle a de légitime. La mémoire, c'est celle que sollicitent les grands cimetières de croix blanches qui s'étendent sur les prairies de Normandie. C'est le souvenir des héros anonymes, nantis de leurs crécelles pour se reconnaître dans le bocage en imitant le coassement de la grenouille ; celui de la cornemuse de Bill Millin, escortant Lord Lovat à Pegasus Bridge ou de John Steele accroché au clocher de Sainte-Mère-Église. C'est l'épopée d'Omaha Beach, qui voit 2 000 soldats américains tomber en quelques heures sur la plage, tandis que leurs camarades sont obligés de marcher sur leurs cadavres pour atteindre seulement la rive ; la mer rouge de sang, les rafales, les hurlements, le râle des agonisants qui se perd dans le fracas des explosions ; le désespoir, la peur au ventre, et l'honneur qui commande d'avancer malgré tout. C'est le martyre silencieux de la Normandie sous les bombardements massifs ; des villes mortes, en ruine, où les gravats et les murs éventrés barrent seuls l'horizon, où c'est une aventure que de trouver les moyens de survivre. Ce seront bientôt les fusillés, les pendus, dont l'armée allemande parsèmera sa retraite. Les derniers trains de déportés. Les gosses partis sur un coup de tête pour le maquis, et que leurs mères ne reverront plus. Les hommes de bonne volonté victimes des règlements de compte, les injustices d'une épuration aux couleurs de guerre civile.

La grande histoire ne peut, parfois, pas se passer de la petite. Si le jour J reste, longtemps après les faits, si présent à nos esprits, c'est plus encore que pour ses enjeux militaires ou géopolitiques, pour l'exemple que nous donnent les aventures individuelles dont il fut le théâtre. Pour le déploiement inouï d'héroïsme offert par de jeunes hommes de 20 ans réunis, dans cette aube incertaine, par la seule perspective de devoir avancer, dans plus d'un mètre d'eau sale, sous le feu ennemi.

TUER HITLER

On leur avait dit que ce n'était pas possible : trop d'obstacles, de contrôles, trop de difficultés pratiques. Trop de risques. On leur avait rappelé qu'ils avaient engagé leur parole, prêté le serment « d'obéir inconditionnellement » à Hitler, et de donner leur vie pour lui être fidèles. On avait fait valoir qu'ils risquaient de plonger leur pays dans la guerre civile, le chaos, alors même que leur peuple livrait une guerre sans merci. On leur avait montré la folie de leur entreprise : s'ils échouaient, ce ne serait pas seulement pour eux la mort, mais l'infamie. Ils seraient traités comme des criminels et comme des traîtres à leur patrie : ils finiraient pendus à un croc de boucher ; leurs familles seraient massacrées au nom d'une impitoyable responsabilité collective.

Avant eux, combien d'autres, tant d'autres, avaient échoué, renoncé, faibli ? Eux auront tenu jusqu'au bout. Ils ont voulu tuer Hitler, et ils n'ont pas été loin d'y parvenir. Ils auraient pu changer le cours de l'histoire. Ils nous ont offert l'exemple du courage devant la barbarie.

Les conjurés du 20 juillet 1944 ne ressemblent guère à l'image qu'on se fait d'ordinaire de la résistance au nazisme. Ce n'étaient ni des pacifistes ni des démocrates convaincus. Bien plutôt des grands seigneurs imbus d'esprit militaire, méprisants à l'égard des partis politiques. Des chrétiens peu portés vers le libéralisme. Des nationalistes qui n'imaginaient guère, pour l'Allemagne, d'autres frontières que celles de 1938. Ils n'envisageaient qu'avec peine de restituer à la France l'Alsace et la Lorraine, d'évacuer, en Bohême, les monts des Sudètes où l'armée allemande avait été accueillie par des foules en délire. Ils avaient approuvé l'Anschluss sans trop de retenue. Ils avaient été élevés dans l'attente de la revanche ; la détestation du « coup de poignard dans le dos » qui avait, à leurs yeux, consommé leur défaite en 1918, sans que leur armée ait été véritablement vaincue, sans que le territoire national ait été envahi par l'ennemi. Ils avaient serré les poings sous l'humiliation du « diktat de Versailles », subi comme autant d'injustices le renversement de la monarchie des Hohenzollern, la partition du territoire du Reich, l'obligation de verser des réparations aux pays envahis. Ils avaient connu le temps des troubles, vu se déchaîner dans les rues de leurs villes la violence communiste, avec son cortège d'exécutions sommaires, d'exactions, de pillages, ses « battues aux aristocrates ». Ils savaient mieux que personne ce que c'est que le péril rouge : la haine sociale et l'anarchie, les horreurs de la guerre civile. Ils avaient assisté au délitement de la république de Weimar : l'insécurité dans la rue, l'hyperinflation, l'instabilité gouvernementale, le chômage de masse, l'impuissance politique. Ils avaient souvent applaudi aux premiers pas de Hitler : la mise hors de combat des bandes communistes, le réarmement allemand, l'occupation de la Rhénanie.

Mais ils avaient le sentiment de l'honneur. Ils n'ont pas cru devoir fermer les yeux sur les crimes d'un régime de gangsters et de voyous. Sur les massacres de masse, l'exécution des prisonniers et des civils, le génocide des Juifs. Ils ne se faisaient plus d'illusion sur la possibilité d'inverser le cours de la guerre. Ils ont voulu y mettre fin pour sauver des vies. Témoigner aux yeux du monde que les Allemands n'étaient pas tous des nazis.

Nul n'a frappé avec plus d'audace le régime à sa tête. Nul n'a été plus près de réussir. Que la réunion au cours de laquelle Stauffenberg devait poser sa bombe aux pieds de Hitler n'ait pas été avancée, impromptu : il aurait eu le temps d'en multiplier par deux la charge explosive. Qu'une alerte aérienne soit survenue la veille : la conférence se serait tenue, comme d'ordinaire, comme prévu, dans un bunker.

Nul n'aurait alors survécu au souffle de l'explosion qui démolit le frêle baraquement où s'était, par malheur, transporté, ce 20 juillet, l'état-major du Führer.

Il est vain sans doute de songer à ce qu'aurait pu être l'Histoire s'ils avaient réussi : les centaines de milliers de morts épargnés dans les camps de concentration nazis, les rangs des armées alliées ou la population civile des villes allemandes. Le front Ouest ouvert aux Anglo-Américains, pour éviter à l'Europe orientale un demi-siècle d'occupation soviétique.

On passerait pourtant à côté de l'essentiel de ce que fut l'opération « Walkyrie » si l'on en négligeait la dimension spirituelle. Ce qui guida la plupart de ses protagonistes, c'était bien sûr le désir de faire échapper l'Allemagne à la destruction dans laquelle l'entraînait la folie criminelle de Hitler, la volonté de mettre un terme aux malheurs que semait une guerre sans issue, sans objet politique. À l'école d'Antigone, c'était aussi la volonté de témoigner, jusqu'au risque de sa vie, qu'il est des lois imprescriptibles qui sont au cœur de l'homme, et qu'il n'appartient à aucun pouvoir de violer – fût-il soutenu, approuvé par la foule – sans sombrer dans la tyrannie.

Ce qu'incarne la belle figure de Claus von Stauffenberg, c'est plus encore un type d'homme imprégné des devoirs qui s'imposent à l'élite : le mépris des biens de ce monde, le sens du sacrifice ; pétri de la conviction que l'on n'est un motif de fierté pour ses supérieurs, un modèle pour ceux qui vous suivent, que si l'on conçoit l'art de commander et celui d'obéir comme un même service ; façonné par le culte de vertus qu'on a moquées, avilies, après-guerre, parce qu'on les suspectait d'entretenir de coupables nostalgies, quand elles étaient, peut-être, les plus sûrs antidotes au poison qu'on prétendait circonscrire. « Je crois, écrivit un jour Stauffenberg, que le ciel accorde sa grâce à ceux qui ont tout sacrifié pour remplir leur devoir. » Loin des délires de la race comme des prétentions nobiliaires, des fureurs plébéiennes comme des vanités mondaines, c'était dire en peu de mots ce qu'avait été, en Europe, la raison d'être d'une aristocratie.

Guerre et paix

Les Alliés avaient fait, quelques jours plus tôt, leur jonction sur l'Elbe. Les forteresses volantes américaines continuaient à pilonner sans relâche les villes allemandes, maîtresses souveraines d'un ciel que semblait avoir déserté la Luftwaffe. Les divisions allemandes n'étaient plus que des fantômes d'armées. Les chars russes tenaient les rues de Berlin, où ils ne rencontraient plus guère que la résistance isolée de quelques groupes de gamins planqués dans des immeubles éventrés. Au nord de l'Italie, le cadavre de Mussolini avait été pendu a un croc de boucher. En Bavière, les Français avaient hissé leurs couleurs sur le nid d'aigle de Berchtesgaden. L'Allemagne n'était plus qu'un champ de ruines fumantes. Hitler s'était suicidé dans son bunker, en compagnie d'Eva Braun. Nombre de dignitaires du régime s'apprêtaient à les imiter. Le Reich qui devait durer mille ans s'était définitivement effondré.

Alors ce fut, enfin, pour l'Europe, le silence des armes. L'immense soulagement d'apprendre que la boucherie était terminée. La joie des peuples libérés, l'amertume des vaincus. En Orient, la guerre se prolongerait trois mois encore, avant que le choc suscité par les bombardements d'Hiroshima et de Nagasaki ne conduise le Japon à capituler sans conditions. La guerre avait fait 60 millions de morts. On n'en avait jamais connu d'aussi destructrice et d'aussi meurtrière. L'Europe en sortait dévastée.

À Berlin, le drapeau rouge flottait sur le Reichstag. On s'y reprendrait à trois fois pour le photographier. À Washington, on voulait croire que la croisade des démocraties allait déboucher sur la fin de l'Histoire, un monde d'où seraient bannies la guerre, la tyrannie, l'oppression. Où les Nations unies conduiraient les peuples au bonheur en généralisant la prospérité. Il suffisait de bien s'entendre avec Jo Staline. De le convaincre de bâtir un monde en paix, main dans la main avec les États-Unis. En commençant par démanteler les empires coloniaux par quoi la France et l'Angleterre continuaient à tenir une partie de l'humanité sous le joug. Roosevelt n'avait pas vu de ses propres yeux sa victoire. Son messianisme lui survivait.

À Budapest, à Varsovie, à Bucarest, à Prague, la joie de la Libération serait de courte durée. Le rideau de fer ne tarderait pas à descendre sur l'Europe orientale, condamnant ses peuples à un demi-siècle de sujétion et de misère. Certains déportés passeraient sans transition d'un univers concentrationnaire à l'autre, du camp nazi au goulag soviétique. L'Occident mettrait des années avant d'ouvrir les yeux : l'URSS avait été en première ligne contre Hitler, la mettre en cause tiendrait du blasphème.

À Paris, on réécrivait déjà l'histoire. On avait oublié combien on avait eu, d'abord, le souci de survivre, on posait pour la postérité. C'était le temps des grands procès : de Robert Brasillach, du maréchal Pétain, de Pierre Laval. Tout un peuple se dotait à bon compte d'un passé héroïque en chargeant d'opprobre les traîtres qui avaient tenté en vain de l'égarer. Il n'y avait jamais eu autant de résistants que depuis que l'ennemi avait décampé. Bientôt, les silhouettes fantomatiques des déportés regagneraient la France, avec ce regard intérieur si particulier de ceux qui ont vécu une expérience incommunicable, ces yeux qui semblaient cligner devant la trop vive lumière de la liberté. On ne leur prêterait qu'une attention distraite, trop occupé par le rationnement, la foire aux vanités, la conquête du pouvoir. Dans les familles, on pleurait en silence ceux qui, décidément, ne reviendraient plus. C'était le 8 mai 1945. Aucune victoire n'avait semblé si nécessaire. Aucune n'avait été aussi indiscutable. Et nous la célébrons encore, parce que nul d'entre nous n'aurait souhaité vivre dans une Europe remodelée par les rêves criminels et fous de Hitler. Mais cela ne doit pas nous conduire à occulter la réalité.

La Seconde Guerre mondiale ne nous quitte guère, et jamais devoir de mémoire n'aura été aussi scrupuleusement respecté. Mais nous la réduisons, souvent, à une épure qui fait fi des complexités. Nous en plions les faits pour les mettre à notre mesure. Nous les revisitons, non par piété filiale, mais parce qu'ils nous semblent donner autant d'occasions de nous justifier d'être ce que nous sommes. De renier sans regret un passé qui avait rendu l'horreur absolue possible. De jouer aux héros de la Résistance en faisant mine de nous mobiliser contre la renaissance d'un ennemi terrassé. L'occupation allemande nous tient lieu d'histoire en même temps que de mythologie. C'est la référence à l'aune de laquelle tout est pesé, jugé, condamné ou porté aux nues. Le cadre idéologique où se définit ce qui nous tient lieu de morale, depuis que nous avons jeté la morale aux orties. Le modèle que nous rejouons sans cesse comme par mimétisme, et l'on connaît plus d'un enfant du baby-boom convaincu d'avoir droit à la médaille de la Résistance parce qu'il a fait Mai 68, plus d'un homme public certain de mériter la croix de guerre avec palmes parce qu'il a mal parlé de ses adversaires politiques.

Nous avons communié dans le mythe de la France résistante, unanimement dressée contre l'occupation nazie, pendant qu'une poignée de vendus se vautraient dans la collaboration. Nous avons connu les affres de la mauvaise conscience, lorsque l'on nous a dit, comme on avoue à un enfant les secrets de famille quand il arrive à l'âge adulte, que la défaite et l'Occupation avaient au contraire donné aux Français l'occasion de manifester d'eux-mêmes ce qu'il y avait de pire. Nous avons eu honte de nos pères, convaincus qu'à leur place, c'est sûr, nous aurions résisté jusqu'au dernier d'entre eux aux exigences de l'ennemi.

Nous avons cherché des coupables, nous avons fait des procès rétrospectifs, nous nous sommes bercés de l'illusion que nous participions à l'épopée parce que nous entretenions les amertumes que suscite la mémoire de nos guerres civiles. Nous avons prolongé la Seconde Guerre mondiale jusqu'à nous. Sans l'occupation allemande, sans les déportations, les bombardements, la famine ; sans la menace de l'ennemi. Nous avons fait de la résistance pour rire.

Le souvenir de la victoire mérite mieux que cette instrumentalisation cynique de l'Histoire. II devrait être l'occasion de méditer sur les circonstances où notre destin s'est joué. La joie avait été indicible. Les illusions de courte durée. On ne se relève pas indemne d'une guerre totale, quand même on a fini par la gagner. La vieille Europe en est sortie laminée comme d'un affrontement suicidaire ; le flambeau de l'histoire qu'elle tenait depuis deux millénaires lui avait échappé, et nous ne sommes plus, depuis, que les témoins passifs de notre propre histoire. « Si l'on regarde cette période avec la curiosité d'un ethnologue, remarquait Claude Lévi-Strauss, il n'y a pas d'autre attitude que de se dire : une catastrophe s'est abattue sur une fraction de l'humanité dont je fais partie. Et voilà. Et je dis : c'est arrivé parce qu'il y a eu la guerre de 1914 qui fut la grande folie de notre civilisation. 1939 est la suite, la fin de l'Europe. » Le dire peut paraître aujourd'hui commettre un sacrilège. Parce que c'est proclamer que le triomphe de la société marchande qui s'étend désormais sur toute la planète, et dont l'Union européenne n'est qu'une enseigne franchisée, n'est pas la légitime héritière de la civilisation qui avait rayonné pendant des siècles depuis Athènes, Rome, Aix-la-Chapelle ou Paris. Qu'elle en est la reviviscence édulcorée, la vision remaniée par le consumérisme, le modèle imposé en ses lieux et places par les vainqueurs de la guerre de trente ans qui a scellé notre disparition de la scène. Les années passent. Il serait temps que les peuples sortis exsangues de la grande épreuve prennent une claire conscience de la mutation que, sonnés par la guerre, ils ont acceptée avec enthousiasme parce que le matérialisme au petit pied qui leur était proposé paraissait consubstantiel à la liberté. Le manichéisme était peut-être nécessaire à la poursuite de la guerre. La paix demande d'autres vertus. La première d'entre elles est l'amour de la vérité.

La gloire des vaincus

Diên Biên Phu a longtemps conservé, pour l'opinion française, quelque chose d'inexplicable. Qu'est-ce que notre armée était donc allée faire dans cette galère ? Comment le commandement avait-il eu l'idée absurde d'envoyer l'élite de nos unités s'enfermer elles-mêmes à 500 kilomètres de leurs bases, dans une cuvette où elles semblaient d'emblée condamnées à se faire prendre comme dans une souricière ?

Au cœur d'une guerre qui paraissait déjà incompréhensible à beaucoup (qu'y cherchions-nous, fors l'honneur d'y tenir notre parole ? d'y préserver des populations lointaines d'un communisme dont on avait, peut-être, exagéré la menace ?), l'égarement de nos chefs militaires illustrait comme en vraie grandeur l'impasse où ne pouvait manquer de nous enfermer une aventure coloniale sans issue.

Illusion d'optique. Comme le relevait, en 1965, une revue militaire vietnamienne, « Diên Biên Phu n'est une cuvette que pour ceux qui disposent d'avions, de véhicules motorisés, d'artillerie à longue portée. Pour des gens qui vont à pied [et c'était alors, le cas du Viêt-minh], c'est bien une vaste plaine, longue de 18 kilomètres, large de 6 à 8 kilomètres, dont l'accès n'est guère facile ; les crêtes qui l'environnent dépassent souvent 1 000 mètres. Comment amener par-dessus les cimes canons et vivres, comment faire dévaler les vagues d'assaut sur les pentes intérieures et progresser en terrain plat sans se faire décimer par les grosses pièces et les avions de l'adversaire confortablement installé dans la plaine ? ».

Le choix tactique a été sanctionné par l'histoire, et il serait absurde de nier les erreurs qui ont contribué au retournement et au désastre. Destinée à empêcher le Viêt-minh de progresser, à l'ouest, vers le Laos, la concentration de l'élite de l'armée française à Diên Biên Phu n'avait pourtant rien d'inepte. Elle supposait que la France conserve la liaison aérienne qui faisait du camp retranché un poste avancé de sa stratégie. Elle la perdit – la piste ayant été, en dix jours, rendue inutilisable sous le déluge de feu inattendu de l'ennemi – parce qu'aux erreurs d'appréciation s'ajouta un déséquilibre décisif : d'un côté, un Viêt-minh prêt à consentir des pertes sans limites et bénéficiant du soutien décidé de la Chine communiste – avec lui, l'artillerie et la logistique qui rendaient possible d'engager une bataille de grande ampleur si loin de ses arrières ; de l'autre, un gouvernement français seulement animé de la volonté de trouver une « porte de sortie honorable », qui lui permettrait de rapatrier au plus tôt ses troupes, et échouant à obtenir, symétriquement, le bombardement américain qui aurait retourné la situation.

À soixante ans et plus de distance, l'histoire de Diên Biên Phu échappe pourtant à ces seules considérations tactiques. Si elle occupe dans nos mémoires une place à part, c'est qu'elle concentre tous les éléments constitutifs de la tragédie. L'inconscience initiale de ceux qui vont être battus et qui sont, pourtant, si sûrs de leur victoire qu'ils attendent avec impatience l'attaque du Viêt-minh. Le retournement brutal de situation avec la découverte de la puissance de feu imprévue de l'ennemi. Le désespoir et le suicide, couché sur une grenade, du lieutenant-colonel responsable de l'artillerie : il avait assuré que les Viets étaient incapables d'acheminer des canons de 105 à travers la jungle et les escarpements qui entouraient Diên Biên Phu. Les orages d'acier qui hachent bientôt les positions retranchées auxquelles on a donné, dans cet univers d'hommes, des noms de jeunes filles : Isabelle, Dominique, Éliane ou

Béatrice. L'espoir toujours déçu du bombardement décisif qui desserrerait l'étau du Viêt-minh. La discorde qui s'installe, à l'arrière, entre les généraux, au fur et à mesure que se profile la défaite. L'isolement qui transforme la vie dans le camp en un huis clos où s'exacerbent les passions. L'amertume des combattants abandonnés par une opinion indifférente. Les atermoiements d'un gouvernement qui demande à ses soldats de faire le sacrifice de leur vie alors même qu'il ne cherche lui-même qu'à se retirer sans bruit.

Mais l'héroïsme, aussi, à foison. Celui des volontaires sautant, sans formation parfois, sans brevet, dans cet enfer, alors même qu'ils se savent incapables de modifier l'issue de la bataille : pour ne pas abandonner les copains, pour en être. Celui des aviateurs qui continuent leurs largages, de plus en plus acrobatiques, sous le feu ennemi. La souffrance des blessés, des estropiés, des mutilés opérés sans relâche, dans une chaleur tropicale, sous des tentes de fortune. La main de Geneviève de Galard qui se pose sur un front, comme un ange qui passe. Et le silence, enfin, qui tombe sur le camp, lorsque tout est fini.

Les Français se reprochent parfois l'attraction qu'exercent sur eux les batailles perdues. Crécy, Azincourt, Camerone. Ils ont tort. Sans doute faut-il prendre garde à ce que peut avoir de mortifère le romantisme de la défaite, le goût adolescent pour le panache à n'importe quel prix. C'est pourtant dans l'adversité que se révèlent les caractères. Elle qui transfigure les hommes en leur apprenant à s'oublier pour ce qui les dépasse : l'amour des siens, le sens du sacrifice, la camaraderie, et l'honneur de servir. Les Spartiates ont plus fait pour la gloire de leur nom en acceptant de mourir aux Thermopyles qu'en battant les Perses à Platées. Et il y a plus de poésie dans l'embuscade de Roncevaux que dans la guerre victorieuse de Charlemagne contre les Saxons. Plus de grandeur, plus de leçons à méditer, plus d'exemples dans la retraite de Russie que dans l'incendie de Smolensk. Homère, le premier, l'avait compris, qui avait adopté, dans l'*Iliade*, le point de vue de l'adversaire en nous invitant à partager la douleur de Priam et à nous émouvoir de ses larmes de père devant le corps martyrisé de son fils, alors même qu'il composait l'épopée nationale de ceux qui les avaient vaincus. Lucain le dit autrement : « *Victrix causa diis placuit, sed victa Catoni.* »

LA GUERRE D'ALGÉRIE EST-ELLE TERMINÉE ?

Il arrive, parfois, que l'Histoire se venge. Parmi les conflits dans lesquels la France a été engagée au XXe siècle, la guerre d'Algérie est sans doute celle dont les plaies ont le plus de peine à cicatriser. La Grande Guerre a pu se traduire par une saignée des forces vives de la population française ; elle nous émeut par la somme des héroïsmes individuels qui s'y sont manifestés. Le deuxième conflit mondial a été l'occasion d'un déchaînement de barbarie sans exemple ; il a atteint une dimension eschatologique par le fait même que l'Allemagne hitlérienne y avait donné un visage au mal absolu, et qu'elle avait fini par être vaincue. La guerre d'Indochine a signé le recul décisif de notre vocation de grande puissance ; elle reste enveloppée dans nos souvenirs par la poésie des paysages nimbés de brume qui lui avaient servi de théâtre, la beauté des silhouettes des femmes dans les rizières, l'exotisme. La guerre d'Algérie échappe à toute transfiguration littéraire, toute idéalisation sentimentale. Soixante ans après son déclenchement, l'amertume qui marque sa mémoire n'a rien perdu de son âpreté. Elle est le lieu du sous-entendu, du non-dit, de l'esquive. Comme s'il y avait un (ou plusieurs) cadavre(s) dans le placard.

Elle avait commencé par un meurtre abject : celui d'un instituteur de 23 ans, arrivé dans la région un mois plus tôt pour participer à l'œuvre d'alphabétisation des populations indigènes. C'était le 1er novembre 1954. Terreur contre terreur, elle avait obéi aux lois d'airain de la guerre révolutionnaire : la montée aux extrêmes, la spirale du cycle provocation-répression. Elle s'était déroulée sur un invisible champ de bataille, contre un ennemi insaisissable, qui était nulle part et partout à la fois. Elle avait vu se succéder les embuscades, les tueries, auxquelles avaient répondu d'impitoyables opérations de ratissage, les douars et les mechtas brûlés, les passages à tabac, les mitraillages. Elle avait été ponctuée par les attentats aveugles, qui avaient frappé les populations au hasard, et auxquels l'armée avait été chargée de mettre fin par des dirigeants civils peu désireux de savoir quels moyens elle utiliserait pour y parvenir. Son histoire est comme déshonorée par les cadavres mutilés des musulmans fidèles à la France, tout autant que par les méthodes de basse police, les interrogatoires musclés à quoi avaient dû parfois se résoudre des soldats auxquels on n'avait guère laissé d'autre choix.

Mais ce qui lui donne son exceptionnelle âcreté, c'est sans doute la place qu'y tint le mensonge. Mensonge d'une guerre qu'on refusa, longtemps, d'appeler par son nom, parce que, répétaient des gouvernants appelés à devenir, plus tard, les icônes de la gauche française, Mendès France, Mitterrand, l'Algérie, c'était la France. Mensonge d'un FLN qui parvint à se faire reconnaître comme le seul représentant légitime du peuple algérien, quand le nombre de ses militants n'approcha jamais, même de loin, celui des harkis qui servaient dans l'armée française ; quand son action se traduisit, sur le terrain, par une politique de terreur à l'égard de ses propres concurrents, de la population civile et des musulmans acquis à l'Algérie française. Mensonge de l'allié américain ruinant à Suez le prestige de la France au lendemain d'une victoire militaire qui aurait privé la rébellion de ses principaux soutiens. Mensonge d'un général De Gaulle proclamant, en juin 1958, à Oran et à Mostaganem : « L'Algérie est une terre française, organiquement, aujourd'hui et pour toujours. » « Vive l'Algérie française ! » Et encore à Saïda, en août 1959 : « Moi vivant, jamais le drapeau du FLN ne flottera sur Alger. » Mensonge d'un cessez-le-feu signé avec les représentants d'un parti à prétention totalitaire, plutôt qu'avec les véritables combattants. D'une paix qui se traduisit par un renouveau de violence contre les Européens, les disparitions, la torture et le massacre de masse de dizaines de milliers de harkis, l'exode forcé d'un million de pieds-noirs, le basculement du pays dans l'anarchie.

On a beaucoup spéculé, beaucoup écrit, sur le retournement qui vit le général De Gaulle, installé au pouvoir sous la pression des plus ardents soutiens de l'Algérie française, se faire, derrière « un voile épais de tromperies » (*Vers l'armée de métier*), l'artisan de l'indépendance après avoir engagé son armée à faire tous les sacrifices pour obtenir une victoire sur le terrain. On lui fait généralement crédit aujourd'hui d'avoir, contre ses propres partisans, compris que l'empire était devenu, pour la France, un fardeau économique insupportable, et que les évolutions démographiques allaient rendre la pression migratoire irrésistible si l'on ne tranchait pas les liens qui l'unissaient au Maghreb.

C'est balayer d'un revers de main les solutions confédérales qui auraient pu concilier l'autonomie et la coopération, et, créant les conditions de la prospérité, fixer les populations algériennes sur leur sol. Tenir pour rien l'abandon du pétrole saharien, que rien ne justifiait de céder sans contrepartie au nouvel État algérien, et dont la jouissance aurait changé la situation géopolitique de la France. Négliger la soumission ultérieure de l'Algérie indépendante à une dictature corrompue qui, en dépit de la rente pétrolière laissée par l'ancienne métropole, l'a maintenue dans le sous-développement, conduite à l'islamisme et à une guerre civile qui a fait entre 60 000 et 150 000 morts.

Mais c'est souligner, en réalité, l'ultime mensonge, celui que la population française s'est fait à elle-même, en soutenant à une majorité écrasante une politique présentée comme indispensable à la véritable grandeur de la France, parce qu'elle donnait un habillage honorable à un abandon dicté avant tout par un lâche soulagement : celui d'être débarrassé du poids de l'empire et de ses populations pour jouir sans entraves des délices de la société de consommation. Notre pays en a été payé en retour par la crise morale de Mai 68, le choc pétrolier qui l'a trouvé sans ressources énergétiques en 1973, la vague migratoire qui a fait passer depuis 1962 la population algérienne en France (binationaux compris) de 300 000 à 5 millions de personnes.

On peut penser que la guerre d'Algérie s'est inscrite dans le mouvement irrépressible de l'émancipation des peuples du tiers-monde. Que la France n'a fait, en quittant ses anciens territoires, que consentir à l'inévitable. Ce n'est pas une raison pour refuser de scruter les circonstances aggravantes qui ont fait de la tragédie algérienne l'un de ces drames qui continuent, longtemps après leur conclusion, à développer leurs conséquences comme la braise sous les cendres d'un feu mal éteint.

LE ROUGE ET LE NOIR

C'est l'un des trous noirs de l'historiographie du XXe siècle. Une question qu'il est déjà hasardeux de poser. À laquelle il est plus aventureux encore de tenter de répondre. Alain Besançon s'y était risqué en 1997 dans un discours prononcé lors de la séance publique qui réunit chaque année les cinq académies : comment se fait-il que les crimes du communisme bénéficient d'une amnistie qui recueille le consentement de ses adversaires et même de ses victimes, quand la mémoire des horreurs du nazisme reste, cinquante ans après sa défaite, toujours aussi vive ? Qu'un « grand journal du soir » ait traité, de 1990 à 1997, 480 fois du nazisme, 7 fois du stalinisme ; 105 fois d'Auschwitz, et jamais de la famine provoquée qui fit, en 1933, près de 4 millions de victimes en Ukraine ? Que cette même famine soit généralement inconnue des étudiants en histoire ? Que nulle part, à l'Est, il n'ait été entrepris de châtier « ceux qui avaient tué, privé de liberté, ruiné, abruti leurs sujets » ? Que l'évocation de leurs crimes reste sujette à polémique quand le mémorial de la tyrannie nazie s'enrichit chaque année de nouveaux livres, de nouvelles expositions, de nouveaux films ?

Universitaire, ancien professeur à l'École des hautes études en sciences sociales à la Sorbonne, Alain Besançon a consacré l'essentiel de sa carrière à l'étude du communisme. Ses ouvrages (*Court traité de soviétologie à l'usage des autorités civiles, militaires et religieuses*, 1976 ; *Les Origines intellectuelles du léninisme*, 1977) l'ont imposé comme un maître de l'analyse du phénomène soviétique.

Tenue à quelques jours de la publication du monumental *Livre noir du communisme*, qui faisait, pour la première fois, un bilan (exhaustif ?) de ses crimes, de la Russie de Lénine au Cambodge de Pol Pot, en passant par la révolution culturelle, le castrisme ou la Corée du Nord, et évaluait à quelque 100 millions le nombre de ses victimes, sa conférence avait fait frémir l'intelligentsia. Comme si elle avait participé à un vaste complot visant à discréditer l'idéal communiste, et à banaliser, par là, la barbarie hitlérienne.

Il est revenu sur le sujet en 1998 dans *Le Malheur du siècle*, un livre qui lui a permis de préciser et de développer sa pensée quant à la parenté qu'il est légitime d'établir entre nazisme et communisme, ces « jumeaux hétérozygotes » (selon l'expression de Pierre Chaunu) nés l'un et l'autre de la guerre de 14-18, et quant à la question, sensible entre toutes, de la spécificité de la Shoah par rapport aux autres grands massacres de notre temps.

Établir une parenté entre les deux visages du totalitarisme : c'était déjà ce qui avait été reproché, en 1995, à François Furet lors de la publication de son autobiographie intellectuelle, *Le Passé d'une illusion*. Professeur à l'École pratique des hautes études, mais aussi ancien membre du PCF (de 1949 à 1956), devenu l'un des plus éminents spécialistes de la Révolution française (*La Révolution*, 1965 ; *Penser la Révolution française*, 1978), dont il avait tenté une « réévaluation critique » après avoir redécouvert les analyses de Taine et d'Augustin Cochin, Furet s'était efforcé d'y retracer « le parcours imaginaire de l'idée communiste au XXe siècle » en mettant en lumière « les raisons et les circonstances qui en expliquent l'éclat, si étrangement associé à une réalité sinistre ». Il y avait montré comment le communisme s'était nourri, vivifié, de la vulgate antifasciste. Comment il avait échoué à étendre son emprise hors d'Union soviétique tant qu'il s'était contenté de préconiser une réédition de la révolution d'Octobre. Comment il avait hissé partout au contraire ses relais au sommet de leur influence, lorsqu'il avait commencé de se présenter comme le rempart de la démocratie contre le fascisme. Et combien cette prétention était pourtant abusive, tant l'étude de l'histoire de ce siècle montrait en réalité la parenté des deux totalitarismes : « Staline exterminera des millions d'hommes au nom de la lutte contre la bourgeoisie, et Hitler des millions de Juifs au nom de la pureté de la race aryenne », remarquait-il. Refuser de comparer leurs crimes, et d'inscrire le communisme au côté du nazisme dans la série « des grandes défaites de la liberté », faire de lui une des réponses possibles aux catastrophes de notre temps, alors qu'il en était une, c'était, à ses yeux, accepter le tabou qui avait permis à l'Union soviétique de déporter et d'assassiner des millions de citoyens, de conquérir et d'asservir l'Europe de l'Est avec le consentement d'une large partie de l'opinion publique occidentale.

Trois pages de son livre avaient désagréablement surpris la plupart de ses confrères. Celles où, sans partager pleinement ses analyses, François Furet rendait hommage aux travaux de l'historien allemand Ernst Nolte.

Philosophe disciple de Heidegger, devenu historien de la genèse des mouvements fascistes, Ernst Nolte a longtemps été considéré en Allemagne comme un intellectuel de gauche : jusqu'à ce qu'il publie en juin 1986 dans la *Frankfurter Allgemeine Zeitung*, sous le titre « Un passé qui ne veut pas passer », un article qui allait déclencher l'une des plus violentes polémiques intellectuelles de l'Allemagne d'après-guerre, la « querelle des historiens » (*Historikerstreit*).

Développant la thèse de son essai sur *Le Fascisme dans son époque* (1963), selon laquelle fascisme et communisme seraient nés de la même matrice, le déracinement imposé par l'universalisme démocratique, déracinement que le marxisme aurait poussé jusqu'à son paroxysme, tandis que le fascisme y aurait réagi de façon outrée et pervertie, il y soutenait désormais que le nazisme avait été avant tout une réaction au communisme, une pathologie du nationalisme répondant à la pathologie de l'universalisme que représentait le stalinisme. Qu'en un mot, il y avait non seulement une parenté, mais un lien de causalité entre le goulag et Auschwitz.

Accusé par tout ce que la gauche allemande compte d'intellectuels, sous la houlette du philosophe Jürgen Habermas, de vouloir à la fois banaliser le génocide juif et atténuer la responsabilité de l'Allemagne dans les crimes du nazisme, Nolte avait, alors, été mis au ban de la communauté scientifique et tenu, malgré ses dénégations, pour l'âme d'un « complot révisionniste ».

En disant publiquement tout ce que ses livres lui avaient apporté pour comprendre ce siècle, Furet entendait, sans faire sienne son argumentation, « rompre l'enchantement de cette pensée magique ». Un échange de lettres s'ensuivit, qui permit aux deux historiens d'approfondir la confrontation de leurs positions. Publiée à l'automne 1997 par la revue *Commentaire*, cette correspondance, qu'avait interrompue en juillet précédent la mort soudaine de François Furet, a été rassemblée l'année suivante en un volume. C'est un régal d'intelligence et de liberté d'esprit. Elle semble former, avec l'essai d'Alain Besançon, un diptyque qui renouvelle notre vision du totalitarisme et de la barbarie contemporaine, en même temps qu'elle éblouit, dans un débat trop souvent pollué d'arrière-pensées politiciennes, par la communauté de la hauteur de vue.

Le rapprochement entre communisme et nazisme était, avant-guerre, un lieu commun de l'analyse politique. Il se fondait sur la commune hostilité des deux systèmes à l'égard de la démocratie libérale, leur même prétention révolutionnaire, leur même caractère terroriste, leur même propension à faire de la mobilisation des combattants de la Grande Guerre le levier de la domination d'un parti unique. Le pacte germano-soviétique avait semblé, pendant deux ans, sanctionner le bien-fondé du parallèle. L'adhésion de l'Union soviétique au camp de la démocratie le remit brutalement en question.

Après-guerre, il est interdit : le marxisme règne trop uniment sur la caste qui s'est emparée du pouvoir intellectuel pour qu'il soit seulement permis de comparer les dépositaires des espoirs de la classe ouvrière avec les artisans du mal absolu. C'est la grande époque où Sartre démontre que le concept de camp étant philosophiquement contradictoire avec celui de socialisme, il est proprement impensable d'accorder du crédit à ceux qui prétendent qu'il en existe dans la patrie du socialisme.

En 1951, le maître livre d'Hannah Arendt, *Les Origines du totalitarisme*, ouvre une brèche dans le mur de la pensée officielle en montrant la parenté des deux régimes qui ont entendu, en ce siècle, changer l'homme et incarner le sens de l'histoire. Une vision à laquelle le rapport Khrouchtchev et la confession de quelques-uns des crimes du stalinisme apportent, un instant, crédit.

Guerre du Vietnam et troubles de Mai 68 aidant, elle sera pourtant vite ensevelie sous la production des universitaires marxistes qui tiennent, au contraire, le fascisme pour la forme outrée et violente du capitalisme, et s'obstinent à voir dans l'Union soviétique la patrie des lendemains qui chantent.

Le témoignage de Soljenitsyne (*L'Archipel du Goulag* paraît en 1974 dans sa version française) dissipera ces illusions sans mettre paradoxalement fin à l'interdit qui frappe l'assimilation du communisme au national-socialisme. Quand l'ancien zek s'étonne que l'Occident s'obstine, à l'aube des années 1980, à piétiner le loup mort plutôt que de combattre l'ours resté vivant, il fait au contraire l'objet d'une discrète réprobation. Un anticommuniste aussi déclaré que Raymond Aron s'en tient à la thèse qu'il a développée en 1965 dans *Démocratie et totalitarisme* : entre nazisme et communisme « la différence est essentielle, quelles que soient les similitudes ». Parce que, dit-il, le nazisme fut inspiré, dès l'origine, par « une volonté proprement démoniaque », alors que le régime soviétique serait sorti, malgré tout, « d'une volonté révolutionnaire inspirée par un idéal humanitaire. Le but était de créer le régime le plus humain que l'histoire eût jamais connu ». Son tort aurait été, certes, de n'avoir reculé, pour l'atteindre, devant aucun moyen. Mais ses crimes ne pourraient faire oublier les bonnes intentions qui l'animaient à l'origine : celle d'instaurer une société égalitaire, où c'en serait fini des rapports de domination ; où chacun mangerait à sa faim ; où aurait disparu, avec la propriété et la compétition, la guerre.

La chute du mur de Berlin et l'effondrement de l'Union soviétique, la multiplication des révélations consécutives à l'ouverture des archives du KGB, ne remettront pas fondamentalement en cause ce dogme de la pensée dominante.

À preuve, le rejet opposé en 1993 à la plainte d'anciens prisonniers français d'un camp de « rééducation » indochinois, qui avaient prétendu poursuivre leur commissaire politique, Georges Boudarel, pour crime contre l'humanité ; près de cinquante ans après la fin de la Seconde Guerre mondiale, il valait toujours mieux avoir été Can Bo au camp 113 que secrétaire général de la préfecture de la Gironde pendant l'Occupation : Maurice Papon sera condamné, le 2 avril 1998, à dix ans de réclusion pour avoir, sans qu'il soit établi qu'il ait eu connaissance de l'extermination des Juifs à l'époque des faits, participé à l'arrestation et à la déportation de 1 600 d'entre eux à Drancy ; Georges Boudarel est mort, sans plus être inquiété, dans son lit.

La publication du *Livre noir du communisme* avait reçu entre-temps, à l'automne 1997, un accueil réservé, jusque parmi certains libéraux. On voulait bien admettre qu'il y ait eu ici et là des dérapages, dénoncer les excès de Staline et Mao. Mais l'intelligentsia progressiste avait jeté l'anathème sur Stéphane Courtois, qui avait été le maître d'œuvre du livre, pour avoir invité ses lecteurs à s'interroger sur l'analogie des deux systèmes criminels et osé soutenir que le stalinisme n'avait pas été un moment regrettable de l'histoire du communisme ; qu'il marquait, au contraire, l'aboutissement logique et l'apogée d'un système terroriste qui s'était mis en place dès les premiers jours de la révolution d'Octobre, et n'avait cessé de se manifester par l'ampleur de ses crimes en tous temps et tous lieux où il était parvenu à s'imposer.

C'est ce mythe de la « différence essentielle » des deux visages du totalitarisme qu'Alain Besançon a entrepris de pulvériser dans *Le Malheur du siècle.* En dressant entre communisme et nazisme un parallèle impitoyable. L'un et l'autre régime, écrit-il, « se donnent pour but de parvenir à une société parfaite en arrachant le principe malin qui y fait obstacle. Ils se prétendent philanthropiques puisqu'ils veulent, l'un le bien de l'humanité entière, l'autre celui du peuple allemand, et que cet idéal a suscité des dévouements enthousiastes et des actes héroïques. Mais ce qui les rapproche le plus est qu'ils se sont donné tous deux le droit, et même le devoir, de tuer, et qu'ils l'ont tous deux fait avec des méthodes qui se ressemblent, à une échelle inconnue dans l'histoire ».

Historien de *La Destruction des Juifs d'Europe*, Raul Hilberg a distingué, dans la persécution hitlérienne, cinq phases : l'expropriation, la concentration, les opérations mobiles de tuerie, la déportation, les centres de mise à mort.

La tyrannie communiste, remarque Alain Besançon, a eu recours aux quatre premiers de ces moyens, et en a ajouté deux autres.

L'expropriation est, de fait, la première mesure du pouvoir communiste. Celle des moyens de production, mais aussi celle des logements, des comptes en banque, de la terre ou du bétail.

La police politique communiste ne sévit pas contre les Juifs, mais contre tous les « ennemis du socialisme », catégorie aux contours indéfinis qui englobe d'abord les riches, les bourgeois, les paysans aisés, mais bientôt tous ceux qui sont suspectés de sentiments hostiles dans l'intelligentsia, le prolétariat ou la paysannerie ; enfin à l'intérieur même de la police et du parti. Tâche considérable. Besançon relève ainsi qu'alors que quelques milliers de policiers avaient suffi à la Gestapo, le KGB en comptera plus de 500 000.

Aux *Einsatzgruppen* et aux *Kommandos* qui sévissaient en arrière des troupes de la Wehrmacht pour accomplir les basses œuvres de l'extermination, correspondent de même les opérations de tuerie qui ont accompagné les reconquêtes par l'Armée rouge de l'Ukraine, du Caucase, de la Sibérie ou de l'Asie centrale.

La déportation a quant à elle été inventée et systématisée par le régime soviétique avant même que le nazisme ne l'imite. Elle a touché des peuples entiers – Allemands de la Volga, Tchétchènes, Tatars –, ou des catégories sociales suspectes – ainsi des 10 millions de koulaks. « Le maximum de mortalité se situait pendant le transport, effectué à peu près dans les mêmes conditions que celles des trains nazis de déportation, mais sur des distances beaucoup plus longues, puis pendant la première année, quand les déportés se trouvaient déposés dans une steppe d'Asie centrale, dans une taïga ou une toundra sibérienne, sans habits chauds, sans instruments aratoires, sans semences, raconte Alain Besançon. Il y eut des cas où tout le monde mourait, déportés, gardiens et chiens. On attribue habituellement à ce type de déportation un taux de mortalité de 50 %. »

Les premiers camps de travail avaient été ouverts en Russie dès juin 1918. Dans les années 1930, le goulag aurait concentré jusqu'à 11 % de la force de travail du pays. « La littérature, assez abondante, offre une description semblable à celle du camp de travail nazi. Le réveil, l'appel, le commando de travail, la "norme" et la ration alimentaire proportionnée à la "norme", la faim, les coups, les tortures, les exécutions : la journée de Chalamov à Kolyma suit exactement celle de Primo Levi à Auschwitz. Les détails concrets sont les mêmes : la volerie générale, le chacun pour soi, l'épuisement physique, la lente ou bien rapide dégradation morale, le même baraquement, le même bat-flanc, le même sommeil, les mêmes rêves. »

Trois types de crimes échappent pourtant à ce parallèle. Le communisme n'a pas connu de centres d'extermination industrielle du type des camps nazis d'Auschwitz, de Belzec, de Chelmno, de Majdanek, de Sobibor et de Treblinka : « transport, sélection à la descente du train, tatouage, chambre à gaz ou fosse commune immédiate pour les femmes, les enfants, les inaptes au travail ».

Il a pratiqué en revanche deux types de mises à mort qui lui sont spécifiques : l'exécution judiciaire de personnes arrêtées, souvent pour compléter un quota d'arrestations décidé à l'avance, et totalement étrangères au chef d'accusation ; la famine consécutive à la désorganisation de la paysannerie (on l'observe aussi bien en Russie qu'en Chine, en Corée du Nord ou en Éthiopie) ou sciemment organisée (cas des 3,8 millions de morts d'Ukraine, en 1932-1933).

Cela justifie-t-il la différence radicale de traitement dont font l'objet, dans la mémoire des peuples, nazisme et communisme ? Alain Besançon ne le croit pas. « Le mode de mise à mort, dit-il, n'est pas un critère d'évaluation. Il faut résister à la tentation de juger une mort plus atroce en soi qu'une autre ; aucune ne peut être regardée de près. Nul ne peut savoir ce qu'éprouvait un enfant en inhalant le gaz Zyklon B ou en mourant de faim dans une isba ukrainienne. Puisque l'on tuait des hommes en dehors de toute justice, il faut affirmer qu'ils ont tous péri horriblement, autant les uns que les autres, parce qu'ils étaient innocents. »

François Furet ne le pense pas non plus. Que fascisme et communisme ne souffrent pas du même discrédit s'explique, selon lui, en partie par la différence de tonalité de leur discours : « Annonciateur de la domination des forts, le fasciste vaincu ne donne plus à voir que ses crimes, explique-t-il. Prophète de l'émancipation des hommes, le communiste bénéficie jusque dans sa faillite politique et morale de la douceur de ses intentions. » Est-il pourtant si excusable d'avoir continué d'y croire alors que se répétaient tout au long du siècle, les mêmes crimes, dans tous les pays qui avaient fait l'expérience du régime ?

L'indulgence dont le communisme bénéficie tient aussi et peut-être surtout, estime-t-il, aux circonstances de l'histoire : la Seconde Guerre mondiale a mis le régime nazi au ban de l'humanité et rangé l'Union soviétique dans le camp des vainqueurs ; le communisme s'est délité sans avoir été militairement vaincu ; ses victimes se comptent essentiellement parmi les peuples de l'URSS, alors que l'Allemagne nazie a tué surtout hors de chez elle.

Mais l'asymétrie s'explique également, à ses yeux, par une manipulation politique. S'il considère bien sûr que « les crimes du nazisme ont été si grands [...] que l'entretien pédagogique de leur souvenir joue un rôle incontestablement utile », Furet observe en effet que la véritable « obsession » dont ils font désormais l'objet (obsession qui a « fait renaître des fascismes imaginaires par besoin d'en retrouver des incarnations postérieures à la défaite de Hitler et de Mussolini ») a été instrumentalisée par le communisme, pour faire de l'antifascisme « le critère essentiel qui permettait de distinguer les "bons" citoyens des "méchants" », et transformer ainsi le communisme en « une forme supérieure de la démocratie ». Il a rendu, par là, impossible l'analyse de ses crimes et, plus généralement, la compréhension historique de deux phénomènes qui furent en réalité liés l'un à l'autre : « La seule manière profonde d'aborder l'étude des deux idéologies et des deux mouvements politiques inédits qui sont apparus au début de notre siècle, écrit-il, [...] consiste à les prendre ensemble, comme les deux faces d'une crise aiguë de la démocratie libérale, survenue avec la guerre de 1914-18. »

Issus du même événement, la Première Guerre mondiale, les deux mouvements peuvent bien, en effet, s'inspirer de deux philosophies antagonistes (les Lumières revisitées par Hegel ici, un vitalisme post-nietzschéen là), « le problème qu'ils prétendent tous deux résoudre est le même : détruire et dépasser l'individualisme bourgeois au nom d'une vraie communauté ». Or, pour atteindre ce but, « communisme et fascisme puisent largement aux mêmes sources : la haine de la démocratie bourgeoise, dominée par l'argent, et le ressentiment égalitaire, qui s'alimente au contraste de l'égalité proclamée et de l'inégalité réelle. Les deux mouvements ont un même ennemi [...] ; ils mobilisent des passions comparables, comme le mépris du droit, la haine de la démocratie libérale, l'assimilation de la politique à la guerre, l'exaltation de l'avenir, le culte du parti, l'adoration du chef, le rejet du christianisme ».

Ernst Nolte va au-delà de ce constat. Il estime que les deux régimes ne sont pas seulement comparables. Qu'ils s'enchaînent l'un à l'autre comme les actes successifs d'une tragédie.

Reprenant à son compte l'analyse des théoriciens marxistes qui dénonçaient, pendant l'entre-deux-guerres, les différents types de régimes fascistes comme « des réactions, désespérées et condamnées à l'échec, de la bourgeoisie face à la montée victorieuse du mouvement socialiste et prolétarien », il défend en effet une vision « historico-génétique » qui fait du nazisme une conséquence de l'avènement du communisme en Russie. Parce que la forte participation des Juifs au mouvement communiste international et à la conquête du pouvoir par les bolcheviques en Russie aurait servi de « noyau rationnel » au développement de la paranoïa antisémite de Hitler. Et parce que le national-socialisme aurait tiré sa force du désir d'opposer au bolchevisme un régime « aussi résolu et conséquent », en désignant comme lui l'ennemi qu'il convenait de mettre hors d'état de nuire, et en n'hésitant sur aucun moyen pour y parvenir. « Une étude, même superficielle, des textes, écrit-il, montre indubitablement que Hitler, dès ses débuts, dès avant 1923, évoquait fréquemment et avec véhémence le “goulag”, même si le terme lui était aussi inconnu que celui de “stalinisme”. » Le projet criminel d'extermination des Juifs, tenus par lui pour responsables, de par leur tradition messianique et de par le fait de leur participation au mouvement socialiste, de l'avènement de l'internationalisme prolétarien, s'inscrit donc selon lui dans l'histoire comme le reflet tragique du projet tout aussi criminel d'abolition des classes sociales par le massacre de masse, tel que le pratiquaient les communistes. « Dans une telle perspective, écrit-il, l'histoire du XXe siècle n'apparaît plus comme le combat des “bons” et des “méchants”, mais comme l'affrontement de deux forces idéologiques “excessives”, et, par conséquent, comme tragédie. »

S'il lui sait gré d'avoir « très tôt passé outre à l'interdiction de mettre en parallèle communisme et nazisme », Furet ne suit Nolte sur ce terrain qu'à demi. Il lui concède tout ce que la popularité du fascisme et du nazisme à leurs débuts dut à la terreur soviétique ainsi qu'à « l'obsession kominternienne d'étendre la révolution communiste à l'Allemagne », comme ce que « l'avènement de Hitler doit à l'antériorité de la victoire bolchevique, et au contre-exemple de la violence pure érigée par Lénine en système de gouvernement ». Mais il estime aussi que « la thèse du fascisme comme mouvement “réactif” au communisme » ne permet de comprendre ni la singularité de l'antisémitisme nazi (le fascisme italien fut anticommuniste sans être antisémite), qu'il attribue à la violence de la tradition anti-démocratique allemande, ni ce qui lie en profondeur communisme et fascismes : d'avoir été, sous l'impact de la Première Guerre mondiale, deux réactions au « déficit politique constitutif de la démocratie moderne », qui avait privé l'*Homo democraticus* d'une vraie communauté humaine, en relâchant les liens du métier et de la nation. « C'est une vieille réalité de la culture politique européenne, écrit-il, que cette critique de l'abstraction démocratique moderne au nom de l'ancienne société "organique", à droite, et de la "future" société socialiste, à gauche. Le nouveau, avec la Première Guerre mondiale, est l'extrême radicalisation de cette double critique, avec le léninisme et le fascisme. »

Besançon n'entre pas dans ce débat. Mais il estime, lui aussi, que la parenté des deux régimes ne se limite pas à celle de leurs crimes. Qu'elle tient à leurs principes.

L'un et l'autre reposent en effet sur une falsification du bien. « Le bien, selon le nazisme, consiste à restaurer un ordre naturel corrompu par l'histoire. » Celui qui assurait la domination de la race germanique, avant que le christianisme (« cette peste, dit Himmler, la pire maladie qui nous ait atteints dans toute notre histoire ») ne le subvertisse, ouvrant la voie à la démocratie, au règne de l'or, au bolchevisme et à la domination des Juifs. Aux hommes d'élite, il revient donc de faire preuve d'héroïsme et de dépassement de soi. D'abandonner les catégories de la morale bourgeoise, pour mener le combat sans merci qui permettra seul de remonter la pente de l'histoire.

Aux antipodes de cette mythologie de la décadence, le communisme fait sien au contraire le grand thème du progrès. Mais il s'agit d'un « progrès dramatique » qui suppose, à l'instar du nazisme, « des destructions immenses et inévitables ». Il est suspendu à l'action de la volonté humaine, éclairée par une idéologie qui se veut scientifique. Il repose sur une élite, que regroupe le parti. Le bien consiste donc à favoriser par tous les moyens l'action de ce parti.

La différence entre les deux régimes tient dès lors à ceci que le nazisme ne dissimule pas sa rupture avec la morale commune, tandis que le communisme la subvertit : « Pour décrire la nouvelle morale, écrit Alain Besançon, le communisme se sert des mots de l'ancienne : justice, égalité, liberté. » Mais ce sont en réalité des homonymes. « Pour le communiste, l'idée de justice ne consiste pas dans un partage "juste", elle consiste dans l'établissement du socialisme [...]. Faire naître la conscience de l'inégalité, ce à quoi s'emploient les communistes, n'a pas pour but de faire constater un défaut de droit, mais de faire désirer une société où la régulation ne passera pas par le droit. De même, l'idée communiste de liberté a pour but d'exciter la conscience d'une oppression là où l'individu, victime de l'aliénation capitaliste, se croit libre. Finalement, tous les mots qui servent à exprimer les modalités du bien [...] sont instrumentalisés en vue du but unique, qui les contient tous et les réalise : communisme. »

Cette différence tient aussi à ce que le communisme ne se contente pas de faire partager ses valeurs aux membres du parti. Qu'il entend que la nouvelle morale soit intériorisée par tous. D'où la nécessité dans laquelle il se trouve, une fois au pouvoir, de cacher autant qu'il lui sera possible les échecs qui démentent sa théorie : fermeture des frontières et contrôle de l'information préludent à la mise en place d'un univers du faux. Faux historiens, faux journalistes, fausses statistiques, fausse économie, composent un décor de carton-pâte auquel le citoyen doit s'avilir à faire semblant de croire.

Au total, si nazisme et communisme reposent l'un et l'autre sur des utopies mensongères – fantasmagorie raciale ici, darwinisme social là –, le communisme serait donc, selon Alain Besançon, plus pervers encore. Parce que la destruction morale qu'il provoque est plus profonde dans la mesure où l'inversion des valeurs qu'il impose « est la partie la plus insupportable de l'oppression communiste : [...] tout le reste – l'absence des libertés politiques et civiles, la surveillance policière, la répression physique, la peur même – n'est rien à côté de cette pédagogie mutilante, qui rend fou parce qu'elle contredit les évidences des sens et de l'entendement ». Et parce qu'« il ne demande pas à l'homme de faire consciemment le pas moral » qui consiste à choisir le crime. Qu'il se sert au contraire « de l'esprit de justice et de bonté qui est répandu dans toute la terre pour répandre dans toute la terre le mal ». (On se permettra de lui objecter que le nazisme avait opéré, à ses origines, une subversion analogue. Car en incitant les néo-élites qu'il avait secrétées autour du parti unique – et au sein desquelles il était parvenu, dans les faits, à intégrer, au moins pendant quelques années, nombre de représentants des anciennes – à ignorer les obligations de la morale commune, c'est l'esprit aristocratique qu'il avait singé et perverti. Non certes comme le communisme, en dévoyant l'aspiration à la charité, la fraternité, la philanthropie, mais en dénaturant l'honneur militaire, la piété filiale, le nationalisme, l'aspiration à une communauté organique qui transcende l'individualisme. En trahissant, plus encore, l'idée fondatrice que les meilleurs, ceux qui ont hérité d'une tradition, d'un exemple, d'une éducation formatrice de la sensibilité et de l'intelligence ont justement des privilèges parce qu'ils ont vocation à éclairer et à aider, à assister les plus faibles. À accomplir les devoirs qui rendent l'inégalité légitime quand elle se fait protectrice. Cette perversion n'a pas été sans conséquences puisqu'elle a déconsidéré, jusque dans ce qu'il avait de meilleur, l'élitisme aristocratique. « Le racisme nazi, observe Alain Finkielkraut dans *La Seule Exactitude* (2015), a emporté dans son apocalypse l'*honneur de la race*, c'est-à-dire l'obligation envers les morts. Pour être sûres de rentrer dans le droit chemin de l'humanisme des Lumières, les nations démocratiques lui ont cédé sans coup férir, leur *noblesse oblige*. Elles n'ont pas compris que cet abandon était sa vraie victoire, son maléfice ultime. »).

À Ernst Nolte, qui exprimait le même point de vue – « Ne devrait-on pas juger plus sévèrement un mouvement dont les intentions peuvent être qualifiées de “douces” et qui, en réalité, partout où il s'est imposé par la violence, a provoqué un nombre gigantesque de victimes, plus sévèrement donc qu'un parti dont les intentions d'emblée sont à qualifier de mauvaises ? » –, François Furet avait opposé de son côté le fait que l'extermination des Juifs apparaisse comme « le point culminant des crimes commis dans le siècle au nom d'une idéologie politique » : parce qu'elle avait frappé ses victimes « indépendamment de toute considération intelligible tirée des luttes pour le pouvoir » (mais n'était-ce pas aussi le cas des koulaks d'Ukraine ou des paysans cambodgiens ?). Et parce qu'elle avait visé, à travers les Juifs, un peuple porteur d'une part essentielle de l'histoire de la civilisation européenne (mais que dire alors des massacres des Grecs par les Turcs qui ont ému au XIXe siècle les romantiques ?).

L'analyse d'Alain Besançon est, sur ce point, autrement plus profonde. Au terme de sa réflexion, l'amnésie dont l'Occident fait preuve à l'égard des méfaits du communisme lui semble bien moins s'expliquer par la différence des systèmes et des crimes que par « la paresse à examiner les faits », « le manque de courage devant les exigences de la justice », ou la répugnance à mettre au jour trop de complicités actives et passives, tandis que l'hypermnésie qui se manifeste de façon toujours plus virulente à l'égard des crimes du nazisme lui paraît trop souvent le reflet de la volonté de la partie la plus laïcisée de la communauté juive d'instaurer une sorte de « religion de la Shoah » qui aggrave l'inimitié entre Israël et les nations en plaçant le souvenir et la vengeance de la persécution au cœur de l'identité juive.

Il ne conteste pas, pourtant, l'unicité de la Shoah. Mais il estime qu'elle ne tient pas tant au nombre des victimes, à leur histoire ou à l'instrument du crime. Bien plutôt à sa dimension eschatologique. Le malheur du siècle, relève-t-il, s'est incarné dans deux idéologies qui professèrent, l'une et l'autre, la haine active de tout ordre divin dans une volonté prométhéenne de substituer un salut terrestre à celui qu'annoncent les Écritures, en singeant l'Ancien ou le Nouveau Testament. « Dans le nationalisme allemand, remarque-t-il, l'exaltation de la nation et du peuple prend ou imite la forme de l'élection providentielle du peuple juif », tandis que le prolétariat souffrant et salvateur occupe, dans l'histoire sainte du communisme, la place du Rédempteur. Devant l'absurdité de la plupart de leurs entreprises criminelles, la déshumanisation (au sens de privation de leur personnalité) des hommes ordinaires qui firent office de bourreaux, on ne peut dès lors écarter, selon lui, l'action du Prince de ce monde. Comme on ne peut comprendre, à ses yeux, la persécution du peuple de la première Alliance, dont est sorti le Messie, sans considération du mystère de son élection divine.

L'HISTOIRE
~ PERSISTE ET SIGNE ~

LE GRAND MONÔME

Aussi curieux que cela paraisse, nous n'avions pas la télévision. Mai 68, autant que je m'en souvienne, cela se passait à la radio. Les reporters prévenaient les manifestants de l'arrivée de la police : ça scandalisait mes parents. Les journaux racontaient que les étudiants dépavaient le boulevard Saint-Michel pour y construire des barricades, ils abattaient des platanes : c'était à Paris, c'était loin. À Nice, il ne se passait rien.

Tout de même, on faisait des provisions : de l'huile d'olive, du sucre, des bougies, du savon. Mes parents avaient connu la guerre, ils ne se laisseraient pas surprendre. Nous, nous faisions des pyramides avec les boîtes de conserve, on organisait en cachette des parties de « chamboule-tout » dans la cuisine, il ne fallait pas se faire prendre.

Un jour, on annonça qu'il y aurait une manifestation. Ma grand-mère vint me chercher à l'école. L'avenue de la Victoire était bloquée par un monôme. Nous avons attendu sur le trottoir. Bonne maman m'avait acheté un pain au chocolat, je me fichais bien des étudiants.

Eux, faisaient ce qu'ils pouvaient, ils s'époumonaient bravement, ils manquaient d'imagination : nulle part on ne mit les proviseurs à la poubelle, et l'on ne toucha pas aux palmiers de la Promenade. Nous étions désespérément province.

Ça n'allait pas, parfois, sans des énervements : il y avait la queue devant les pompes à essence, on nous avertissait que nous n'avions plus l'électricité pour longtemps. Mon grand-père parlait de faire fusiller Georges Séguy et Jacques

Duclos, pour l'exemple. Inutile de lui dire qu'ils n'y étaient pour rien : il avait fait 14, le Chemin des Dames, l'offensive sur l'Argonne, il avait des idées sommaires. Il n'aurait jamais retenu le nom du gros rouquin.

Le jour du grand défilé parisien, sur les Champs-Élysées, avec Debré, Malraux, tout le tintouin, une partie de la bourgeoisie locale organisa le sien, rue de France. On en riait, chez nous : on ne se serait pas déplacé pour De Gaulle, après l'Algérie, et le reste. Il avait disparu, on lui souhaitait bien du plaisir, ce n'était pas notre affaire. Mon père, qui était avocat, prétendait savoir, par un client, où il était parti : en Suisse, dans une clinique où l'on remontait le moral des dépressifs en leur injectant un élixir à base de sperme de taureau. Paraît que ça les remettait en forme. Baden, la promesse de Massu, le voyage en hélicoptère, il n'y a jamais cru, même après l'amnistie des généraux. Son client, disait-il, était le patron de la clinique : il avait procédé lui-même aux injections.

Après, je ne me souviens plus. Le 30 juin 1968, pour moi, ce n'était pas la date des législatives : c'était les grandes vacances. Les « événements », on n'en parlait pas en famille : ce n'était pas un sujet de conversation. Un jour, à la campagne, il faisait chaud, on avait tiré les contrevents du salon, une de mes cousines y fit une allusion. On la fit taire.

« Quels événements ? s'emporta l'un de mes oncles. Il ne s'est rien passé ! Rien du tout, tu m'entends ! Il n'y a pas eu d'"événements" ! »

Tel était le mot d'ordre. Les choses sérieuses se passaient à Prague. Les communistes y montraient leur vrai visage. Mon grand-père prédisait qu'ils camperaient place de la Concorde en octobre. Alors, on allait voir...

La rentrée scolaire se fit dans le calme, dans notre collège de garçons. On nous annonça seulement qu'on avait supprimé le tableau d'honneur et les prix d'excellence, qui n'étaient plus de saison. Il fallait bien, n'est-ce pas, « lâcher du lest ». Quelques mois plus tard, vint le tour des classements, qui entretenaient, paraît-il, un dangereux élitisme. Nous avons aussitôt chargé l'un d'entre nous de prendre au vol les résultats de chacun, et d'établir un classement clandestin. Nous le faisions circuler sous le manteau, à la barbe des pédagogues : nous faisions de la Résistance.

Il fallut y renoncer : on supprima les notes. Nous ferions désormais l'objet d'« appréciations » par lettres, de A (très bien) à E (insuffisant).

On abrogea le port du tablier et le silence au réfectoire. Les curés avaient abandonné leurs soutanes, les scouts leurs uniformes : nous aurions bientôt des facteurs sans casquette, des contrôleurs de trolleybus aux cheveux longs.

Il devint inutile d'aller fumer dans les toilettes : on pouvait le faire librement dans le bureau de l'aumônier, où l'on discutait de la peine de mort et de la contraception. Les filles firent timidement leur apparition. Elles avaient la peau douce et sentaient le parfum. On nous demanda d'élire des « délégués de classe » qui se feraient l'écho de nos « revendications ». On démonta les estrades où étaient jusqu'alors juchés nos professeurs. Quelques années encore, et nous les appellerions par leur prénom.

J'en veux donner pourtant témoignage à mes maîtres : aucun d'entre eux, jamais, ne nous proposa de déboutonner sa braguette. Alors même qu'à l'époque on ne savait pas encore que ce n'était pas bien.

On a marché sur la Lune

C'était le 20 juillet 1969. Il était tard, la nuit était très avancée. Comme on était à la campagne, on avait loué une télé pour l'été. En noir et blanc, bien sûr : il ne fallait rien exagérer. Ce ne serait pas une raison pour réclamer tous les soirs un film (il n'y en avait guère, alors, que sur TMC). Moins encore pour rester l'après-midi enfermés dans la maison.

Vers 9 heures du soir, on nous avait annoncé que l'impensable allait arriver. Le LEM venait de se poser (on ne disait pas encore le LM dans ce premier état de notre innocence). Il n'y avait pas d'images : nous avions seulement vu défiler un sol de poussière grise filmé sous l'appareil tandis qu'Armstrong tentait de quitter la zone accidentée où l'avait conduit le pilote automatique. Puis le noir. De la neige sur l'écran. De la friture dans les communications, comme au bon vieux temps des opératrices (« Ne coupez pas, Mademoiselle ! ») : « Houston, ici la base de la Tranquillité. »

Les échanges entre les astronautes et les ingénieurs de la NASA étaient à peu près inaudibles. Ils avaient été bientôt recouverts par les commentaires hyperboliques des présentateurs de la télévision.

Dans notre imaginaire, Houston et cap Canaveral étaient devenus les capitales de la planète. À Washington, à Moscou, à Paris, de petits hommes pouvaient faire semblant de nous gouverner. La vie était ailleurs. Avec ses écouteurs sur les oreilles, son micro, son périscope, Wernher von Braun nous apparaissait comme l'homme le plus puissant de la terre. Celui qui ouvrait à l'humanité la route de nouvelles planètes. Quelque chose comme Christophe Colomb ou le capitaine Nemo.

Nous n'ignorions plus rien des secrets de *Saturne V* (nous l'écrivions naïvement avec un e) : les trois étages qui s'étaient détachés, quelques minutes à peine après avoir été mis en service, ce qui nous semblait le comble du gaspillage – une si belle fusée ! – ; les pirouettes du vaisseau spatial dans l'espace pour s'arrimer au module lunaire ; l'étrange silhouette en forme d'araignée de la machine chargée de poser les premiers hommes sur la Lune.

Ce n'était pas ce à quoi nos lectures nous avaient préparés. L'idée de l'obus de Jules Verne nous paraissait certes aussi obsolète que le boulet de canon du baron de Münchhausen. Mais Tintin nous semblait autrement plus sérieux, avec le moteur atomique inventé par le professeur Tournesol, le char lunaire, la fusée profilée sur le modèle des V2, les tours de montage en poutres métalliques orange. Il faudrait faire son deuil de cette technologie imaginaire, tout autant que de l'élégant damier rouge et blanc qu'Hergé avait emprunté aux prototypes allemands.

Il était 9 heures et la nuit ne faisait que commencer. Scotchés devant l'écran, nous étions décidés à ne rien perdre de ces heures historiques, où il nous était offert d'assister, en direct, à l'Histoire en train de se faire. Seulement, rien ne venait. Dans leur studio, Michel Anfrol et Jean-Pierre Chapel multipliaient les commentaires. Ils avaient de superbes maquettes en plastique du vaisseau spatial et de la fusée. Nous aurions bien aimé avoir les mêmes. Il avait fallu se contenter d'un poster avec la photo de la Lune et le portrait des trois héros qui avaient été choisis pour être les premiers à l'explorer. Les heures passaient et la télévision ne diffusait que l'image fixe d'un paysage désolé. Les astronautes, sans doute, se préparaient. Il fallait soigneusement tout vérifier. C'était long, tout de même. Les commentateurs faisaient ce qu'ils pouvaient. On nous avait promis un grand moment d'Histoire. C'était ennuyeux comme une fin de soirée électorale, quand les vedettes sont rentrées chez elles, que tout a été dit et qu'on n'attend plus que les résultats de Papeete. À 1 heure, les moins de 13 ans furent priés d'aller se coucher.

À 2 heures, les parents gagnèrent eux-mêmes leurs chambres. À 3 heures, les adolescents commencèrent à se décourager. À 3 h 56, quand Armstrong sortit enfin de l'habitacle, il ne restait plus devant l'écran qu'une poignée de passionnés.

Ce moment, ils ne devaient pourtant jamais l'oublier. À la télévision, les images grésillaient. Une forme humaine, alourdie par son équipement blanc, descendait d'une curieuse machine. Autour d'elle, des cailloux, des crevasses, une poussière fine. Le silence de la mer de la Tranquillité. La beauté d'un paysage pétrifié. Dans le monde entier, 600 millions de téléspectateurs suivaient, le souffle coupé, une scène qu'on avait cru, longtemps, réservée aux seuls amateurs de romans ou de films de science-fiction : un homme, devant eux, marchait sur la Lune.

« C'est un petit pas pour l'homme, un bond de géant pour l'humanité. »

En plantant le drapeau américain au milieu des étoiles, Neil Armstrong fixait pour toujours l'image victorieuse d'une épopée à nulle autre pareille. Sans doute consacrait-il la suprématie de la technologie américaine. Gagnait-il contre l'URSS une compétition qui allait contribuer à l'épuiser. Quelques heures plus tard, une sonde soviétique venue là en secret, dans l'espoir de coiffer au poteau l'équipe d'Apollo, et de ramener dans ses soutes des échantillons de pierre de Lune, s'écraserait dans la mer des Crises. Ce prélude de l'effondrement qui allait marquer la fin du XXe siècle, et qui, plus encore que les traces de pas d'Armstrong sur la Lune, dessinerait les lignes de notre destinée, nous n'en connaîtrions pas même l'existence. Pour nous, cette aventure relevait avant tout de l'univers de l'enfance. Armstrong avait réalisé un rêve que les hommes n'avaient, depuis l'Antiquité, jamais cessé de caresser. Il avait transporté, un instant, l'humanité dans l'univers du Petit Prince. Les guerres des adultes, dans l'ombre, n'en avaient pas moins continué. Nous étions trop jeunes pour en éprouver la cruelle nécessité. Peut-être est-ce pour cela que nos parents nous avaient envoyés nous coucher.

LA NUIT LA PLUS LONGUE

Ils auraient voulu que cette nuit ne finisse jamais. Ce 9 novembre 1989, à Berlin-Est, la bourde d'un apparatchik affolé avait déclenché la ruée. Au cours d'une conférence de presse improvisée au lendemain de la démission du gouvernement est-allemand, le porte-parole du parti communiste avait imprudemment annoncé que tous les citoyens de RDA pourraient désormais obtenir, s'ils le souhaitaient, et sur un simple coup de tampon, l'autorisation de se rendre librement à l'Ouest. Après plusieurs mois de bras de fer, de manifestations géantes, l'occupation des ambassades ouest-allemandes installées dans les pays frères par des « touristes » est-allemands qui demandaient asile à ceux-là même qu'on leur avait désignés, pendant des décennies, comme leurs plus farouches adversaires, les trains pris d'assaut pour rallier, via Prague, la frontière hongroise, où le rideau de fer avait été éventré dans le courant de l'été, le Mur de la honte venait, cette fois, bel et bien, de tomber. Au siège du parti, personne ne répondait plus : mal préparés à ce retournement du vent de l'Histoire, les dignitaires s'étaient inscrits aux abonnés absents. À Moscou, on était décidé à ne rien faire : l'URSS, exsangue, n'avait plus les moyens de commanditer l'une de ces interventions musclées qui lui avaient permis, autrefois, de faire sentir sa puissance, à Budapest, à Prague, à Varsovie ; Gorbatchev n'était plus qu'un commis voyageur impuissant, réduit à manifester, toujours et partout, sa bonne volonté, pour obtenir en retour des Occidentaux les crédits qui lui étaient nécessaires afin d'éviter à la cité radieuse du socialisme scientifique de sombrer dans la faillite, l'anarchie, la famine.

À minuit, les gardes-frontières, débordés par la foule qui se pressait autour des points de passage, avaient fini par accepter d'ouvrir les grilles, la frontière qui, depuis vingt-huit ans, coupait Berlin en deux pour préserver le paradis des prolétaires des menées subversives du grand capital étranger. Tout un peuple s'y était rué. C'en était fini de l'asservissement et de la misère. De la pénurie et de la peur. Du mensonge institutionnalisé. Les jeunes Allemands de l'Ouest escaladaient les parois de béton recouvertes de graffitis, de tags, de croix gammées : ce Mur qui avait symbolisé, au cœur de la ville, la violence et la tyrannie. Là même où n'avaient dominé, si longtemps, qu'un silence glacé, une obscurité quadrillée par la lumière blanche des projecteurs, le cri bref des agents de la *Grenzpolizei,* les aboiements des chiens, régnait soudain une atmosphère de kermesse. Dans la rue, on dansait, on chantait, on riait, on s'embrassait. Descendus par milliers à la rencontre des nouveaux arrivants, les Ouest-Allemands couvraient de fleurs le défilé des Trabant qui s'engouffraient dans les postes-frontières miraculeusement ouverts. Dans les brasseries, la bière coulait à flots. C'était la nuit de la liberté. On annonçait déjà la fin de l'Histoire. L'entrée de l'humanité dans un monde fraternel et pacifié. Une ère nouvelle où régneraient la paix et la fraternité.

Vingt-cinq ans plus tard, bien des illusions ont été balayées. La réunification de l'Allemagne ne s'est pas faite sans douleurs ni sans soubresauts. L'égoïsme a repris ses droits, la rancœur a trouvé bien des occasions de s'exprimer. La Stasi n'est plus guère qu'un lointain souvenir. Confrontés au déferlement de la modernité occidentale, à la frénésie de la consommation, à la loi d'airain du marché, bien des Allemands de l'Est ont pu se sentir dépossédés du médiocre confort que leur avait conservé jusqu'alors leur frugalité obligée. Fatigués de financer à grands frais le retour à la prospérité d'une population qui ne leur manifestait aucune gratitude particulière, un certain nombre d'Allemands de l'Ouest ont fini par se demander si la réunification n'avait pas été, pour eux, un jeu de dupes.

Rien pourtant n'a plus jamais été comme avant. Les démocraties populaires, une à une, se sont effondrées. L'exemple allemand avait suffi à démontrer qu'elles n'étaient pas immortelles. Il n'en fallait pas plus pour que leurs peuples trouvent insupportable de continuer à s'en encombrer. L'Union soviétique elle-même a sombré, une nuit de Noël 1991. Andreï Amalrik l'avait annoncé, vingt ans plus tôt, pour 1984. Il avait fait sourire les esprits forts, qui tenaient la citadelle du communisme pour un bastion inexpugnable, impossible à forcer, un rival dont il faudrait bien s'accommoder, pendant mille ans peut-être. Le dissident ne s'était trompé que de sept années.

L'histoire ne s'est pas arrêtée, comme certains l'avaient imprudemment prophétisé. À la confrontation vertigineuse de deux puissances surarmées, a seulement succédé la multipolarisation des risques de guerre. La revanche des nationalismes contenus par les années de glaciation dans les Balkans et dans l'ancienne URSS. La montée en puissance des géants démographiques longtemps exclus du jeu, comme la Chine et l'Inde. Le surgissement d'un islamisme activiste qui pousse ses ramures jusqu'au cœur d'un Occident frappé par la dénatalité. La tentation américaine d'imposer partout l'hégémonie des États-Unis sous prétexte de circonscrire les incendies qu'ils ont parfois eux-mêmes contribué à allumer. Le chaudron infernal du Moyen-Orient. La réaffirmation de la Russie comme un empire décidé à ne pas se laisser humilier et sourcilleuse à l'égard de ses marches-frontières, de ses anciens vassaux. Il y aura toujours des guerres tant qu'il y aura des hommes, des rivalités de puissance, des idéologies menaçantes, des conflits d'intérêt. Il y aura toujours des dictatures, des polices politiques, des opposants persécutés. Ce 9 novembre 1989, une sanglante imposture s'est effondrée. Celle qui prétendait changer l'homme en vertu d'un savoir scientifique et lui imposer, par la terreur, de renoncer aux « aliénations » qui donnent un sens à l'existence. Mais ce qui est tombé, c'est d'abord l'idée que l'histoire est écrite une fois pour toutes ; qu'il est vain de tenter de s'opposer à l'inéluctable ; c'est une certaine idée de la servitude, fondée sur le caractère inexorable du sens de l'histoire. Ce qui a été frappé à mort, c'est ce qui tenait lieu de prétexte à tous nos renoncements, à toutes nos lâchetés. L'histoire n'a d'autre sens que celui que lui donnent nos volontés. D'autres menaces ont pris le relais. D'autres hommes se lèveront pour les combattre. Ils ne rencontreront pas toujours le même succès. Peu importe : ce que la chute du Mur a montré, c'est que le désespoir, en politique, est bel et bien « une sottise absolue ».

La trahison d'un clerc

Il avait tous les sacrements. Sociologue, il s'était spécialisé dans l'étude du rock. Collaborateur régulier du *Débat*, la prestigieuse revue de Pierre Nora – l'un des principaux laboratoires intellectuels de la social-démocratie –, il semblait aussi à l'aise dans l'élaboration de néologismes abscons que dans le décryptage du non-dit des aventures de Buck Danny. Il était l'une des 15 ou 20 signatures qui comptaient à Paris. Bien sûr, il avait connu un accident de parcours : un article non conformiste dans lequel il avait décrypté la manipulation qui avait, en 1990, fait de Jean-Marie Le Pen « le Juif de Carpentras ». Simple erreur de jeunesse, avait-on admis. C'était un homme plein d'avenir.

Le 2 février 1993, il avait soudain été mis au ban de l'intelligentsia. Excommunié pour intégrisme. Dénoncé comme délateur. Exclu pour complicité avec l'exclusion. Renié par la « communauté intellectuelle » pour avoir fait un mauvais usage de la liberté de l'esprit.

Ce jour-là, en effet, Paul Yonnet avait publié *Voyage au centre du malaise français*. Une exploration implacable de l'une des idéologies dominantes de l'époque : l'antiracisme.

Son thème principal avait tous les caractères du blasphème : loin d'avoir réduit le préjugé racial, la hantise de l'étranger et les conduites agressives, le néo-antiracisme apparu au milieu des années 1980 aurait propagé, selon lui, une vision raciale des rapports sociaux, mis en danger la cohésion nationale en sapant les fondements de l'identité française, et détruit le principe de l'assimilation qui avait assuré, jusqu'à nos jours, l'absorption pacifique des étrangers par le corps social.

Sans attendre la parution du livre, *Le Nouvel Observateur* avait, le premier, sonné le tocsin. Laurent Joffrin y avait accusé Paul Yonnet d'avoir « franchi la ligne rouge » qui sépare « l'angoisse identitaire du nationalisme de repli ». Il s'était même étonné que Gallimard ait accepté de publier un tel texte, circonstance aggravante, dans une collection de prestige liée à la revue de Pierre Nora.

Nul ou presque n'était venu, dans la presse, au secours de l'iconoclaste. « Un ouvrage lourd, mal construit, jargonnesque, clanique, obsessionnel, et qui projette sur les mystifications droitières dont il se réclame beaucoup des mythologies gauchisantes, voire des stéréotypes staliniens dont il est issu », avait tranché Jean-François Kahn, alors directeur de *L'Évènement du jeudi.* « La rhétorique de la science [...] ne parvient plus à dissimuler les exaspérations et les ressentiments qui l'animent », avait renchéri Luc Ferry dans *L'Express*.

Jargonnant, l'ouvrage de Paul Yonnet l'est sans doute par moments. Les « dominances idéologiques » y côtoient les « spectres discursifs » ; les « mécanismes identificatoires » rivalisent avec les « solidarités groupales ». Aurait-il été cependant publié sans ces colifichets ?

On aurait tort de le négliger pour autant : tous les précieux ne sont pas ridicules, et il arrive que les petits marquis soient aussi dans la salle. Avec le « néo-antiracisme », ce que Paul Yonnet avait en effet décrit, c'est le bréviaire de nos conformismes, la version française de la *political correctness*, le ressort d'une véritable tyrannie intellectuelle, dont le traitement réservé à son livre allait lui-même fournir une éclatante illustration.

« Puisque “le racisme n'est pas une opinion”, selon une formule célèbre, écrivait-il, l'antiracisme n'en est pas une non plus. C'est une contrainte sociale, une contrainte d'éducation permanente – médiatico-scolaire –, plus ou moins librement acceptée [...]. Pour exister ou nourrir ambition, il faut en être ou affecter d'en être. La stigmatisation et le confinement dans l'opprobre sont la sanction ordinaire d'une transgression de l'obligation commune. » Un nouveau catéchisme, en somme, et dont l'analyse était d'autant plus nécessaire qu'il portait, selon lui, en germe, la destruction de la nation française.

Incarné depuis 1984 par SOS Racisme, relayé par les médias audiovisuels et par une grande partie de la presse écrite, enseigné à l'école, recommandé par la faculté, béni par l'Église, subventionné par l'État, l'antiracisme qui a triomphé dans la société française n'est plus, montrait-il, fondé sur le souci de lutter contre les discriminations raciales. Son propos est de récuser dans le même mouvement les deux manières dont la France maîtrisa, jusqu'ici, l'apport des étrangers à sa démographie : la limitation de l'immigration et l'assimilation culturelle des immigrés désireux de s'installer définitivement sur son sol.

Charte de ce double refus : « l'appel commun à la fraternité » publié, à la mi-novembre 1985, par le Conseil permanent de l'épiscopat catholique, la Fédération protestante, les autorités orthodoxes, juives, musulmanes, les différentes obédiences maçonniques et les principales organisations antiracistes : « La société française est confrontée à un problème d'accueil de populations étrangères et de communautés culturelles et religieuses. Des mœurs, des cultures, des croyances de diverses origines souhaitent s'affirmer et coexister dans le concert national, sans perdre de leur spécificité. Une partie du corps social national réagit par des réflexes de peur et d'intolérance se traduisant soit par un rejet, soit par une exigence d'assimilation totale. Ces attitudes sont génératrices d'incompréhension, de haine et trop souvent de violence meurtrière. »

Ce manifeste n'a plus cessé d'inspirer, depuis, le discours et la pratique antiraciste. Or, comme le notait Paul Yonnet, il y a contradiction absolue entre l'idée de lutter contre le racisme et celle de rejeter l'assimilation par respect de l'identité ethnique des immigrés. Comme il y a contradiction pratique entre le souhait de voir s'apaiser les tensions et la contestation de toutes les mesures visant à limiter le flux de l'immigration.

C'est que le néo-antiracisme contemporain a de tout autres buts que ceux qu'il se désigne : il est avant tout « immigrationniste » ; il vise à transformer la France en une mosaïque ethnique, « utopie préludant par l'exemple de ses bienfaits à la dissémination planétaire du modèle en même temps qu'à la dilution de l'idée même de nation française. Au fond, là résiderait le sens historique du destin de la France, qui s'accomplirait dialectiquement, une fois sa tâche centrale achevée d'avoir donné au monde les principes de 1789, en les illustrant une bonne et dernière fois par la fission panethnique et la désagrégation douce ». L'antiracisme est une eschatologie.

Pour la faire admettre aux Français, SOS Racisme aura bénéficié, grâce à l'implication personnelle de François Mitterrand, du constant appui des grands médias. « L'argumentaire immigrationniste, résumait Paul Yonnet, présente la forme d'une pince. D'un côté, depuis le début des années 1980, il est religieusement répété qu'*"il n'y a pas plus d'immigrés en France aujourd'hui que dans les années 1930"*. [...] D'un autre côté, et dans le même temps démonstratif, l'antiracisme insiste sur la quantité ou la proportion exceptionnelle de Français d'origine étrangère (un tiers dit l'un, 19 millions, dit l'autre) pour décréter finalement [...] que *"nous sommes tous des immigrés"*. » Apparemment contradictoires (il y a peu d'immigrés, mais nous en descendons tous), les deux assertions tendent à accréditer l'idée que la situation n'a rien de nouveau, rien de grave. Or, la première néglige le fait que 90 % des étrangers présents en France en 1930 étaient d'origine européenne – ce qui rend leur exemple hors sujet dans un débat sur l'intolérance raciale –, et que loin de témoigner de la banalité du phénomène, leur nombre faisait alors de la France le premier pays d'immigration du continent ; qu'il suscita en outre de tels troubles qu'ils conduisirent le gouvernement – de centre-droit – de Pierre Laval à prendre en 1932 des mesures restrictives qui débouchèrent en quelques mois sur le retour de centaines de milliers d'étrangers au pays.

La seconde affirmation est proprement perverse. Fondée sur une approximation statistique (l'Insee évaluait alors en réalité au début des années quatre-vingt-dix les enfants et petits-enfants d'immigrés disposant de la nationalité française à environ 10 millions de personnes), elle vise à saper dans le peuple français toute conscience nationale. « Les groupes humains, écrit Paul Yonnet, se soudent en élaborant des mythes d'immortalité d'un collectif virtuellement unifié depuis longtemps, en se racontant une histoire qui célèbre leur histoire ; les sociétés historiques ont besoin d'avoir un passé pour vivre au présent, pour croire à leur possible perpétuation elles ont besoin de croire à quelque chose qui ressemble [...] à un fantasme d'immortalité groupale. [...] Or l'affirmation *"nous sommes tous des immigrés"* introduit un désordre souverain dans la représentation de la filiation nationale, puisqu'en instaurant et en restaurant une conscience d'immigré chez tous les Français, elle situe la France entièrement hors d'elle-même, incitant à un repli sur des attaches pourtant pour l'essentiel perdues. [...] Se vivre comme ancien et toujours étranger pour accueillir sans aucune réserve ni limite tous les étrangers d'aujourd'hui qui se présenteront aux frontières : cette ambition d'altruisme intégral [...] est gagée sur ce qu'elle doit détruire pour pouvoir le permettre, et que nous appelons [...] la conscience de nation, la conscience que les Français avaient ou ont de constituer une population spécifique d'origine diverse mais tendue vers l'unification (langue, mœurs), vivant sur un territoire déterminé aux frontières à peu près naturelles, dépositaire d'une histoire commune. »

Incapacitante pour les Français d'origine qui seraient tentés de réagir contre l'immigration, la formule est en même temps déstabilisante pour les Français d'acquisition. Car devant cette disparition de ce qu'à l'école de Pierre Nora, Paul Yonnet appelait joliment le « roman national », ceux-ci n'ont plus d'autre choix que de se raccrocher à leur « identité ethnique », identité que le discours antiraciste ne cesse, au contraire, d'exalter. À preuve, les constantes références « communautaires » des dirigeants antiracistes, qui auront paradoxalement réussi à réaliser pour « la bonne cause » « le programme de mise à l'écart du racisme antisémite », puisqu'on distingue désormais sans y voir de malice la « communauté juive » de la « communauté française », en la supposant naturellement solidaire de la cause des immigrés.

« À l'indivisibilité nationale symbolisée par le bleu-blanc-rouge, SOS Racisme oppose avec constance – mais aussi terme à terme – le fameux "black-blanc-beur", représentation avant-coureuse de la société panethnique […]. Ce slogan présente [à ceux qui craindraient une décomposition de l'identité française] un avenir où ils seront réduits à l'état de "petits Blancs" titulaires non plus de l'incarnat national, mais d'une mémoire archaïque et en voie de folklorisation de groupe particulier, mise en concurrence de légitimité avec celle d'autres groupes particuliers. » Et tel est, en fait, selon Yonnet, qui reprenait là à son compte l'analyse d'Annie Kriegel, le but ultime de l'antiracisme : élire « l'ethnie comme principe organisateur de la société », et la polyphonie des races comme le terme de l'évolution humaine, l'utopie de substitution au défunt communisme.

Paul Yonnet n'était certes pas le premier intellectuel de gauche à se livrer à la critique du discours antiraciste et, singulièrement, de SOS Racisme. Comme ses censeurs n'avaient pas manqué de le rappeler, Alain Finkielkraut (dans *La Défaite de la pensée*) et Pierre-André Taguieff (dans *La Force du préjugé*) s'y étaient adonnés avant lui. Mais il était le premier à en faire une lecture aussi radicale.

Après des années bercées par l'éloge débridé de la « société multiculturelle » (thème lancé à gauche par Françoise Gaspard et Claude Servan-Schreiber avec *La Fin des immigrés*, au centre par Bernard Stasi avec *L'Immigration, une chance pour la France*), les livres de Finkielkraut et Taguieff avaient certes marqué, en 1987-1988, l'émergence d'un « antiracisme critique » qui soulignait le danger représenté par l'exaltation irréfléchie des « différences ».

En proclamant la légitimité de toutes les traditions culturelles, en engageant les immigrés fixés en France à vivre conformément à leur culture d'origine, on allait, disaient-ils, au-devant d'un triple écueil. Philosophiquement, on sapait l'autorité universelle des Lumières. Pratiquement, on s'obligeait à accepter les coutumes les plus contraires aux conceptions françaises des droits de l'homme. Tactiquement, on s'exposait en retour à une revendication de leur « francité » par les Français de souche. « L'humilité, écrivait Alain Finkielkraut, achève la tâche que l'arrogance nationaliste n'avait jamais su mener à son terme, et les partisans de la société multiculturelle réussissent là où avait échoué la doctrine de la "Terre" et des "Morts". »

La solution que proposait alors Alain Finkielkraut (sa méditation, nourrie par la lecture de Corneille et de Péguy, l'a conduit depuis vers d'autres rivages) consistait à identifier l'appartenance à la nation à l'attachement aux Lumières, et à refuser en leur nom à la fois la logique de l'assimilation et celle de la société multiculturelle au profit d'une troisième voie : une intégration respectueuse de tout ce qui, dans les traditions culturelles des imigrés, ne leur serait pas contraire.

La formule avait fait florès et suscité une évolution générale du discours politique : la revendication multiculturelle s'y était faite plus prudente ; elle avait cédé la place à la proclamation d'un idéal « républicain » qui prétendait concilier le respect intransigeant d'une laïcité chargée de pacifier le « vivre-ensemble » par l'arasement des convictions religieuses incompatibles avec les libertés modernes et une « tradition d'accueil » qui ferait de l'immigrationnisme l'une des composantes (sans doute la plus significative !) de l'identité française.

La même « voie moyenne » inspire désormais les différentes pratiques gouvernementales : les réformes du droit de la nationalité et la politique d'intégration des gouvernements successifs se caractérisent pareillement par l'abandon de la revendication multiculturelle dans leurs exposés des motifs, et par celui de l'exigence d'assimilation dans les faits.

Paul Yonnet montrait l'impasse dans laquelle cette troisième voie allait en réalité enfermer le pays. Car admettre qu'être français, c'est adhérer à une pensée (concept infiniment plus étroit que ceux d'histoire et de culture) ou souscrire à une idéologie, fût-ce celle des droits de l'homme, c'était en réalité accepter un multiculturalisme expurgé de ses pratiques les plus choquantes (la polygamie, l'excision) et du terme qui le désigne : « Est-ce le nom, ma fille, qui vous effraie, ou bien la chose ? »

C'était, au-delà, ébranler encore une fois tout le corps social en contestant, de manière implicite et sous le prétexte que le lien biologique n'est pas tout – la France est une famille de familles qui a de tout temps admis que certains de ses enfants soient adoptifs –, « la validité de l'établissement de la nationalité française par le *jus sanguinis*, c'est-à-dire par la filiation, puisque cet établissement est dit dépendre de l'adhésion à un corps de principes ». Substituer, partant, le contrat à l'héritage comme acte fondateur de la communauté politique. Nier par voie de conséquence à la nation française sa nature de peuple constitué une fois pour toutes par l'histoire, et arrivé à une stabilité qui n'exclut certes pas que s'y agrègent encore, au fil du temps, ceux qui souhaiteraient participer à son aventure en adoptant sa culture et son mode de vie, en faisant leurs ses souvenirs, mais interdit de le considérer comme un organisme en gestation perpétuelle, en mutation indéfinie. Ne lui concéder que d'être un moment imperceptible dans le cours d'un inconnaissable « devenir ». Lui refuser en définitive la vie de l'être pour ne lui réserver que le choix des moyens de sa disparition progressive.

Comment l'antiracisme avait-il pu, si facilement, imposer ainsi son hégémonie ? Paul Yonnet en donnait deux explications complémentaires.

La première est culturelle. Elle tient à l'émergence, dans notre société, d'un culte général de la *différence* dans le sillage du triomphe philosophique de l'individualisme. Antérieur à l'apparition de l'antiracisme, celui-ci procède, depuis le début des années 1980, de l'effondrement des deux grands prosélytismes messianiques, celui du parti communiste et, plus encore, celui de l'Église catholique. « L'événement, écrit encore Yonnet, est que cette Église abandonne tout emblème qui pourrait évoquer une liaison de structure entre l'identité française et la foi catholique dans ce pays. » Que soucieuse de renouer avec la simplicité évangélique des premiers siècles en répudiant l'idée que les institutions soient chrétiennes, elle semble avoir abjuré « tout esprit de propagation de la foi catholique tendant à maintenir cette identité ». Que dans le sillage du concile Vatican II – avec la reconnaissance de la liberté religieuse, l'exaltation du dialogue œcuménique, le nouveau regard porté sur le judaïsme, l'islam, les religions non chrétiennes –, elle paraît avoir renoncé, même, à défendre un corpus dogmatique détenteur de l'ultime vérité sur la condition humaine pour se contenter de « proposer » des intuitions que chacun pourra prendre et laisser à sa guise, afin de bricoler « sa » vérité individuelle, adaptée aux nécessités de son propre épanouissement spirituel. Comme si elle s'était ralliée au relativisme propre à la pensée moderne ; si elle avait accepté de se cantonner à des ambitions plus modestes : insuffler un supplément d'âme à l'individualisme ; répondre par ses manifestations communautaires aux attentes de ceux qui chercheraient réconfort et chaleur humaine devant les difficultés de la vie. Par là, estime Yonnet, l'Église a d'ores et déjà « intériorisé [sa] défaite, et c'est pourquoi elle accepte finalement de ne plus être considérée, en France, que comme une communauté religieuse parmi d'autres ».

Les conséquences de cette révolution ne sont pas seulement spirituelles. Elles ont aussi, en France, une dimension politique car « l'Église catholique était la colonne vertébrale de la société française, jusque dans l'anticléricalisme qu'elle avait déclenché ». Elle était depuis quinze siècles, consubstantielle à son histoire. Elle imprégnait à la fois sa morale et son imaginaire : ses beaux-arts, son architecture, sa littérature. Scandait par ses institutions, ses rites (le baptême, la première communion, le mariage, les funérailles), les étapes de la vie sociale. Donnait son nom aux villes, aux villages, aux lieux-dits ; ordonnait le quadrillage de leurs rues. Dominait le calendrier, le rythme des journées, des semaines. Donnait une âme commune à ceux qui partageaient un même enseignement, de mêmes principes moraux, une même espérance. Elle s'est brutalement effacée de la vie sociale au moment où l'autre prosélytisme unificateur, celui qui avait incarné, un temps, l'espérance prolétarienne, s'effondrait dans la honte et le déshonneur, laissant dès lors l'individu sans autre perspective que la recherche et l'accumulation de biens matériels toujours plus sophistiqués, plus périssables, plus virtuels ; sans autre idéal que l'hédonisme libertaire ; sans autre mesure que l'exaltation de ce qu'il y a en chacun de singulier, de personnel.

Or, s'il n'y a d'autre sens à la vie que d'atteindre individuellement au bien-être, au nom de quel principe contesterait-on à l'autre le désir de le poursuivre aussi ? Si nulle filiation, nulle lignée, nulle appartenance, nulle vérité, nul espoir ne nous obligent, si rien ne justifie que l'on se donne à plus grand que soi, que l'on s'oublie, que l'on se sacrifie, comment admettre qu'on empêche qui que ce soit de venir bénéficier de ce qu'on a cessé de considérer comme un héritage à défendre et transmettre, et qu'on croit tenir soi-même du seul hasard de circonstances arbitraires ? Comment disputerait-on à ceux qui ont fui la misère, franchi les mers et les montagnes en affrontant d'immenses périls, ce dont nous prétendons jouir sans contrainte en ne nous étant donné que la peine de naître ?

« Nous sommes chez nous ! » scandent parfois des Français désespérés, dépossédés de leurs quartiers, de leur sécurité, de leurs coutumes. Mais pour être « chez nous » et prétendre en demeurer maîtres, encore faudrait-il être « nous ». Former plus qu'un syndicat de locataires. Être liés par une communauté de foi, d'espérance ou de culture, par ce « souvenir de grandes choses faites ensemble », sans quoi ne peut apparaître la volonté d'en accomplir de nouvelles, parce qu'il est seul susceptible de nous inspirer cet amour de préférence qui donne consistance et vie à une philanthropie condamnée à rester, sans lui, théorique, nébuleuse, impuissante. Avoir au cœur le sentiment de la dette que nous avons contractée à l'égard des ancêtres, la volonté de nous comporter en passeurs des trésors que nous en avons reçus.

On a reproché bien des fois sa dureté au libéralisme. Montré comment, cassant les communautés qui faisaient obstacle au libre déploiement de l'instinct du consommateur – les nations, les professions, les familles –, il avait livré l'individu à la loi de la jungle, au moment même où il lui offrait de vivre dans le décor sophistiqué d'une vie débordante de biens superflus. Paul Yonnet soulignait quant à lui la fragilité concomitante des sociétés individualistes. La faiblesse constitutive d'un monde imbu de l'idée que l'oubli de soi est toujours un jeu de dupes. Un tel monde est par essence incapable de se maintenir, parce qu'il n'a pas appris à dire « nous ».

Sa seconde explication était sociologique : elle tient à l'arrivée aux postes de commande ou d'influence de la génération qui a eu 20 ans en Mai 68, et à la formidable dépréciation rétrospective de l'histoire de France qui s'en est suivie. « Après avoir un moment rêvé d'entraîner derrière elle la société française, écrit Paul Yonnet, la génération de 1968 constate rapidement que le basculement n'aura pas lieu. Elle en tire spontanément la conclusion en agitant une symbolique de persécution minoritaire : d'abord, en s'identifiant aux Juifs, puis aux résistants à l'occupant nazi [...]. Après avoir affronté les CRS-SS, elle poursuit l'analogie. » Or, sa « Résistance » est évidemment une résistance à la France : les Allemands sont partis, et ils sont devenus des modèles de tolérance et d'ouverture d'esprit. Pour la légitimer, il faut donc que la France ait été (et soit encore peu ou prou) nazie. Elle va donc promouvoir une formidable entreprise de révision de l'histoire, dont le cœur sera une réécriture des « années noires » du régime de Vichy.

Depuis 1945, la légende gaulliste avait entretenu l'image « d'une France souffrante et héroïque, intensément résistante, [...] d'une France qui n'a pas à rougir des exactions de poignées de traîtres épurés à la Libération ». Au cours des années 1970, et à la faveur des débats suscités par *Le Chagrin et la Pitié* (1971), le livre de Robert Paxton (*La France de Vichy,* 1973), ou l'interview de Darquier de Pellepoix, l'ancien commissaire général aux Questions juives dans *L'Express* (1978), naît une nouvelle légende qui est le reflet inversé de la première, son négatif : celle d'une France fasciste, intensément collaboratrice, complice, et même parfois instigatrice, du génocide des Juifs. Les essais de Zeev Sternhell (*Les Origines françaises du fascisme,* 1978) et de Bernard-Henri Lévy (*L'Idéologie française,* 1981) tentent tour à tour d'accréditer l'idée que le fascisme est la pente naturelle du génie français (alors même, note Yonnet, que la France est avec le Royaume-Uni et la Suisse, l'un des rares pays d'Europe à n'avoir pas connu le fascisme). L'histoire de la Seconde Guerre mondiale est parallèlement ramenée à la seule description du génocide des Juifs et, singulièrement, des responsabilités françaises dans leur déportation massive (nul ne songe plus guère à reprocher au maréchal Pétain d'avoir signé l'armistice, comme ce fut le cas lors de son procès où il ne fut question que d'« intelligence avec l'ennemi » et de « complot contre la République », sans que soit examinée sa politique juive). Un syndrome d'épuration se répand, au rythme des poursuites lancées de manière rétroactive contre d'anciens fonctionnaires, de plus en plus subalternes, du régime (Bousquet, Leguay, Papon, Touvier). On répète que la France n'a pas exorcisé ses crimes. Qu'elle serait prête, demain, à consentir à nouveau à l'horrible. Le roman national devient dès lors un objet de dégoût.

Le néo-antiracisme fleurira sur sa tombe. Si notre histoire n'a été en effet qu'une succession de trahisons et de bassesses, comment n'accueillerions-nous pas avec soulagement l'irruption de populations nouvelles, venues, dans la fraîcheur de leur jeunesse, nous soulager du poids des morts en nous délivrant de la peine de prolonger, encore, une aventure criminelle ?

Paul Yonnet est mort en 2011 sans avoir retrouvé, au sein de l'intelligentsia, la position qu'il avait compromise en publiant son livre. Ce texte prophétique apparaît, à la relecture, comme un modèle de lucidité et de courage.

LA GUERRE SANS NOM

Nous en étions à *Loft Story.* Nous nous partagions entre les partisans de Laure et les inconditionnels de Loana. Nous débattions gravement du point de savoir si l'une et l'autre étaient représentatives de leur génération, si elles incarnaient notre avenir. Mohamed Atta, pendant ce temps, repassait ses leçons de pilotage en méditant sur le paradis et les 70 vierges que le Coran promet aux martyrs de l'islam. Ce 11 septembre 2001, les fous de Dieu ont renvoyé aux oubliettes les demi-vedettes de la télévision. Ils ont occupé, soudain, tout l'écran, fait exploser l'audience. Nous ne pouvions plus nous arracher à ces images que les chaînes passaient en boucle : l'avion percutant la tour sud du World Trade Center, saisi sous tous les angles, l'effondrement des tours, inlassablement répété. Elles nous ramenaient dans un monde où la futilité des passions virtuelles dont on nous avait divertis ne trouve plus sa place : un monde où des kamikazes sont capables de se jeter au nom de leur Dieu dans la fournaise, tuant en un instant plusieurs milliers d'innocents ; où nos choix peuvent être ceux de la vie et de la mort ; où se pose la question de la survie de notre civilisation.

Pourquoi les attentats du 11 septembre 2001 sont-ils apparus, d'emblée, comme un tournant de notre histoire ? Pourquoi ont-ils bouleversé à ce point l'opinion internationale ? Ils ont fait beaucoup moins de morts que le tremblement de terre qui avait, près de huit mois plus tôt, dévasté l'Inde, moins de destructions que le bombardement des villes serbes, infiniment moins de victimes que le génocide des

Tutsis du Rwanda. Mais la présence des caméras de CNN a permis que nous assistions, cette fois, à la tragédie en direct. Que nous découvrions la violence de l'attaque à travers des images qui semblaient arriver sans médiation jusqu'à nous. Et ces images étaient des images de guerre alors que nous étions en paix, ou du moins que nous croyions l'être.

Ce qui nous a surpris, dans la violence de cette attaque, c'est qu'elle nous a cueillis à froid. Ce qui nous suffoque, dans cet acte de guerre, c'est que nous nous imaginions que la guerre n'atteindrait plus jamais nos sociétés civilisées. Qu'elle resterait l'exclusivité des pays pauvres, l'apanage des populations arriérées. Au Soudan, en Bosnie-Herzégovine peut-être. En Angola, en Birmanie ou en Afghanistan, certes. Pas ici. Pas chez nous.

Nos politiciens nous avaient répété, et jusqu'à satiété, qu'il fallait se garder de l'esprit de Munich, ils n'avaient pas vu venir l'adversaire.

Oussama Ben Laden avait pourtant prévenu dans les formes en multipliant les fatwas contre l'Occident. Nous avions voulu y voir un exercice de vaine rhétorique. Nous ne l'avions pas cru capable de mettre ses menaces à exécution. « La plupart de nos malheurs, écrivait prophétiquement René Grousset dans son *Bilan de l'Histoire*, viennent de ce que les peuples, ne vivant pas à la même époque, n'obéissent ni à la même logique ni à la même morale. » Le rétrécissement de l'espace dû à la mondialisation a rendu explosif le choc des civilisations. Nous n'avons pas voulu le savoir : nous tenions trop à nos habitudes. Il était acquis que la chute du mur de Berlin avait donné le signal de la fin de l'Histoire, et du triomphe définitif de la démocratie consumériste. Ici et là, restaient bien quelques poches où un nationalisme archaïque suscitait des luttes tribales, des conflits ethniques d'un autre âge. Mais les Barbares resteraient éternellement aux portes de l'empire. Et des interventions chirurgicales suffiraient à endiguer les conflits. On jugerait les meneurs devant un tribunal international. On convertirait les peuples à la démocratie en améliorant leurs conditions de vie.

Le fondamentalisme islamique ne nous inquiétait guère. Le commerce international finirait bien par apporter aux foules musulmanes une prospérité qui agirait sur elles comme elle avait agi sur les pays de vieille chrétienté : en gommant les aspérités de leur foi pour la transformer en une religiosité vaguement humanitaire. Le Coran n'était-il pas plein, aussi, de préceptes d'une douceur évangélique ? Il suffisait de choisir ses sourates. Nous avons pensé que les biens matériels auraient raison de cette aspiration qui, pour le meilleur ou le pire, n'a cessé de pousser l'homme à se donner à plus grand que lui. Nous avons fait une erreur sur la nature humaine.

Nous étions en guerre, et nous ne le savions pas. Nous continuons sur le même chemin. Nous sommes en guerre et nous n'osons pas désigner l'adversaire. George W. Bush s'est fait reprendre parce qu'il a parlé de « croisade », et Silvio Berlusconi a dû s'excuser pour avoir dit qu'il croyait à la supériorité de la civilisation occidentale. On nous dit que ces propos étaient inopportuns parce qu'ils risquaient de froisser la susceptibilité de nos alliés musulmans. Rien de plus vrai, mais si notre civilisation ne nous paraissait pas préférable au mode de vie que proposent les talibans, au nom de quoi nous demanderait-on de nous battre ? Si nous n'avons d'autre idéal à opposer à l'islamisme que notre accumulation de richesses, si nous croyons faire face à la force révolutionnaire du fondamentalisme par la coalition des nantis, n'avons-nous pas d'ores et déjà perdu la partie, quels que soient nos succès militaires ?

L'Amérique a donné au monde, au lendemain du 11 Septembre, une leçon. Dans l'épreuve, les New-Yorkais n'ont pas réagi en individualistes, non plus qu'en citoyens du monde. Les pompiers ont hissé le drapeau des États-Unis dans les ruines. Les sauveteurs ont acclamé George W. Bush en scandant le nom de leur pays. Les Américains ont redécouvert, dans les larmes, qu'ils avaient une patrie, et, avec elle, la consolation de pouvoir dire « nous ». Face à l'offensive qu'a lancée le terrorisme islamiste contre l'ensemble de l'Occident, la question est de savoir si nous saurons nous persuader que nous avons un héritage à défendre, ou si nous reviendrons au respect des mots d'ordre de la mode ; si nous aimerons nos tabous plus que nous-mêmes.

Le mirage de Bagdad

George W. Bush n'en avait pas fait mystère : faute d'un accord des Nations unies, il passerait unilatéralement à l'action. Tout le monde savait, depuis l'automne 2002, que les États-Unis voulaient attaquer l'Irak avant le printemps suivant. En quelques mois, ils avaient successivement invoqué le programme nucléaire qui aurait mis Saddam Hussein à deux doigts de la possession de la bombe atomique, la menace effroyable que son arsenal d'armes chimiques et bactériologiques faisait planer sur la planète, ses liens supposés avec al-Qaida. Ils n'avaient convaincu que leurs alliés inconditionnels. Le dossier nucléaire était vide. Les usines de production d'armes interdites avaient été démantelées. Il n'y avait pas trace d'armes chimiques ou bactériologiques sur le sol irakien. Quant aux liaisons dangereuses que Bagdad aurait entretenues avec les brigades de l'islamisme, elles n'étaient prises au sérieux par aucun service de renseignements.

La vérité est que l'Amérique s'est comportée, dans cette affaire, comme toute puissance impériale : elle avait décidé de prendre le contrôle de l'Irak parce que cela correspondait, à ses yeux, à son intérêt national. Qu'il lui était apparu qu'il fallait, après le choc du 11 Septembre, faire une démonstration de force qui en impose au monde arabo-musulman. Que les inquiétudes que lui inspirait l'instabilité de l'Arabie saoudite l'avaient conduite à estimer qu'elle ne pouvait prendre le risque de voir un jour les deux principales réserves de pétrole de la planète tenues par ses adversaires. Que face à l'émergence des puissances économiques concurrentes – l'Europe, la Russie, la Chine –, elle avait tout intérêt, au contraire, à renforcer son emprise sur le Proche-Orient. L'installation d'un protectorat en Irak lui semblait, en outre, susceptible de lui permettre de promouvoir alentour l'émergence de régimes « démocratiques », gage de sécurité pour Israël et prélude au règlement de la question palestinienne dont dépend, à long terme, la pacification de la région.

Un tel projet n'était pas forcément délirant. On aurait aimé que George W. Bush accepte l'idée qu'il était discutable. Qui pouvait dire en effet combien de vocations de djihadistes ferait naître une guerre qui associerait dans le même opprobre le nationalisme arabe et l'islamisme militant ? Mesurer l'onde de choc qu'allait provoquer la fragmentation ethnique que ne pouvait manquer de susciter la destruction de l'État irakien ? Évaluer les séquelles que laisseraient la mise en pièces de la légalité internationale, le discrédit de l'ONU et la transformation ostensible de l'Otan en instrument de sujétion au service exclusif de l'hyperpuissance américaine ?

Les États-Unis ont balayé ces inquiétudes, qui étaient au fond des objections françaises et des manifestations qui ont dépassé de fort loin, à Londres, à Canberra, à Rome, à Madrid, à Berlin, le cercle des pacifistes irréductibles, comme si toute réticence à l'égard de leurs entreprises devait être considérée comme une lâcheté et une désertion. Lorsqu'ils font la guerre, ils y mettent toute leur énergie, toutes leurs forces. Sans prendre garde au risque de se conduire en pompiers pyromanes. Ils remédieront, croient-ils, aux nouvelles menaces en leur temps. Nantis d'un appareil militaire sans équivalent dans l'Histoire (leur budget équivaut à l'ensemble des dépenses militaires de toutes les autres nations), ils sont convaincus qu'ils en auront toujours les moyens. Persuadés qu'ils incarnent en toutes circonstances le camp du Bien, ils veulent croire que le succès de leurs armes rencontrera toujours, *in fine*, l'assentiment des populations.

Les acclamations qui attendaient leur armée, dans les zones où les chiites ou les Kurdes étaient majoritaires, et dont les habitants se réjouissaient de la chute de la minorité sunnite au pouvoir sous Saddam Hussein, le renversement spectaculaire des statues du dictateur à Bagdad devant les caméras de télévision, suffiraient, jugeaient-ils, à réduire les arguments de leurs contradicteurs à néant.

Treize ans plus tard, le bilan de leur victoire écrasante, obtenue au terme d'une guerre éclair, est effrayant. Il va au-delà des pires cauchemars évoqués, à l'époque, par les plus résolus de leurs opposants, avec un Proche-Orient livré au chaos, un monde sunnite basculant dans le fondamentalisme, porté par une haine inextinguible à l'égard de l'Occident, une démocratisation du monde arabe qui s'est traduite par la constitution, de l'Algérie à la Turquie, d'un croissant islamiste, immense zone d'anarchie où les chrétiens d'Orient paient de leur vie, égorgés, crucifiés, les mécomptes des États-Unis, et d'où miséreux réfugiés et terroristes en puissance partent en masse, pêle-mêle, à la conquête de l'Europe.

D'où vient que la première puissance mondiale ait pu faire preuve d'un tel aveuglement ? Allumer elle-même un incendie dont nul ne sait plus désormais comment l'éteindre ?

Le drame tient à ce que l'Amérique est une puissance impériale, mais qu'elle ne se l'avoue pas à elle-même. Aussi répugne-t-elle à reconnaître que les guerres qu'elle mène puissent être l'instrument de sa prééminence. La guerre de conquête lui apparaît comme un héritage des vieilles doctrines et des vieux comportements de la vieille Europe : volonté de puissance, nationalismes imbéciles, intolérances religieuses. La société nouvelle fondée il y a quatre siècles par les *Pilgrim Fathers* ne mange pas de ce pain-là. Elle ne combat que des adversaires qui ont fait la preuve de leur profonde perversion et qu'elle assimile à des délinquants de droit commun. La Seconde Guerre mondiale et la guerre froide ont dessiné l'épure à laquelle doivent se conformer toutes les confrontations : l'islamisme a seulement succédé au nazisme et au communisme dans le rôle de l'empire du Mal. Il fallait donc que Saddam Hussein soit son porte-parole en dépit de ses protestations, et qu'il soit un ennemi formidable, dont la puissance menaçait le monde comme l'avait menacé celle de Hitler. En lui livrant une guerre totale, l'Amérique est restée, à ses yeux, fidèle à elle-même, dans le rôle du libérateur de toutes les formes d'oppression. Cela lui rallierait, croyait-elle, jusqu'aux peuples vaincus qui la considéreraient, comme l'Allemagne ou le Japon d'après-guerre, ou encore les anciennes démocraties populaires depuis la chute du mur de Berlin, comme un protecteur bienveillant.

Ce divorce du discours et de la réalité ne va pas sans de graves inconvénients.

D'abord parce que l'habillage du règne de la force en triomphe du droit a nourri contre l'Occident un procès en hypocrisie qui l'expose à de tragiques retours de bâton : c'est dans les rangs de l'armée de Saddam Hussein, la plus laïque du monde arabe, que se sont recrutés les cadres de Daech, qui mène désormais une guerre totale contre l'Europe chrétienne.

Ensuite parce que le manichéisme entrave la prise en compte de la complexité de l'Histoire. Qu'il conduit à écarter comme autant de futilités les objections, les appels à la prudence. Comment les États Unis auraient-ils imaginé que le monde musulman pourrait sombrer, tout ou partie, dans la violence, quand l'empire du Bien lui proposait sa protection ? La raison finirait par l'emporter, inévitablement. Les épisodes sanglants de l'histoire ne s'expliquaient que par un contexte dont l'Amérique était absente. Inutile de les ressasser : ils n'étaient plus de saison.

Sans doute l'impérialisme n'est-il pas toujours, en soi, illégitime. Il peut être un bienfait, quand, à l'instar de la domination romaine, il apporte aux peuples la paix et la civilisation. Cela suppose qu'à son exemple, la puissance qui l'exerce s'en donne les moyens en prolongeant la conquête par une colonisation qui associe les peuples conquis à son destin ; qui les fasse entrer dans son aire de civilisation. Toute hégémonie est instable par nature, en revanche, on le sait depuis la guerre du Péloponnèse, tant qu'elle ne s'avoue pas, tant qu'elle refuse de se muer en un empire qui associe les peuples sujets à la puissance du peuple roi pour leur faire partager les bénéfices de sa domination.

Cela suppose dès lors que celui-ci assigne des bornes à son ambition. Qu'il n'entreprenne de conquérir que les nations dont il soit capable de mener à bien l'assimilation.

Or la lutte contre le Mal a au contraire, par essence, une dimension messianique, universelle. C'est une guerre sans limite et sans fin. Il y aura toujours des tyrans à combattre, des idéologues à mettre à la raison, des « fanatiques » rétifs à la manière de vivre américaine. « Lorsque l'Amérique fait la guerre, dit Henry Kissinger, c'est pour mettre fin à toutes les guerres. » Ce dessein a, par sa démesure, son mépris arrogant des leçons de toute l'Histoire, quelque chose de terrifiant. Il fut celui du président Wilson lorsque, à l'image de ceux qui entendaient hier « redessiner le Proche-Orient », il avait entrepris de redessiner en 1919 la carte d'une Europe dont les États-Unis s'apprêtaient pourtant à se désengager brutalement. Vingt ans plus tard, elle était à feu et à sang.

L'ATHLÈTE DE DIEU

Tout aura été dit, en quelques heures, dans un unanimisme tel que n'en suscitent que de rares personnalités. On a salué la disparition d'un personnage hors du commun, de l'un de ces géants qui surplombent leur siècle et qui auront eu le rare privilège de peser sur l'histoire de leur temps. On a douté que le Sacré Collège puisse trouver en son sein un personnage d'une stature propre à assumer la succession. On a entamé, sur la place publique, son procès de canonisation : *« Santo subito ! »*

Sans doute faut-il compter avec l'emphase qui est la marque propre d'un monde médiatique aux yeux duquel tout événement exceptionnel devient « sans précédent ». Le concert des éloges et des protestations d'admiration a succédé sans transition à l'irritation sourde que manifestait depuis quelques semaines plus d'un commentateur devant une agonie qui paraissait interminable à des informateurs mués en professionnels du spectacle. *The show must go on.*

Avec la mort de Jean-Paul II, il y a pourtant eu autre chose. Qui tenait, bien entendu, au caractère providentiel du règne de ce pape slave, élu à un moment ou nul ne se serait risqué à prédire qu'il verrait s'ouvrir, de son vivant, le rideau de fer, s'effondrer le mur de Berlin et disparaître une URSS alors au faîte de sa puissance. Qui tenait, également, à ce que Jean-Paul II avait réuni, sur sa personne, toute la sacralité du pouvoir : celle que donnent depuis toujours l'ancienneté, la majesté, la longévité, les rituels ; celle que confèrent aujourd'hui les médias.

Héritier d'une longue succession de souverains, la plus ancienne du monde, qui remonte à quelque vingt siècles, sans interruption, jusqu'à la personne de saint Pierre, chef d'une Église répandue sur les cinq continents, et dont l'histoire est consubstantielle à celle de la civilisation occidentale, dépositaire d'une tradition liturgique qui déploie ses fastes dans quelques-uns des plus beaux monuments de l'histoire de l'art, il a été, aussi, le premier pape dont le pontificat se soit déroulé, peu ou prou, comme un spectacle, devant les caméras. Pendant vingt-six années, jusque sous les balles d'un tueur ou dans les circonstances les plus intimes de ses derniers jours, il a été l'homme le plus photographié, le plus filmé du monde ; celui dont les moindres discours, les moindres attitudes, les gestes n'auront, pas un instant, cessé d'être rapportés, publiés, disséqués commentés. Le contemporain à propos duquel on aura publié le plus de portraits, de biographies, d'essais. L'homme d'État qu'on aura vu le plus souvent à la télévision. Le monde médiatique a perdu avec lui la plus formidable de ses stars. Ses ténors ne pouvaient faire moins que de s'associer à la douleur des millions de catholiques qui avaient eu le sentiment de perdre, en lui, un père.

Reste que cette unanimité n'a pas été exempte d'ambiguïtés.

Jean-Paul II avait suscité, de son vivant, une profonde admiration, faite d'ébahissement devant le dynamisme de l'athlète de la foi, porté à 58 ans sur le trône de Pierre, pèlerin inlassable enchaînant, au fil de plus de 100 voyages, les cérémonies, les réceptions diplomatiques, les trajets en avion, sans donner, longtemps, le moindre signe de fatigue ; de surprise de voir le chef d'une Église qu'on disait assoupie, moribonde, proclamer avec intrépidité les certitudes de sa foi ; d'amusement devant la modernité de son style, son irrespect du protocole, son sens aigu de la mise en scène ; de stupeur devant l'ampleur et l'enthousiasme des foules massées sur chacun des passages de « l'homme en blanc » ; de compassion devant le pape diminué des années de souffrance, sa volonté de continuer, jusqu'au bout, à remplir sa mission.

Mais il ne cherchait pas, en réalité, cette admiration. Il voulait s'en servir pour qu'on l'entende. Or c'est tout le contraire qui s'est produit. À l'heure de la mort, il n'a plus semblé avoir jamais eu de contradicteurs. Mais la vérité est qu'un grand nombre de ceux qui ont chanté avec ferveur ses louanges ne s'étaient jamais, jusqu'alors, sentis obligés de tenir le moindre compte d'un enseignement qu'ils affectaient de considérer, chez lui, comme une lubie sans conséquence, la fidélité anachronique d'un vieil homme à des valeurs d'un autre temps, et qu'il avait été en butte à la contradiction et à la haine chaque fois qu'il avait proclamé, contre les mots d'ordre de la mode et l'hédonisme triomphant du monde moderne, les roides exigences du christianisme.

Jean-Paul II s'était imposé, dans le siècle, avec une autorité, une prestance, qui avaient fini par décourager la plupart de ses adversaires de l'attaquer de front. Devant l'échec de leurs campagnes, ils avaient pris l'habitude de proclamer leur respect pour sa personne, en même temps que leurs distances à l'égard du contenu de sa prédication. En couvrant de fleurs sa dépouille, ils espéraient ensevelir d'autant plus sûrement un catholicisme dont on n'aurait plus de raison, après lui, de tolérer l'intransigeance.

Or, c'était doublement trahir sa mémoire que de la célébrer de la sorte. Pape intrépide, pape souffrant, sautant, infatigable, d'avion en avion, ou la silhouette cassée en deux, le visage paralysé, la main tremblante, Jean-Paul II ne s'était pas donné en spectacle pour qu'on fasse de lui une grande figure du panthéon de nos contemporains ; il s'était offert à nos regards pour qu'à travers sa personne, notre époque retrouve le chemin de la foi. Il savait combien sont fugitifs les jugements du monde. Il ne se souciait guère qu'on accumule à son égard les gestes de vénération. Il se voulait le messager d'une vérité qui continuera de briller longtemps après que se seront évanouies les grandeurs d'établissement, et il n'y aurait rien eu, à ses yeux, de plus vain que le chœur des tartufes qui ont fait monter autour de lui les vapeurs de l'encens en passant par pertes et profits ce qui fut l'âme et le principe de son existence.

LE PAPE QU'ON N'ATTENDAIT PAS

Pour lui, il n'y aura pas eu d'état de grâce. La joie immense des 150 000 personnes qui s'étaient regroupées à la hâte, place Saint-Pierre, dès l'annonce de la fumée blanche, l'émotion des millions de fidèles qui ont découvert, sur les écrans de leurs télévisions, le visage rayonnant du nouveau pape répondant aux acclamations depuis la loge de Saint-Pierre, n'étaient pas retombées que radios, télévisions, journaux, bruissaient de la déception des catholiques autoproclamés qui se bousculaient sur les plateaux pour dire leur inquiétude d'une dérive « conservatrice » de l'Église, condamner l'étroitesse des vues du « gardien du dogme », déplorer qu'on ne puisse attendre de Benoît XVI qu'il revienne sur les enseignements moraux de son prédécesseur. La parenthèse bienveillante qui avait vu les médias internationaux s'associer à la tristesse des chrétiens, à l'annonce de la mort de Jean-Paul II, était brutalement refermée. On n'avait pas pris garde qu'elle les avait vus célébrer, en Karol Wojtyla, non le chef de l'Église, mais l'homme de dialogue, le voyageur infatigable, un expert en humanité. Qu'en reprenant en boucle les images de sa vie, de sa mort ou de ses funérailles, la société médiatique s'était peu souciée de lui rendre hommage : qu'elle s'était en réalité accaparé son aura, sa popularité, pour tenter de réduire le rôle du pape à celui d'une sorte d'animateur spirituel du village planétaire, le dalaï-lama de l'Occident. Celui qui apporterait un supplément d'âme au matérialisme mercantile sans fatiguer inutilement le consommateur avec des inquiétudes spirituelles qu'il ne fallait pas prendre au premier degré.

Nullement gênés par leur éloignement personnel du catholicisme, les experts avaient leur idée sur la personnalité qu'il convenait de choisir pour lui succéder et donner à leur rêve toute l'ampleur souhaitée : un cardinal du tiers-monde militant pour l'annulation de la dette des pays pauvres et la justice sociale sans nous accabler de préceptes et d'interdits d'un autre âge ferait pleinement l'affaire. Il vendrait les trésors du Saint-Siège, braderait l'héritage doctrinal de l'Église, se ferait acclamer au forum de Porto Alegre, et rendrait aux chrétiens leur liberté. Il n'était même pas nécessaire qu'il jouât du saxophone. On vendrait du papier, et l'on aurait la paix.

Ce que l'on savait de Benoît XVI, par la lecture de ses discours et de ses livres, l'étude de son action à la tête de la Congrégation pour la doctrine de la foi, pouvait d'ores et déjà laisser penser que son pontificat ne ressemblerait guère à cette épure. Le nouveau pape ne croyait pas que l'Église eût besoin de changement, mais de conversion, d'innovation, mais de sainteté. Il estimait que l'urgence n'était pas de « démocratiser » ses structures, mais de les laisser habiter par Dieu. Rendant hommage à Jean-Paul II, lors de ses funérailles, il est notable que ce ne sont pas les images médiatiques de son prédécesseur, ses performances sportives, ses audaces inédites qu'il avait soulignées, mais l'abandon à la Providence qui avait guidé son existence. En choisissant le nom de Benoît, lui avait pris celui du fondateur du monachisme en Occident : celui qui, depuis la clôture de son monastère, avait été à l'origine de la christianisation d'une Europe dévastée par les invasions barbares, et avait vaincu le paganisme en faisant fleurir la chrétienté. Benoît XVI était convaincu que c'est dans la déchristianisation de l'Europe, son refus d'assumer l'héritage des valeurs chrétiennes qui ont fondé son histoire, que se trouve la racine des maux dont souffrent l'Église et le monde. Deux sermons prononcés dans les jours qui ont précédé son élection avaient, pour lui, valeur de programme. Le premier l'avait été à l'occasion du chemin de croix, au soir du vendredi saint. Il y décrivait l'Église comme un champ où « nous voyons plus d'ivraie que de bon grain ». Le second avait été fait, à Saint-Pierre, devant les cardinaux, à l'occasion de l'ouverture du conclave. Il y avait fustigé le relativisme qui tient lieu de credo à l'Occident, et les tâtonnements d'aveugle qui ont fait passer les peuples « du marxisme au libéralisme, jusqu'au libertinisme ; du collectivisme à l'individualisme radical ; de l'athéisme à un vague mysticisme religieux ».

Le diagnostic était sans ambiguïté. Il indiquait le cap. Benoît XVI souhaitait que son pontificat soit celui de la remise en ordre d'une Église tiraillée par des forces centrifuges et de la réévangélisation des terres qui furent autrefois chrétiennes et d'où était parti l'élan de la Mission. Il comptait certes s'appuyer sur les richesses spirituelles qu'avait fait sourdre la papauté charismatique de Jean-Paul II, la visibilité retrouvée du catholicisme que lui avait léguée son prédécesseur. Il savait qu'il aurait inévitablement contre lui la modernité triomphante, pour qui le Christ est plus que jamais signe de contradiction. Que pour mener à bien cette révolution conservatrice, il lui faudrait faire redécouvrir à ses propres fidèles que la Foi n'est pas un sentiment diffus, une attente indécise, mais un acte d'amour et d'obéissance par lequel le chrétien soumet son intelligence à l'enseignement libérateur de l'Église ; faire admettre à un monde sceptique, revenu de tout, incrédule, que, selon ses propres termes, le dogme n'est pas une muraille, mais une fenêtre ouverte vers le ciel.

La tâche était immense. Elle exposait d'emblée le nouveau pontife à l'incompréhension.

LE VICAIRE DU CHRIST

« Depuis le début, Rome est aussi un lieu de martyre. » Commentant, le 8 février 2013, à trois jours de l'annonce de sa renonciation, la première Épître de saint Pierre au cours d'une *lectio divina* improvisée devant les séminaristes du Latran, Benoît XVI avait, spontanément, souligné ce trait : en gagnant la capitale de l'Empire romain, le prince des apôtres savait qu'il allait aussi vers la crucifixion que lui avait prophétisée le Christ (« Quand tu auras vieilli, tu étendras les mains, et un autre te ceindra et te mènera où tu ne voudrais pas. » Jn 21, 18). « En allant à Rome, Pierre accepte à nouveau cette parole du Seigneur : il va vers la Croix, et nous invite à accepter nous aussi l'aspect martyrologique du christianisme, qui peut prendre des formes très différentes. Et la Croix peut prendre des formes très différentes, mais personne ne peut être chrétien sans suivre le Crucifié. »

Tandis que le monde s'apprêtait à bruisser des rumeurs sur les jeux de pouvoir qui ne manqueraient pas de marquer le conclave, à parier sur les chances des *papabili* comme sur une excitante course de lévriers, spéculer sur le nombre des Italiens, les attentes des libéraux, la nécessaire ouverture au tiers-monde et le poids des conservateurs dans le Totocalcio pontifical, le pape livrait la plus poignante des confidences sur l'état d'esprit dans lequel il avait lui-même accepté, en avril 2005, son élection au trône de Pierre.

Il savait ce qui l'attendait : présidant, quelques jours plus tôt, au nom de Jean-Paul II, empêché par la maladie, le chemin de Croix du vendredi saint au Colisée, il avait décrit l'Église comme « une barque qui prend l'eau de toute part », dénoncé les « souillures » dont le sacerdoce était affecté, la sécularisation qui avait converti l'Europe chrétienne à un « paganisme » étranger à toute idée de Rédemption, la banalisation du mal, la marchandisation de tout.

Devenu pape, les épreuves ne lui auront, de fait, pas manqué. Benoît XVI aura été, tout au long de son pontificat, un signe de contradiction. Sali par la révélation de scandales qu'il avait pris sur lui de faire cesser. Fustigé pour avoir prôné, contre la tyrannie du désir, une morale jugée intransigeante. Incompris dans ses tentatives de restaurer, contre le bavardage, la transcendance dans le culte divin. Condamné pour avoir tenté de faire prévaloir l'alliance de la foi avec la raison dans un univers livré à la réduction médiatique de l'information. Trahi par un entourage gangrené par l'appétit de pouvoir et les rivalités.

Sans doute sa démission lui a-t-elle permis de trouver, un instant, grâce aux yeux du monde qui l'avait conspué. On a salué l'acte révolutionnaire par lequel, avouant une fragilité tout humaine, il aurait fait entrer, enfin, la modernité dans le fonctionnement de l'Église en dépouillant la monarchie pontificale de sa dérangeante sacralité. « Il a osé ! » s'est-on écrié, comme si Benoît XVI avait changé, par là, l'Église, transformé la nature de la papauté (certains s'aventurant même à prétendre que le pape avait renoncé, ce faisant, au dogme de l'infaillibilité !). C'était commettre un nouveau contresens.

D'abord parce que la papauté relève, dans l'Église, du pouvoir de juridiction, et non du pouvoir d'ordre. Par le sacre épiscopal, l'évêque y reçoit un sacrement : la plénitude du sacerdoce. Il est indélébile, marquant l'âme pour l'éternité. La papauté est d'un autre ordre : c'est la mission canonique reçue de l'Église. Elle donne à l'évêque de Rome une juridiction universelle pour gouverner le peuple de Dieu et « confirmer ses frères dans la foi », en jouissant, dans les cas où il définit une doctrine sur la foi ou les mœurs depuis la chaire de Pierre avec l'intention d'obliger, d'une assistance de l'Esprit saint qui lui garantit le charisme de l'infaillibilité. Le droit canon prévoit expressément que cette juridiction s'achève avec la mort du pontife, ou sa renonciation. Celle-ci n'affecte donc en rien la définition de sa fonction.

Ensuite parce qu'en renonçant au « ministère pétrinien », Benoît XVI est resté en réalité plus fidèle que jamais à sa propre conception de sa charge.

Le grand effort de son pontificat aura été de replacer le Christ au centre de la vie de l'Église. Prêchant les véritables droits de l'homme contre le totalitarisme communiste tout autant qu'à l'encontre de la société libertaire, Jean-Paul II avait placé sa méditation sous le signe de l'anthropocentrisme, tenté de convaincre, après Paul VI, que le catholicisme était le véritable humanisme. Benoît XVI aura été le pape qui aura voulu tout ramener au Christ.

En privilégiant l'intériorité, la prière, le simple catéchisme sur l'éloquence et le gouvernement des hommes. En consacrant symboliquement ses encycliques aux trois vertus théologales – la foi, l'espérance et la charité –, comme en publiant sa propre trilogie sur la vie de Jésus. En plaçant au cœur de ses préoccupations la restauration de la liturgie, parce que c'est par elle que Dieu se rend présent parmi nous (« Rien ne remplacera jamais une messe pour le salut du monde », déclarait-il en septembre 2008, à Paris, sur l'esplanade des Invalides). En répudiant, symétriquement, l'optimisme postconciliaire, qui n'avait pas voulu voir les églises, les couvents, les séminaires se vider au fur et à mesure qu'on en avait ouvert portes et fenêtres pour manifester au monde moderne une sympathie universelle, et un pessimisme qui prophétise désormais la mort du christianisme, oubliant que « l'Église est l'arbre de Dieu », et qu'elle a les promesses de la vie éternelle.

Ce recentrage est aussi essentiel à l'idée qu'il se faisait de son ministère.

Intronisé comme archevêque, en mai 1977, dans la cathédrale de Munich, il avait surpris ses fidèles en leur expliquant qu'il n'était pas là pour prêcher ses idées mais la foi de l'Église, qui venait d'avant lui, qui lui survivrait, qui le dépassait. Devenu pape, il annonçait, au cours de sa messe inaugurale, le 24 avril 2005 : « Mon véritable programme de gouvernement est de ne pas faire ma volonté, de ne pas poursuivre mes idées, mais, avec toute l'Église, de me mettre à l'écoute de la parole et de la volonté du Seigneur, et de me laisser guider par lui, de manière que ce soit lui-même qui guide l'Église. »

Laisser le Christ gouverner lui-même l'Église : face à la crise de l'autorité, à la perte de substance du catholicisme, Jean-Paul II avait joué de son charisme exceptionnel pour réveiller l'enthousiasme des foules chrétiennes ; il était parvenu à ranimer, par là, la ferveur d'une chrétienté frileuse ou assoupie ; le risque était, comme il avait pu l'être avant lui sous Pie IX ou Pie XII, celui d'une personnalisation de l'autorité qui fasse perdre de vue aux fidèles que l'affection admirative qu'ils vouaient au pape n'était pas le cœur de la foi catholique ; soucieux de rappeler qu'à l'image de tout chrétien, il n'était qu'un « serviteur inutile » entre les mains de son divin Maître, Benoît XVI avait choisi d'emblée de s'effacer. « C'est l'Église du Christ, et non celle de Pierre », soulignait-il lors d'une audience générale, le 7 juin 2006.

Évoquant en 1993 le mystère de la primauté romaine, le cardinal Ratzinger remarquait : « C'est justement dans la disproportion entre les capacités humaines et la disposition divine que Dieu se laisse reconnaître comme Celui qui est vraiment présent et agissant [...] ; la disproportion des hommes pour une telle fonction est si criante, si éclatante, que précisément le fait de conférer cette fonction de roc à un homme indique clairement que ce ne sont pas les hommes qui soutiennent l'Église, mais que Lui seul le fait, et encore davantage malgré les hommes que grâce à eux. » (*Appelés à la communion,* Fayard).

Élu pape, et servi par sa réserve, sa timidité naturelles, il s'était appliqué cette observation à lui-même : « Chers frères et chères sœurs, avait-il lancé depuis la tribune de Saint-Pierre, après le grand pape Jean-Paul II, messieurs les cardinaux m'ont élu, moi, un simple et humble travailleur dans la vigne du Seigneur. Le fait que le Seigneur sache travailler et agir également avec des instruments insuffisants me console. »

« Moi-même, fragile serviteur de Dieu, avait-il repris lors de sa messe inaugurale, je dois assumer cette charge inouïe, qui dépasse réellement toute capacité humaine. Comment puis-je faire cela ? Comment serai-je en mesure de le faire ? [...] je ne suis pas seul. Je ne dois pas porter seul ce que, en réalité, je ne pourrais jamais porter seul. La troupe des saints de Dieu me protège, me soutient et me porte. »

Sans rien remettre en cause de la primauté romaine, rien renier de la paternité qui l'a attaché aux fidèles du monde entier, la renonciation de Benoît XVI, dans le plein abandon de l'avenir à la Providence, est venue rappeler que le pape n'était lui-même qu'un vicaire : celui du Christ.

LE PASSEUR D'ÉTINCELLE

Toute une vie : à l'heure des adieux, le titre de ses Mémoires résume mieux qu'aucun autre ce qu'Hélie Denoix de Saint Marc nous aura apporté, offert à la méditation. Ni doctrine, ni mot d'ordre, ni message : une vie d'homme, balayée par les tragédies de l'Histoire. Traversée comme un champ de braises, et ponctuée d'épreuves comme autant d'étapes d'un chemin de croix : la déportation à Buchenwald, au sortir de l'adolescence ; l'abandon de l'Indochine par un jeune officier de 30 ans ; le drame de l'Algérie française à la maturité : avec elle la révolte, l'opprobre et la prison.

Une vie illuminée pourtant par la certitude que c'est la force morale, la grandeur d'âme, qui donne seule sa dignité à l'aventure humaine. Que la vie prend son sens quand on la consacre à maintenir en soi la fragile lueur d'innocence que recèle, toujours, la conscience. Que sa réussite se mesure, au crépuscule, à l'aune des promesses des premiers matins.

L'homme n'avait rien d'un ancien combattant hanté par le souvenir de ses campagnes. Il en avait tourné la page sans rien renier jamais de son passé, de ses engagements. S'il avait accepté, un jour, d'en être le témoin, c'était dans le seul espoir de transmettre aux jeunes générations l'expérience qu'il en avait retirée. L'enfer concentrationnaire lui avait enseigné combien sont troubles les frontières qui séparent la lâcheté du courage ; qu'il n'est pas de vernis social que l'épreuve ne finisse, un jour, par faire craquer ; que la noirceur sans fond de l'âme humaine, sa capacité, pour survivre, à s'abaisser, parfois, au rang des bêtes, cohabitent avec une disposition inouïe, d'autres fois, à l'abnégation ; que la générosité surgit souvent ailleurs que là où on l'attendait : chez ce mineur communiste letton qui lui avait sauvé la vie, à Buchenwald, en prenant pour lui une part du travail du jeune bourgeois catholique épuisé, et en volant à son profit quelques rations de pain. « L'homme qui a vu l'autre côté du monde, disait-il, ne peut plus vivre à bon compte. »

La Légion lui avait fait connaître une autre fraternité, celle d'un monde étranger aux faux-semblants de la comédie humaine, où l'amitié se noue dans la pudeur, le silence et le mystère, l'acceptation de la mort comme l'accomplissement d'une destinée. L'Indochine lui avait appris les limites de l'obéissance aux autorités constituées, quand il avait fallu, sur ordre, abandonner aux représailles les villageois de Talung, et livrer au massacre les partisans qu'il avait fait passer au service de la France en frappant à coups de crosse les mains accrochées aux ridelles des camions des troupes françaises qui s'en allaient. Leurs regards ne l'avaient, dès lors, plus quitté. L'Algérie avait marqué, pour lui, l'adieu définitif aux grandeurs d'établissement. Parce qu'on ne pouvait lui demander, une nouvelle fois, de se renier. Il avait connu, jeune résistant, les camps de concentration de l'occupant, il connaîtrait la prison où le feraient enfermer, cette fois, des Français.

On lui rendrait un jour les décorations qu'on lui avait, alors, retirées. On lui en donnerait d'autres : jusqu'à la dignité de grand-croix de la Légion d'honneur conférée, un matin froid de novembre 2011, dans la cour des Invalides, par le chef de l'État en personne. Il les accepterait pour la mémoire des siens : ceux qui étaient tombés à ses côtés. Ceux qui étaient morts sans avoir eu la chance de connaître les honneurs d'une réhabilitation.

En racontant sans amertume cette vie hors du commun, dans ses livres, il était devenu, à travers les générations, une référence indiscutée. L'une de ces personnalités devant lesquelles se taisent enfin les passions politiques, se rassemblent les Français de bonne volonté. Au-delà de ses choix, de ses idées, ils avaient senti, à le lire, que la capacité de dire non au déshonneur et à la honte, la fidélité envers et contre tout à la parole donnée avaient fait de lui, jusque dans le discrédit et la captivité, le maître de l'histoire.

Dans cette Drôme provençale où le chant des cigales donne quelque chose de déchirant à la chaleur immobile de l'été, il avait restauré, en sortant de prison, une ferme. Entouré des siens, il y attendait la montée du soir sans donner de conseils à ceux qui le lisaient, non plus qu'à tous ceux qui lui écrivaient, et qu'il acceptait souvent de rencontrer. Il pensait sans doute que ce monde n'avait pas besoin de leçons. Qu'il avait d'abord besoin de modèles. Lui témoignait en phrases lumineuses, ciselées, venues du plus profond de l'âme, que l'homme passe infiniment l'homme, quand il s'oublie pour ce qui l'élève et le dépasse, quand il est capable de se sacrifier.

La maladie l'empêchait de s'exprimer, les derniers temps, autrement que dans un souffle rauque. La vérité se trouvait dans un regard transparent qui vous perçait de part en part, vous emmenant, d'emblée, à l'essentiel. Dans la nuit étoilée qui s'étendait sur ses oliviers, ses cyprès, ses murs de pierre sèche, et en dépit des doutes qui, parfois, l'étreignaient, il appelait son interlocuteur à la fidélité aux réalités invisibles qui donnent sa valeur à l'existence. Il ne fut pas un héros ordinaire. Beaucoup plus que cela : un passeur d'étincelle.

VOYAGEURS SANS BAGAGES

Héraclite ne s'est jamais baigné deux fois dans le même fleuve : comme il a de la chance ! Le métier d'essayiste a au contraire parfois quelque chose de décourageant. Le lecteur est curieux de ce qui est nouveau, jamais vu, sans précédent, dit-on. L'observateur ne l'est pas moins. Il aimerait décoiffer, surprendre, avec des vues révolutionnaires, des phénomènes inédits, des faits nouveaux. Doit-il se taire quand rien ne change, pour s'éviter d'être lassant ?

L'enseignement de l'histoire est malade en France. Alain Decaux avait tiré, le premier, le signal d'alarme. C'était dans *Le Figaro Magazine,* en 1979. *L'Histoire* et *Le Monde* avaient réagi quelques mois plus tard à l'unisson. Le sujet avait même enflammé, pendant quelques semaines, le Parlement. En 1982, une mission parlementaire s'était penchée sur la question. Les ministres avaient pris l'affaire à bras-le-corps. Il y avait eu « des allocutions, des allocations » (Montherlant). Des émissions, des émulsions : ce qu'on appelle, en France, une « prise de conscience ». Un peu plus de trente ans plus tard, l'Histoire se porte comme un charme : dans les vitrines des librairies, sur Internet, au cinéma, à la télévision, dans les kiosques. Pour le meilleur et pour le pire, sans doute, mais c'est la loi du genre. Des écrivains y puisent des sujets de roman. Des cinéastes y trouvent l'occasion de produire leurs comédiennes en robes à panier et chapeaux à rubans. Des réalisateurs y projettent leurs propres obsessions. Elle inspire les plus cultivés de nos politiciens, qui en tirent argument pour justifier leurs politiques, stigmatiser leurs adversaires, fermer la bouche à leurs contradicteurs quand il ne s'agit pas seulement d'épater l'électeur bienveillant. L'histoire est partout, sauf là où elle devrait être : à l'école, au collège, au lycée, où elle n'est pas sortie de la crise qui l'affecte depuis la fin des années 1960. Chaque rentrée scolaire, ou presque, est marquée par la publication de nouveaux manuels qui prennent en compte la énième réforme des programmes, en même temps que par une nouvelle avalanche de publications dénonçant l'ampleur du désastre.

Le réquisitoire, légitime, ne va pas quelquefois sans exagération, et il arrive que la passion, la caricature, l'emportent sur la précision.

Non, Louis XIV et Napoléon n'ont pas complètement « disparu » des programmes. Ils n'en ont pas moins été déclassés par l'accumulation des objectifs contradictoires, l'ambition démesurée de donner aux élèves les repères essentiels de l'histoire de France en s'assurant de leur ouverture au monde par le saupoudrage de quelques vues sur les autres civilisations ; en les initiant, en même temps, à l'histoire de l'art par quelques fenêtres ouvertes sur les œuvres des artistes qui ont illustré leur siècle ; en leur donnant en outre un aperçu de l'histoire des idées et des religions par la connaissance des origines du judaïsme, du christianisme et de l'islam ; en leur faisant connaître, enfin, les plus récents développements du monde contemporain, le fonctionnement de l'économie mondialisée et la marche de nos institutions. Vaste programme auquel ne manquent guère que les heures de cours nécessaires à sa mise en œuvre : une heure et quart par semaine, dans la plupart des cas, au collège !

L'histoire de France n'a pas été à proprement parler « remplacée » par celle de l'empire du Monomotapa, de l'Inde des Gupta ou de la Chine des Han. Elle n'en a pas moins été la victime d'un snobisme qui a conduit à importer sur les bancs de l'école l'approche des historiens des Annales (sans doute légitimes à bac + 5), sacrifiant la chronologie aux approches transversales ; de préjugés qui ont conduit à préférer l'histoire des peuples à celle des grands hommes ou des grands événements (l'annexion d'une province, le sort d'une bataille ne changeant pas le niveau de vie des paysans). Elle a été la proie d'une pédagogie qui a enfoui la leçon et, avec elle, la transmission des faits, des dates, des connaissances sous un déluge de documents supposés attiser la curiosité des élèves ; de partis pris qui aboutissent à privilégier les occasions de repentance pour de jeunes Français appelés à prendre conscience de tout ce qui sépare leur passé de l'idéal que leur propose le monde contemporain. Le résultat est celui qu'on peut attendre de tout apprentissage fondé sur le picorage, la diversité, le zapping, l'abondance pour l'abondance : une absence de cadre, de structure, qui interdit l'ordonnancement des connaissances et la formation d'une culture générale susceptible d'aiguiser le discernement. La méfiance à l'égard d'un passé qui n'a que trop tardé à accoucher l'individualisme triomphant des nouveaux citoyens du monde.

Les autorités politiques en appellent justement, en notre temps de crise, au patriotisme des Français. Mais la solidarité avec les vivants ne saurait se fonder que sur le sentiment d'une même appartenance. Nous ne sommes pas des enfants trouvés réunis autour d'un idéal commun. Moins encore des mendiants rassemblés au hasard d'une distribution de pain. Nous sommes les descendants de ceux qui nous ont précédés, engendrés et qui nous ont légué un héritage à prolonger et à transmettre. Le patriotisme est l'amour de la terre des pères. Il se nourrit, dit Renan, du souvenir des grandes choses que l'on a faites ensemble. Il ne peut naître de la diffamation systématique de notre histoire. Il ne peut survivre non plus à sa méconnaissance. À un pays dont on a négligé de faire connaître les grands hommes, les gloires, les défaites ; dont on a refusé d'exalter les exemples de courage, d'intelligence, les beautés ou les caractères, il est vain de demander de manifester un attachement. Un arbre sans racines va où le vent le porte ; une fabrique d'amnésiques ne produit que des voyageurs sans bagages.

À QUOI SERT ~ L'HISTOIRE ? ~

L'histoire est un plaisir. Un voyage immobile qui nous offre, souvent, le plus inattendu des dépaysements. Elle nous permet de circuler librement dans l'espace aussi bien que dans le temps. Elle ne relèverait, pourtant, que d'un vain divertissement si elle ne se proposait que de satisfaire notre curiosité, notre appétit de savoir. L'âme humaine, nous dit Aristote, se distingue de l'animalité par son rapport unique avec le temps. Seul de la création, l'homme n'est pas enfermé dans le présent. Son esprit lui donne accès à ces « non-étants » que sont le passé et l'avenir. Si les animaux ont part à la mémoire et à l'apprentissage, l'homme est seul capable de réminiscence. Il se distingue par cet acte de volonté qui lui permet de faire renaître en lui ce qui n'est plus, comme par l'exercice de la logique qui lui donne de deviner ce qui n'est pas encore (Rémi Brague, *Aristote et la question du monde*). L'histoire est le propre de l'homme. À quoi sert-elle ? Pour répondre à cette question, il faut remonter à ses origines, à ses commencements.

L'histoire est aussi ancienne que l'écriture. Elle l'a même généralement précédée, quand l'absence de traces nous réduit, dans ce cas, aux conjectures. En Égypte, les listes de pharaons remontent à la fin du IVe millénaire avant J.-C. En Mésopotamie, à la fin du IIIe millénaire avant J.-C., la monarchie d'Akkad a fait appel à des scribes pour écrire son histoire. Comme le souligne François Hartog (*Le Miroir d'Hérodote*), l'histoire est alors royale (seul le roi fait l'histoire), réservée (elle est écrite par une petite caste d'intellectuels), et monumentale (elle se donne à lire sur des inscriptions). Quelle est alors sa mission ? De légitimer le pouvoir. De le légitimer en lui donnant une apparence d'éternité. En fixant la mémoire des hauts faits, réels ou supposés, du souverain, on entend à la fois impressionner les contemporains qui pourraient les avoir ignorés, oubliés, quand ils ne sont pas purement et simplement imaginaires, transmettre à ses descendants son prestige, accréditer l'idée qu'un pouvoir qui remonte à la nuit des temps durera éternellement. Qu'il ne reste qu'à s'incliner. Qu'il n'y a contre lui rien à faire.

Ce constat a, pour nous, quelque chose de glaçant. À peine apparue, l'histoire s'impose ainsi il y a plus de cinq mille ans comme un instrument de pouvoir. Elle se révèle sous un double aspect : celui de l'information – elle vient rappeler au peuple les bienfaits du souverain, prévenir son ingratitude ou son irréflexion –, celui, en même temps, de la manipulation de l'opinion, puisqu'elle vise à couvrir les faiblesses éventuelles du présent sous les prestiges vrais ou faux du passé. Nous connaissons cela. Nous n'en sommes encore qu'au IIIe millénaire avant J.-C., et nous sommes déjà invités à nous méfier, à prendre nos distances !

La Bible n'est pas à proprement parler un livre d'histoire. Il n'empêche qu'au fil de récits composés tout au long du Ier millénaire avant J.-C., elle rapporte l'épopée qui a vu se constituer le peuple hébreu et naître les royaumes destinés à se partager la Terre sainte. On a longtemps attribué les cinq livres du Pentateuque à Moïse en personne. On penche désormais pour une origine beaucoup plus tardive : au moment même où, en Grèce, les poèmes homériques étaient couchés par écrit, entre le VIIIe et le VIe siècle avant J.-C. Comme l'*Iliade,* comme l'*Odyssée,* les livres de l'Écriture sainte racontent des faits lointains, remodèlent des légendes sans souci d'une impossible exactitude factuelle. Leur propos est tout autre : il n'est certes pas exempt d'arrière-pensées temporelles, celles des rois de Juda sous la protection desquels ils furent rédigés, et dont ils appuyaient les ambitions ; mais il est surtout de mettre en lumière l'action de la Providence dans l'histoire des hommes. Les châtiments que fait pleuvoir l'Éternel sur les idolâtres qui élèvent des autels à Baal ou à la déesse-mère. Les récompenses qui attendent au contraire les souverains fidèles à l'Alliance du Vrai Dieu. Le mystérieux Rédempteur dont la venue viendra combler toute espérance. L'histoire, nous disent les chroniqueurs, les prophètes, n'est pas dictée par un aveugle fatum : elle est tissée par le souvenir des colères et des bienfaits de Dieu ; elle progresse selon un plan conforme à une volonté divine dont il faut accepter la toute-puissance et tenter de discerner les insondables desseins.

Avançons hardiment à travers les siècles. Nous avons vu naître l'Histoire chez les Égyptiens, les Babyloniens, les Hébreux. Ce sont les Grecs qui vont écrire le prochain chapitre. Eux qui vont être les fondateurs de l'Histoire en tant que discipline, telle que nous la concevons.

La période qui s'étend environ de 1650 à 1200 avant J.-C. avait été, en Grèce, celle de la civilisation mycénienne. Celle de la guerre de Troie, du « masque d'or d'Agamemnon » que l'on peut admirer à Athènes, celle des royautés de Mycènes, de Pylos ou d'Ithaque. Des palais aux murs cyclopéens. Cette civilisation s'est effondrée, dans des circonstances qui restent mystérieuses, vers 1200 avant J.-C., laissant place à des siècles obscurs. L'âge du fer après l'âge du bronze. L'écriture (le linéaire) avait disparu. Lorsqu'elle fut redécouverte au VIIIe siècle avant J.-C. (quatre cents ans plus tard tout de même), la mémoire des grandes choses qu'on avait faites ensemble ne s'était pas tout à fait évanouie. Elle avait survécu par tradition orale : par la poésie des aèdes. Ils avaient conservé, durant ces quatre siècles, le souvenir de rois puissants, de villes où l'or était partout, celui d'une grande guerre où les guerriers d'Europe étaient allés piller une grande ville, un grand royaume de l'Asie. L'un d'entre eux mit leurs histoires en forme. C'était Homère. Il en composa deux poèmes qu'un disciple coucha par écrit. L'*Iliade* chantait la guerre de Troie. L'*Odyssée* célébrait le retour du héros au pays au terme de navigations interminables. L'univers dans lequel se déployaient ces héros restait légendaire. Les dieux ne cessaient de descendre dans la mêlée aux côtés des mortels. Les crêpages de chignon des déesses, les disputes des dieux immortels participaient au charme de l'ouvrage. N'importe : avec eux, naissait la littérature, et par un coup de maître. Avec eux, naissait aussi l'histoire grecque, puisque nous savons aujourd'hui que pour avoir été embellis, sublimés par la poésie, les faits qui ont servi de prétexte aux deux épopées homériques avaient un fondement dans le réel. Heinrich Schliemann a découvert les ruines de Troie en Asie Mineure (quand même on n'est pas sûr que les vestiges qu'il a mis au jour soient bien ceux de la ville détruite, on pense qu'ils appartiennent à une cité construite quelques siècles plus tard sur le même site) ; il a retrouvé celles de Mycènes ; trois équipes archéologiques cherchent encore aujourd'hui, à Ithaque, le palais d'Ulysse, ou du moins celui des rois qui avaient régné là à l'époque mycénienne, et dont la légende aurait inspiré la figure du roi aux mille tours.

À quoi sert Homère ? L'*Iliade* exalte l'héroïsme des guerriers, l'esprit de sacrifice, le patriotisme. Elle donne en modèle la sagesse d'Hector, l'alliance en lui de la prudence et du courage, les vertus domestiques du couple qu'il forme avec Andromaque. Elle loue l'habileté d'Ulysse et fait voir les méfaits des passions mal contenues à travers le personnage d'Achille. Elle fustige la lâcheté de Pâris, séducteur et fauteur de guerre, pusillanime devant l'ennemi. Elle montre les dangers de la discorde parmi les frères d'armes. Elle encourage à la pitié, à la compassion à l'égard des vaincus en nous montrant Achille ému par les larmes de Priam sur son fils. Scène admirable qui fait mesurer que n'ont rien compris ceux qui ont prétendu réduire l'épopée homérique à une mêlée virile entre guerriers musculeux sortis d'un cauchemar d'Arno Breker. Elle nous donne au contraire le spectacle de la miséricorde. Autant dire qu'elle nous offre des exemples à méditer et à suivre. Qu'elle nous émeut, nous enthousiasme, mais qu'en même temps, elle nous éduque. Elle nous fait bénéficier de l'expérience de ceux qui ont traversé, avant nous, les tragédies de la vie.

Elle souligne le caractère inexorable du destin, qui fauche sans distinction les héros et les sages. Elle réserve la gloire aux héros, elle ne leur promet pas le bonheur ici-bas. Elle nous fait ressentir, à l'unisson de leurs âmes, la détresse que provoquent les malheurs de la patrie.

Mais il y a plus encore peut-être. Ce qu'il y a dans l'*Iliade* d'unique et d'inouï, c'est que les vrais héros de cette épopée nationale des Grecs sont choisis parmi leurs ennemis. C'est parmi les Troyens que l'*Iliade* met en scène les personnages les plus attachants : Hector, Andromaque et Priam, Cassandre, Hécube, ou Sarpédon. Ils ont les mêmes dieux, les mêmes sentiments, les mêmes mœurs que les Grecs. Ils partagent la même nature humaine. C'est leur malheur à venir qui donne sa couleur automnale au poème. C'est la mort d'un Troyen qui arrache des larmes de sang à Zeus lui-même. C'est le sort des Troyens qui nous touche, leurs succès qui nous transportent, leurs revers qui nous serrent le cœur dans la mesure où ils annoncent la prochaine destruction de leur patrie. L'histoire ne s'écrit pas en noir et blanc. Elle n'oppose pas des gentils très gentils à des méchants très méchants. Elle n'est pas réductible aux oppositions manichéennes. Elle fait voir la noblesse de l'adversaire. Elle impose la nuance, les réserves, les demi-teintes, l'esprit de finesse, non l'esprit de géométrie.

Résumons : nous ne sommes encore qu'au VIIIe siècle avant J.-C. L'histoire, au sens moderne, n'a pas encore vu le jour, elle n'a pas pris sa forme définitive, et elle nous a donné déjà au moins sept leçons. Elle s'est révélée comme un puissant moyen de propagande politique, en même temps qu'elle nous indiquait le contrepoison en nous incitant à la réserve, à la méfiance vis-à-vis des grandeurs officielles. Elle s'est proposée comme le miroir de la Providence. Elle nous a donné des exemples, des modèles : elle s'est imposée comme une école des vertus. Elle nous a fait toucher du doigt le caractère tragique de la condition humaine. Elle nous a appris le sens de la nuance. Elle nous a donné l'angoisse de la patrie.

Pour un balbutiement, la leçon est immense. Il est grand temps qu'elle apparaisse.

L'histoire proprement dite naît en Grèce, comme à peu près tout ce dont notre civilisation s'est nourrie. Elle naît au Ve siècle avant J.-C. avec Hérodote et les *Histoires* – c'est le titre de son livre – qu'il consacre à la genèse et au récit des guerres médiques, cette sorte de revanche de la guerre de Troie qui vit, sous Darius et Xerxès, l'Empire perse tenter en vain de s'emparer de la Grèce et être vaincu à trois reprises : à Marathon, à Salamine, à Platées.

Quoi de neuf avec Hérodote ? Presque tout. Au contraire des scribes d'Égypte et de Babylone, il n'est commissionné par personne. Il n'est l'historiographe d'aucun roi. Il n'est pas chargé de déformer l'histoire pour la faire servir à la gloire d'un souverain. À la différence des écrivains sacrés de l'Ancien Testament, il n'a pas pour objet de révéler un dessein caché de l'histoire, mais d'en faire le récit. Il n'est pas inspiré par le Saint-Esprit. À l'opposé d'Homère, il ne chante pas un épisode légendaire, il ne brode pas sur un canevas des aventures imaginaires : il raconte une histoire toute proche, dont il n'est séparé que par quelques décennies et dont il s'efforce de cerner au plus près les enjeux et les circonstances. Il est né lui-même pendant la deuxième guerre médique (vers 484 avant J.-C.), peu avant Salamine. Il a fait, pour écrire son livre, une *Enquête*. C'est même le véritable titre de son ouvrage : *Historia*. En grec, cela veut dire connaissance acquise au terme d'une enquête. Le mot dérive lui-même d'*histôr* : celui qui sait et qui raconte ce qu'il a vu et entendu. L'*histôr*, relève François Hartog, c'est dans l'épopée homérique (où le terme apparaît à deux reprises) celui qui est chargé de trancher un différend parce qu'il a pu confronter chacune des deux versions du conflit qui oppose deux parties ; celui qui est capable de prendre de la distance avec les passions que suscite l'immédiateté du présent pour rendre un jugement acceptable par tous. L'histoire, au premier commencement, quand tout se définit, quand on donne son nom à une activité qui semble entièrement nouvelle, c'est donc cela : une connaissance acquise au terme d'une enquête, en même temps qu'un arbitrage rendu possible par la hauteur de vue et le recul. À quoi sert l'histoire ? Autant dire : à quoi cela sert-il de savoir, de connaître ?

Hérodote a expliqué, aux premières lignes de son livre, ce qui l'avait conduit à l'écrire. Chaque mot compte : « Hérodote d'Halicarnasse présente ici les résultats de son enquête, afin que le temps n'abolisse pas les travaux des hommes et que les grands exploits accomplis soit par les Grecs soit par les Barbares ne tombent pas dans l'oubli ; et il donne en particulier la raison du conflit qui mit ces deux peuples aux prises. » À quoi sert l'histoire ? Hérodote donne ici sa réponse. Elle est double.

D'abord à faire en sorte que le temps n'abolisse pas les travaux des hommes et que les grands exploits accomplis ne tombent pas dans l'oubli. Pourquoi ? Parce que ces exploits sont ceux de nos pères. L'histoire est l'expression de la piété filiale : elle nous rappelle que nous ne sommes pas les enfants de personne, mais, selon la belle expression de Jean Madiran, des « débiteurs insolvables » de tout ce qu'en naissant nous avons reçu. L'histoire, dès Hérodote, vient nous rappeler que nous sommes des héritiers et, singulièrement, les héritiers de ceux qui ont donné leur vie pour que ce qui nous fait vivre continue, soit transmis. Elle nous sauve de l'ingratitude qui est, dit encore Madiran, la marque propre de la barbarie. Elle donne – sans même le secours de la grâce – un premier sens à nos vies en venant nous rappeler que nous sommes les maillons d'une chaîne immense, qui a commencé avant nous, qui continuera après nous. Des passeurs. À l'école d'Homère, elle nous propose des modèles. Mais ces modèles ne sont pas sortis du brouillard de la légende non plus que de l'imagination des poètes : ce sont nos pères. Elle nous fait ressentir les émotions que provoquent les grands travaux des hommes, leurs grands exploits, leurs sacrifices, leurs revers de fortune ; éprouver pour eux de l'admiration ou de la compassion. C'est dire qu'elle nous élève, aux deux sens du terme : elle nous éduque et nous soulève au-dessus de nous-même. En un mot, elle nous civilise.

Le second motif invoqué par Hérodote est de nous donner « en particulier la raison du conflit qui mit ces deux peuples aux prises ». Il est de mettre en évidence les causes des événements. Non, l'histoire, nous dit-il, n'est pas le fait d'un destin inexorable, arbitraire, comme avait pu le laisser entendre Homère. Les peuples sont guidés par des ambitions, des appétits, des idéaux, des habitudes, des colères, qu'il nous est loisible d'analyser, de comprendre. Parce qu'elle est en dernier ressort l'œuvre des hommes qui l'animent ; qu'elle est mise en mouvement par les invariants de la nature humaine.

Présenter dès lors les raisons qui ont conduit à la guerre, démonter le jeu des passions contraires qui en ont conditionné l'issue, c'est s'instruire. C'est préparer l'avenir. L'histoire est une école qui doit permettre aux peuples de se déterminer dans les incertitudes de l'heure, parce qu'elle leur offre le trésor d'une expérience éprouvée par le temps. Elle leur fournit les moyens de comprendre le présent, de le reconnaître, épuré, dans les précédents que la distance leur rend intelligibles parce qu'ils en ont une vue d'ensemble ; qu'ils peuvent appréhender les causes et les conséquences, ordonner le chaos des faits en un récit compréhensible. L'histoire permet de mesurer ainsi l'impact de nos choix, de nos passions, nos démissions, nos sacrifices : elle nous place devant les erreurs et les fautes qu'il nous est, grâce à elle, libre d'éviter ou de reproduire ; elle nous fait mesurer le caractère tragique de notre condition ; elle nous dit ce que nous pouvons espérer, ce que nous pouvons craindre ; elle nous prépare à l'avenir. Elle ne le prévoit pas à la manière des oracles : l'histoire ne se répète pas de façon mécanique ; elle laisse notre liberté entière ; ce n'est, encore une fois, pas une science, c'est une sagesse.

Disséquer pour comprendre : Hérodote lui-même aimait trop l'anecdote, la curiosité, la chose vue, pour s'en tenir avec rigueur à ce programme austère. Ses *Histoires* multiplient les digressions, les historiettes. Sa curiosité est universelle. Elle s'exerce parfois au détriment de l'unité de son livre, puisque, soucieux de remonter aux causes des guerres médiques, il lui faudra attendre en définitive le cinquième livre de son ouvrage (sur neuf) pour en aborder le récit. Il aura, entre-temps, musardé dans l'histoire de l'Égypte, de la Libye, de la Perse ou des Scythes, pour en raconter tout ce qui lui aura paru susceptible d'intriguer, de surprendre. Comme Homère, il observe avec bienveillance les habitudes des adversaires des Grecs. Son livre est un traité d'ethnologie. On y compare les mœurs des peuples, les religions, les coutumes. C'est une initiation à la pluralité des civilisations, des cultures, en même temps qu'une tentative de dresser la nomenclature des régimes politiques. C'est l'occasion, partant, de découvrir une nouvelle utilité de l'histoire : elle entretient notre vie intérieure en nous proposant de méditer le spectacle de la diversité des habitudes humaines ; elle nous permet, par là, de faire le tri entre les usages, d'établir, entre les civilisations, les cultures, une légitime hiérarchie. Elle nous amène, en même temps, à réfléchir sur ce qui nous conduit à être différents des autres peuples. Ce qui nous rend ce que nous sommes. Hérodote cherche à comprendre le monde pour se comprendre lui-même, et dans la variété des peuples, c'est le visage de la Grèce qu'il dessine. L'histoire, à son école, nous fait comprendre ce qui fait l'essence du peuple dont nous sommes issus. Elle nous fait toucher du doigt les raisons que nous avons de croire en l'excellence de nos coutumes, tout en nous incitant, parfois, à la sélection, la critique. Elle nous fait découvrir ce qui nous lie à nos compatriotes en composant le récit qui sublime la fragmentation de nos expériences, tisse notre unité par-delà leur éclatement dans le temps. Elle nous fait passer, selon le mot de Renan, du souvenir des grandes choses que nous avons faites ensemble au désir d'en accomplir dans l'avenir. Elle nous rappelle, cependant, que la tradition est critique.

Résumons la leçon d'Hérodote, elle est décisive. Homère nous avait fourni, avant lui, des modèles. L'histoire selon Hérodote leur donne une portée nouvelle parce qu'elle met devant nos yeux ce que nous devons à nos pères. Ce que nous nous devons à nous-mêmes pour n'en être pas d'indignes récipiendaires. Elle nous fait sentir, toucher du doigt, que d'un strict point de vue naturel la dignité de la condition humaine tient à l'ascèse qui nous permettra d'enrichir l'héritage dont nous sommes les dépositaires et de le transmettre. Elle nous fait mesurer, dans le même mouvement, quels sont les biens qui, légitimement, nous appartiennent, parce que nos pères ont arrosé notre terre de leur sueur et de leur sang ; parce qu'ils ont donné leur vie parfois pour nous la remettre. Elle nous propose en outre de décrypter, à travers elle, les ressorts qui conditionnent la destinée des peuples, pour nous gouverner ensuite nous-mêmes. Elle était une école de vertus. Elle peut être aussi une école de sciences politiques. Elle nous nourrit d'une contemplation du monde qui nous aide à tenter d'en discerner les lois ; qui dessine la figure de l'ordre sous les apparences de l'anarchie. Elle nous fait découvrir, *in fine*, ce que nous sommes. Quels sont les mérites qui nous reviennent, les épreuves qui ont façonné notre peuple, les qualités et les défauts, les idées et les sentiments, les passions et les idéaux qui nous rassemblent.

Nous n'en sommes qu'au ve siècle avant J.-C., et tout commence à peine. Tout est dit, cependant, ou presque. Thucydide, après Hérodote, accomplira la part de son programme que n'avait pas vraiment suivie le père de l'Histoire. Racontant, quelques décennies plus tard, la guerre du Péloponnèse, il fera de sa propre *Histoire* une école de déchiffrement de l'engrenage des causes et des conséquences qui mènent les cités à la toute-puissance avant de les conduire à leur perte.

Témoin deux cent cinquante ans plus tard de l'établissement de l'hégémonie romaine, de la conquête de la Grèce et de la destruction de Carthage, Polybe s'inscrira dans son sillage. « L'école et l'apprentissage le plus vrai de l'action politique, écrira-t-il dans l'introduction de son ouvrage, est le savoir tiré de l'histoire. » Lui-même entendra montrer non plus comment Athènes avait conquis et perdu son empire, mais comment Rome avait rendu le sien irrésistible. « Quel homme au monde serait en effet assez stupide ou frivole, demandera-t-il, pour ne pas vouloir connaître comment et par quel mode de gouvernement presque tout le monde habité, conquis en moins de cinquante-trois ans, est passé sous une seule autorité, celle de Rome ? » À l'école d'Hérodote et de Thucydide, il entendra en tirer des leçons politiques. Mais il ira au-delà. Il ajoutera en effet : « l'enseignement le plus vivant et le seul qui mette en état de supporter noblement les vicissitudes de la fortune est le souvenir des malheurs d'autrui ». C'était distinguer là une nouvelle utilité de l'histoire. Elle aide à fortifier son âme par le spectacle des catastrophes qui se sont abattues, au cours des siècles, sur d'autres peuples, d'autres civilisations, d'autres patries. D'abord, nous dit Polybe, parce que leur exemple nous apprend à supporter nos propres vicissitudes avec philosophie, puisque c'est le lot commun, puisque c'est la règle. Ensuite, parce qu'il enseigne à rester conscient, jusque dans le succès, que celui-ci est nécessairement temporaire, puisqu'il est dans la nature des choses que les gloires périssent, que les empires soient abattus.

Polybe avait assisté à la destruction de Carthage en compagnie de son ami Scipion Émilien. Parcourant les remparts détruits, Scipion lui avait pris la main en disant : « C'est un beau jour, Polybe, mais je ne sais pourquoi j'ai peur qu'un jour un autre puisse me donner les mêmes nouvelles de ma propre patrie. » Alors que la puissance romaine venait, en liquidant son ultime rival, de s'imposer de manière indiscutable, l'histoire lui avait appris qu'elle aurait un jour, elle-même, une fin.

La dernière leçon, nous sera donnée par les Romains. Dans la ligne fixée par les pères de l'histoire grecque, Tite-Live fera de son *Histoire romaine* une collection d'exemples édifiants en même temps qu'un monument à la gloire des ancêtres. À l'exemple de Sumer, de Babylone, de l'Égypte pharaonique, César utilisera l'histoire comme un instrument de propagande à sa gloire. À l'instar d'Hérodote, il observera les mœurs des Gaulois, des Germains, des Bretons, avec la curiosité de l'ethnologue soucieux d'établir les frontières de la civilisation et de la Barbarie. Tacite fera de même dans sa *Germanie*. Huit siècles après Thucydide, Ammien Marcellin tentera de discerner les causes de la défaillance de l'Empire romain comme il avait sondé les ressorts de la puissance et de la défaite d'Athènes.

Ce qu'apporte de neuf l'histoire romaine est ailleurs. C'est d'avoir pris l'histoire comme prétexte pour brosser un formidable tableau du jeu des passions humaines.

Avec *La Conjuration de Catilina,* Salluste fait œuvre de moraliste en peignant la décomposition des mœurs romaines sous l'effet d'une ambition corruptrice. Tacite fait à l'eau-forte dans ses *Annales* le portrait de la tyrannie, de la veulerie de la société, de la bassesse des grands. Il décrit les mécanismes de la société de cour d'une formule d'une concision lapidaire : « Tous se ruaient dans la servitude. » Ammien croque, à l'école de Juvénal, les ridicules de l'aristocratie du IVe siècle et le désœuvrement de la plèbe romaine.

À quoi sert l'histoire ? À l'égal de la littérature, et sans attendre Saint-Simon, elle démasque les impostures, elle nous permet de prendre la mesure des grandeurs d'établissement, elle met en scène la danse macabre de la vérité et du mensonge, de la lâcheté et du courage.

Suave, mari magno : « Il est doux, dit Lucrèce, quand la vaste mer est soulevée par les vents, d'assister du rivage à la détresse d'autrui ; non qu'on trouve si grand plaisir à regarder souffrir ; mais on se plaît à voir quels maux vous épargnent. Il est doux aussi d'assister aux grandes luttes de la guerre, de suivre les batailles rangées dans les plaines, sans prendre sa part du danger. Mais la plus grande douceur est d'occuper les hauts lieux fortifiés par la pensée des sages, ces régions sereines d'où s'aperçoit au loin le reste des hommes, qui errent çà et là en cherchant au hasard le chemin de la vie, qui luttent de génie ou se disputent la gloire de la naissance, qui s'épuisent en efforts de jour et de nuit pour s'élever au faîte des richesses ou s'emparer du pouvoir. »

Les Anciens ont tout inventé. Ils ont tout inventé de ce qu'a réélaboré, ensuite, notre civilisation, en illuminant leur sagesse par le secours de la Révélation. Animés par la passion de comprendre, ils se sont expliqués sur leurs motivations avec une fraîcheur, une acuité dont nos modernes seraient dorénavant incapables. Ils ont inventé l'histoire. Ils nous ont dit pourquoi ils avaient choisi de l'écrire. Ils nous ont dit à quoi sert l'histoire, et il est frappant que leurs leçons s'appliquent à toute l'histoire, qu'elles éclairent jusqu'à notre temps.

Les historiens modernes se sont, longtemps, placés dans leur sillage. Ils ont, à leur image, cherché dans l'étude du passé des réponses aux éternelles questions que soulève l'aventure humaine. Machiavel explore les débuts de l'histoire romaine pour dessiner le visage du meilleur des gouvernements. Montesquieu s'interroge sur les causes de la grandeur et de la décadence de Rome pour y trouver des lois universelles qui commandent au destin des empires. Tocqueville passe la démocratie américaine au crible d'un exceptionnel sens de l'observation pour discerner les traits que l'avenir réserve à la société moderne. Michelet construit son *Histoire de France* comme un mémorial des grandes heures de la nation, un appel à la piété filiale. Taine fait le récit de l'emballement révolutionnaire pour instruire le procès des constructions abstraites qui contrecarrent le développement organique des institutions. Bainville annonce avec vingt ans d'avance l'inéluctable déclenchement de la Seconde Guerre mondiale par la confrontation des traités de paix de 1919-1920 avec l'histoire de la diplomatie européenne. François Furet isole le venin de l'utopie égalitaire au cœur de la Terreur de 1793 et met en lumière la filiation qui la lie à la tyrannie totalitaire. Pierre Nora fait le plus subtil des tableaux de l'identité française en auscultant les *Lieux de mémoire* où s'est forgée, dans les soubresauts de notre histoire, notre nation.

Il n'en va plus de même aujourd'hui. L'utilité de l'histoire est au contraire mise en cause dans un monde qui n'a plus que l'innovation, le progrès, la technique, à la bouche ; qui doute de l'intérêt des disciplines qui ne visent pas expressément à augmenter notre puissance, notre capacité à dominer la nature, ou à multiplier les biens de consommation. La crise de confiance dont l'histoire fait l'objet s'est traduite, depuis près de cinquante ans, par la décadence de son enseignement à l'école comme par le repli de l'histoire savante, scientifique, dans une imprenable redoute, où les spécialistes se consolent de n'être plus consultés par personne en multipliant les obstacles propres à décourager l'amateur d'accéder aux fruits de leurs travaux.

Or le paradoxe est que cette rupture de transmission n'a pas débouché sur la disparition de l'histoire du champ social, mais sur l'omniprésence d'une mémoire caricaturée, anachronique et manichéenne dans le débat politique, médiatique ou judiciaire. Elle a livré les intelligences sans défense, sans esprit critique, sans le sens des nuances, sans l'amour raisonné de la patrie, à des manipulations qui utilisent désormais tous les moyens de la propagande, démultipliés par la puissance de la technique moderne, pour marteler les consciences en leur imposant une vision réductrice de notre passé qui, de l'esclavage antique à la traite négrière, ou de l'Inquisition au massacre de la Saint-Barthélemy, des dragonnades à la Milice, en simplifie les tenants et aboutissants et en surinvestit les zones d'ombre pour susciter à son égard l'incompréhension et le mépris.

Pour la première fois, peut-être, la propagande s'exerce ainsi non au service du pouvoir en place, mais au détriment de ceux-là mêmes dont elle émane : puisque des Français, des Européens, des chrétiens sont en première ligne dans la diffamation de la France, de l'Occident ou de l'Église. On dit et on répète que ce phénomène procède de la haine de soi. Rien de plus faux. La vérité est que nos contemporains s'aiment. Toute leur vie est tendue vers l'idée de se faire du bien. D'avoir des loisirs, des richesses, de devenir immortels. Ce qu'ils éprouvent, ce n'est pas la haine de soi ; c'est au contraire la haine de leurs pères.

La haine du passé leur était nécessaire pour répudier les devoirs, les obligations qu'implique la piété filiale. Pour justifier l'ingratitude fondatrice de l'anarchie consumériste et du chaos social ; le devoir en premier lieu de transmettre l'héritage reçu des ancêtres. S'ils le dénigrent, s'ils le diffament, c'est pour se dispenser d'en porter le fardeau. Pour n'être plus que des consommateurs repus, insoucieux de ce qui dépasse l'horizon de leur vie personnelle. Pour, devenus étrangers à toute lignée, tout passé, toute histoire, jouir enfin sans entraves de leur propre vie, le prix à payer en serait-il l'extinction de nos peuples et la disparition de notre culture.

Ce n'est ainsi pas un hasard si la dévalorisation de notre histoire a été concomitante à la révolution sociale dont nous sommes les témoins, celle qui a fait voir en Mai 68, son visage, après avoir souterrainement fait son chemin, et qui a débouché sur le triomphe de l'individualisme le plus matérialiste, le plus indigent, le plus borné. Elle en a été bien plutôt la condition et l'instrument.

Le dire n'est pas seulement désigner le mal dont nous souffrons, c'est aussi indiquer l'un des remèdes. Contre la propagande, l'étude et la connaissance de notre passé s'imposent aujourd'hui comme des nécessités vitales. En nous faisant vivre dans la compagnie des ombres, elles fournissent à notre liberté les moyens de son épanouissement : un guide pour la vie politique et morale qui nous aide à choisir le bien, en même temps que l'assurance que notre action, au regard de l'éternité, a un sens. Elles nous rappellent, plus encore, ce que nous devons à nos pères, et nous apprennent, par là, ce que nous sommes : des nains juchés sur les épaules de géants ; des maillons d'une chaîne tendue à travers les siècles ; des passeurs qui ont reçu un héritage qu'il leur appartient de prolonger et de transmettre ; des héritiers à qui il revient de ne pas lâcher le témoin. Cette aventure qui donne sa signification à notre existence porte un beau nom : c'est ce que l'on appelle la civilisation.

Table des matières

Ce volume,
publié aux Éditions Les Belles Lettres,
a été achevé d'imprimer
en août 2016
sur les presses
de l'imprimerie SEPEC
01960 Péronnas, France

N° d'éditeur : 8368 - N° d'impression : 05425160802
Dépôt légal : septembre 2016

IMPRIM'VERT®